U0919951

穿越迷茫

Through the Confusion

当代中国发展路向辨析

郎毅怀 著

人民东方出版传媒
東方出版社

图书在版编目（CIP）数据

穿越迷茫：当代中国发展路向辨析 / 郎毅怀 著. — 北京：东方出版社，2016.7
ISBN 978-7-5060-9145-9

Ⅰ. ①穿…　Ⅱ. ①郎…　Ⅲ. ①社会主义建设模式—研究—中国　Ⅳ. ①D616

中国版本图书馆CIP数据核字（2016）第181014号

穿越迷茫：当代中国发展路向辨析
（CHUANYUE MIMANG DANGDAI ZHONGGUO FAZHAN LUXIANG BIANXI）

作　　者：郎毅怀
责任编辑：张凌云　张军平
出　　版：东方出版社
发　　行：人民东方出版传媒有限公司
地　　址：北京市东城区东四十条113号
邮政编码：100007
印　　刷：北京中新伟业印刷有限公司
版　　次：2016年12月第1版
印　　次：2016年12月第1次印刷
开　　本：660毫米×980毫米　1/16
印　　张：22.75
字　　数：310千字
书　　号：ISBN 978-7-5060-9145-9
定　　价：46.00元
发行电话：（010）85924663　85924644　85924641

出品方简介

吉林省文化产业投资控股（集团）有限公司（简称“吉林文投集团”，英文简称“JCICL”）成立于2012年，集团旗下拥有20余家全资控股子公司，集团员工人数500余人。目前，吉林文投集团已经形成以文化产业为核心，集文化旅游产业综合体建设开发、数字应用技术、环保科技、艺术品交易、影视娱乐、文化金融等相关业务全面发展的综合性集团公司。

吉林文投集团自成立以来，通过“政府引导，市场化运作”的方式激活文化资本市场，在经营发展中实施“文化项目建设、文化品牌打造、文化资本运作”三轮驱动，积极构建吉林省重大文化旅游产业项目实施平台、吉林省数字应用技术开发平台、吉林省艺术品交易平台、吉林省文化产业投融资管理平台等。

从初创走向卓越，吉林文投集团风雨兼程，用智慧和汗水肩负起了文化东北产业引擎和文化中国北部先锋的重任。2013年，吉林文投集团被吉林省文化厅评为“吉林省文化产业示范基地”，并顺利通过了ISO9001质量管理认证；2014年，吉林文投集团被推选为吉林省投资基金业协会会长单位，承载着主导行业自律机制建设，规范行业健康发展的重要职责；同年，吉林省文化产业投资基金管理有限公司和吉林省旅游产业投资基金管理有限公司取得中国证券投资基金业协会私募基金管理人登记证，成为开展证券投资、股权投资及创业投资的金融机构；2015 年，吉林文投集团成为中证机构间报价系统参与人。

从优秀到卓越，吉林文投集团正秉承“共享诚信、自律敬业、服务高效、协同创新”的工作方针，为客户提供高效的服务和优质的产品，在实现企业发展战略目标的同时，成为推动东北地区文化产业快速发展的龙头力量。

面向未来，吉林文投集团将肩负“文化吉林、追梦中国”的历史重任，以对文化的敬畏、对事业的执着，努力建设中国文化产业一流企业。

自　序

真的没有别的意思。我做这个研究，写这本书，只是想为国家发展尽一点儿心力。

一

这是我写的第七本书，也是退休后写的第三本书。

2011 年春，我从公职退下来时，心中有一种莫名的无着落感。过去整天忙于工作，虽无甚建树，却也感觉充实。现在不用工作了，仿佛生活也变得无味空洞。但我还有一种劲儿未使足就退了下来的感觉——志未酬，情未了。思来想去，我决定，研究点儿问题，写点儿东西。这也算是退休后我这个有教授职称的人的自我填充，同时也是我对组织的研究汇报，是我与老同志、老朋友以及青年人之间的一种思想理论和文化学术的交流。

二

我退休后写的第一本书是《从国家主义到民本主义：中国政治的体制与价值观》。因我比较喜欢读史，读多了就感觉中国史书虽然很多，但专业史著作很少，“中国政治体制史”应该是一个值得一搏的题目。但就我的研究条件，显然力有不逮。经过反复考虑，我觉得，就我所掌握的资料来说，虽然作不了“史”，却可以“论”。于是，我写了这个题目，提出了“国家主义”和“民本主义”这两大政治体制概念，并用这两者的联系和替代关系把历史贯穿起来，勾勒出中国政治体制发展的大致轮廓。

三

我退休后写的第二本书是《跨越太平洋：中国走向世界强国的核心战略》。从青年时期起，我就对国际政治投入了较多的关注。

在阅读各种资料中，我对《参考消息》特别是其中的国际政治与战略分析读得最多、最细。结合这些阅读，我也经常与一些好朋友讨论国际政治问题。所以，完成第一本书之后，我很自然地把研究的重点投向国际政治领域。

当时，中国所在的太平洋地区已经成为全球热点，发展潜力大、势头猛，但问题也挺多。我认为中国作为一个正在崛起的大国，应该有一个明晰、系统、稳定的太平洋战略。中国的崛起始于太平洋地区，并将继续以太平洋地区作为崛起的主要平台。所以，这个太平洋战略应该既是中国的基本战略，也是中国走向世界强国的核心战略；既是中国在国际平台上的发展战略，也是重要的避险战略。按照这个思路，书很快写成。

但本人已经退休，在国内外都没有什么学术名气，这样的著作，市场当然大不了，出版的困难可想而知。但世间好人总是有的。吉林文投集团张子毅董事长非常热心，而且非常有学术眼光。他认为，这是一部“高大上”的著作，于公于私都应该支持出版。由他出面联系了东方出版社，并让此书得以顺利出版。

四

本书是我退休后写的第三本书，定名为《穿越迷茫：当代中国发展路向辨析》。我希望这本书能够引起一些必要的讨论，促进并达成一些重要的共识，为中共十九大的筹备工作提供一点儿思想基础。我谨将此书献给即将筹备中共十九大的同志们和所有关注十九大的人们。这本书的出版，当然还得仰仗张子毅董事长的支持了。

我写东西一定要坚持自己独到的见解。没有独到的内容，勉强写出来也是滥写，浪费资源于社会无益。秉持这样一种理念和习惯，读者可以想象到，以我这个年龄，我的写作过程是比较辛苦的，这需要进行大量的研究和思考。我强调这个的意思是，我是以非常严肃和认真的态度写这些书的，决不给社会的思想和文化建设添乱。有兴趣的读者朋友们可以看看我的这几本书，一定不会让您失望。

亲友们常常问我，你挨那个累为啥呀？说实在的，以退休者之身，我没有写这个东西的责任，这里也没一分钱的利益，我更不需要用这些书来包装自己。我只想为国家发展尽一点儿心力。如果朋友们在书中见到了不中意的观点，千万不要往坏处想，说对说错，都是为了中国的发展、繁荣和崛起。

目 录

引论
走出历史加诸我们的迷惘

当前，正值中国发展和崛起的重要时刻，也是极具考验的关键时刻。在这样一个时间点上，对中国发展路向进行系统辨析并非多余。一个国家、一个民族、一个组织、一个政党、一个人都必须有自省、自警的清醒和自觉。只有坚持不断的自我改革和自我超越，才能持续地战胜迷惘、跨越陷阱，走向成功的彼岸。走在现代崛起道路上的中国，只有坚持这种自觉，不断穿越历史加诸于自己的迷惘，才能最终实现自己的世界大国理想。

一

鲁迅先生曾说，世上本没有路，走的人多了，才有了路。

世界上本来没有中国崛起之路，中国在走向崛起，于是，便有了中国崛起之路。

没有路，只能在迷茫中去开拓。开拓者面对茫茫荒原，没有路标，没有灯塔，“路”只能在开拓者的心里，在他基于历史实践形成的经验、知识、观念和设想里。历史是已经过去的事情，它与未来虽有规律和哲理相通，但两者绝对不同——环境不同，主体不同，价值不同，归宿更不同。所以，在历史上形成的经验、观念对于未来是不完全靠谱的，基于历史实践形成的知识和关于未来的设想，也难于完全靠谱。比较靠谱的是哲学，它能够帮助人们深层次地认识和把握历史规律。可是，哲学从来都是多元的。不同的哲学从不同的角度把握世界，从而让人类陷入“盲人摸象”的困境。在通向未来的路上，人们只能以并不靠谱或不完全靠谱的精神资源去开拓通向前行之路——有人眷恋过去，质疑脚下；有人互相指责，争东道西。这不是因为谁比谁更高明，只是因为大家同在迷茫之中。

好在人类具有面向现实，不断创新和勇于开拓的能力。人类虽然总是身处迷茫，却又能一步一步地超越历史，走出迷茫。

中国在当代的崛起走的是一条历史上没有的路。我们中国人作为这条新路上的开拓者，有困惑、有迷惘、有争论，都是非常自然和正常的。摆在我们面前的真正考验是，能不能同心协力勇于向前，不倒退，不彷徨，不误入歧途，坚定地穿越迷茫，把崛起之路走下去。

当前，中国的经济规模增大了，国力增强了，可选择性增多了，但矛盾也增加了，新的困惑和迷惘也随之而来。这当然首先是历史“制造”的困惑。不论是传统文化，还是现代文化，抑或是刚刚生成的发展文化，都没有向我们提供充分应对新环境、解决新问题的方法和手段。同时，这也是变化的心理反应。人在低洼处，视野难以及远；人到高处，又易受云遮雾锁。

作为人类历史上一个伟大的变革和发展过程，中国崛起在引起世界的瞩目的同时，也让我们国人自己在兴奋之余陷入了一定程度的迷惘。由于当前环境变化大大超出了我们既有的心理和认知准备，现实与以往的期待和愿景形成巨大反差，我们便失去了方位感，不知道自己身在哪里，更不知道自己下一步要往哪里走，出现了“路径迷失”。我把这种迷惘称作“崛起中的迷惘”。

二

“崛起中的迷惘”关乎中国发展路向的历史认知，也关乎中国发展道路的进一步选择和开拓。穿越迷茫，成功走向崛起，我们首先要面对和化解这种迷惘。

这种“迷惘”主要是什么呢？

1. 基础价值的模糊与犹疑

我国能够义无反顾地走上和平崛起之路，最根本的，是因为我们抓住并紧紧把握了我们民族赖以有尊严地生存和延续的基础价值——发展。“落后就要挨打”“发展是硬道理”代表了中华民族对屈辱历史的深刻反思，集中表达了对发展之于民族基础价值的共同认定。正是基于这一反思和价值认定，中国大陆终于摆脱了脱离实际和落后于时代的错误价值观的干扰，开始了改革开放和现代化建设的新征程。

三十多年的经济发展已经为全中国人民带来了巨大的实惠，也改变了中国在整个国际社会中的地位。发展的每一步推进，都有效地彰显了它对我们民族的基础价值。我们中华民族在今后的命运，我们全体中国人民在今后的福祉都将在根本上取决于发展。然而，很不幸的是，在当前这个中国梦再出发的重要时刻，发展在一部分国人心目中的基础价值地位正在变得模糊。这也许是因为“好了疮疤忘了痛”是人类的心理通病吧。越是发展，贫困离我们越远，不发展乃至落后带来的痛苦越淡。这反过来让发展的价值在人们的心理上持续淡化。如果说这是一种“自然模糊”，并已关系到国家今后的路向，那么更需要我们特别注意的是对发展价值的政治理论模糊乃至质疑。鉴于严重的官僚主义和特权现象、领导干部和公职人员腐败之广、利益分配严重不公、道德沦丧、黑金泛滥、资源过度消耗和环境恶化等问题，许多人越来越怀念过去的清贫时代，并质疑我国三十多年来经济发展的正当性和合法性。以“乌有之乡”网站为代表的“新左派”甚至以阶级斗争理论为立论基础否定改革开放，进而否定我们已经取得的发展成就，主张在基本理论和基本实践上回到过去。他们的偏激言论在网上往往能得到数十万人的点赞。这说明把发展同发展中的黑暗和腐朽一起加以否定，正在成为中国崛起过程中的一个思想迷惘。

“新左派”的宏论让我想起了历史上孔夫子的“唠叨”。

孔子的一生都在为恢复西周之礼唠唠叨叨。他向学生唠叨，是要传承周礼；他向列国诸侯唠叨，是要恢复周礼。孔子之所以如此执着，是因为在他看来，西周秩序是最好的社会政治秩序。西周时期周天子广有权威，为天下共主。此时期实行和保持着完整的农奴制，民众很安分；天子以土地分封于诸侯，诸侯以土地分封于大夫，大夫以土地分封于士，士则以土地管理庶人。庶人无田，只有“食力”。由土地的等级化分封，形成等级化政治隶属关系，“王臣公，公臣大夫，大夫臣士，士臣庶”，惟庶“臣于人”，进而形成纳贡制的等级榨取关系，即“下所以事上”的秩序。到孔子生活的春秋时代，周天子权威崩溃，诸侯们自立为国，并相互征战；天子（王）一统的土地制度演变为井田制，在“公田”“官田”“赏田”存在的同时有了“私田”，作为农奴的庶人逐渐有了农民的身份，并形成平民阶层；纳贡制演变为赋税制，即“初税亩”；贵族世代相传有了自己的姓氏，享有自己的封地和田地，并形成独立的经济势力和社会势力。

显然，西周秩序虽然井然，却是僵化的秩序、落后的秩序；春秋秩序虽然散乱，却是变革的秩序、发展的秩序。没有春秋之乱，哪会有秦皇之治以及后来所有的文明和发展？回到西周，虽然可以少些动乱和流血，却是国家的倒退，与变革和发展的大势相悖。正因为这样，孔子的唠叨和辛勤规劝并未取得他所期望的成功，社会依旧按照自己的规律向前演进和发展。伟大孔子的悲哀和失败在于他没有发展的视野，更没有顺势而思、应势而作的豁达。逆历史大潮而动，任何人、任何政治势力，都是注定要失败的。

今日“新左派”有与孔子相似的道德关怀，亦有与孔子相似的思维逻辑和行为逻辑。他们不会成功，唯一可能收获的，就是以坚韧的执着去成就自己与腐败和社会不公势不两立的道德清名。

当然，“新左派”中的许多人士以及他们的信众也不见得完全无视发展的价值。他们的焦虑可能主要在于无法接受发展的代价。因为不能接受发展的代价，所以他们对发展的历史价值和未来价值也就无法给予应有的尊重，并由此产生前进路向的价值模糊和犹疑。试问，在我们这样一个国情复杂的国度里，经济发展存在无代价或低代价的可能吗？煌煌数千年，我们的民族基本上是在非市场经济或反市场经济的环境中生活的，对于在市场经济体制中实现发展既缺乏知识准备，更缺乏道德准备。我们在主观上可以希望经济发展"又好又快"，但我们绝对做不到"又好又快"，其中发生混乱、曲折则是必然的。而要消除这些混乱、曲折的实践空间和历史空间也只能在未来的发展中。只有继续发展，我们才能拥有纠错和改善的机会。

所以，问题的核心不是承认不承认发展的代价，也不是要不要努力减轻和消除发展的代价，而是面对腐败和社会不公等严重代价我们要做怎样的价值取舍和怎样的路向选择。放弃发展，回归旧体制，腐败等代价自动消除。但这样，我们要付出更大的代价，国家强盛、人民幸福都将付诸东流。如此说来，"新左派"之主张，的确是一个很大的思想理论迷惘和政治迷惘。这种迷惘虽然不能让我们回到过去，却已经严重地弱化了我们继续前进、实现中国继续崛起的动力。

2. 自我认知的再度迷失和彷徨

中国崛起是面向世界的崛起，是中国与世界关系的改变。在这种改变中，中国既需要认识和把握世界，更需要认识和把握自己。没有正确的自我认知，就不可能积极地面向世界。

在中国与世界的关系中，自我认知的一次严重迷失大致发生在17世纪—18世纪，即西方第一次工业革命时期。因为有了工业革命，西方需要向外开拓市场，他们的使团频频出访东方和中国。这时，已经在社会生产力发展上落在了西方后面的中国，却依旧保持着"天朝上国"的极端自负，把自己视为天下的"中心"。1792年英使马戛尔尼来华，除了要对中国这个神秘国家进行考察外，主要是意在扩大两国间的通商和贸易。对此，清廷表现得非常傲慢，要求对方像1653年荷兰使节来华时那样向中国皇帝行三叩九拜之礼，同时对开放贸易口岸等要求全部回绝，理由是“与天朝体制不合”。这种自我认知的迷失，让中国拒绝开放，也让中国在世界大格局中一步步地沉沦和陷落，继而成为任由西方列强宰割的对象。

鸦片战争后，中国开始被动地面对世界。直至改革开放，中国才开始主动地面对世界。在这个过程中，中华民族的自我认知发生了从自负向自卑的转折。改革开放之前，我们曾经一度回归于自负和自尊，但打开国门之后，国人的自我认知，还是比较迷信西方并相对自卑的。这种至今犹存的自卑，是因为缺乏必要的民族自信，可以说这是以往那种极端自负的另一个极端。盲目而持久的“美国热”，特别是把西方民主视作中国政治体制改革的圭臬，应当是自卑主义的民族自我认知的一种注解。

随着国民经济的快速增长和国际影响力的迅速提高，我们的民族自我认知又开始以非常自负的形式表现出来。这便是强烈的大民族主义情绪。

（1）极度张扬的“中国模式”论。从20世纪的最后几年到21世纪前10年，一些中国学者基于中国发展的经验概括出“中国模式”，首先表现出了强烈的民族自骄，并折射出国人对中国与世界关系一定程度的迷惘。在“中国模式”论者看来，中国的体制很优越。甚至在有的学者看来，中国存在一个“千年不变”的“中华政体”。正是这个“政体”有力地支撑了中国崛起。依他们看来，我们的体制已经好到了足以自赏、自夸和自信的程度。如果是这样，还有什么必要再去改革？同时，既然中国体制这么好，既可以帮助发展中国家快速发展，还可以帮助西方发达国家“解脱困境”，由中国自己享用它未免太浪费了。于是，“中国模式”论者认为，中国应该进行“模式输出”。

显然，这个非常自骄的“中国模式”论是虚妄的、不切实际的。

三十多年的快速发展固然值得高兴，但潜在的问题和矛盾也在增加。“快速增长”本身，就是一个问题，发展成果的消化和成熟都不可能一步到位。更何况，中国的发展和崛起有比“快速”更本质更重要的要求。可以有力地支撑经济快速增长的体制未必能够有力地支撑经济的创新和协调发展，也未必能够有力地支撑政治、社会和文化的发展。把这样的“中国模式”加以固化，很可能会阻碍中国发展的转型、经济的升级，以及政治、社会和文化发展。从2011年开始，中国经济下行压力和结构性矛盾持续增大，就是对盲目的“中国模式”论的第一个直接实践否定。至于“中国模式”输出，让人们很自然地想起改革开放前“中国道路通天下”的自狂。明明我们已经严重落后了，却还在那里大讲“社会主义的优越性”，岂不是自欺欺人吗？

“中国模式”论把中国发展摆到了世界发展的最高端，也把中国摆到了世界的中心，正如“中国模式”论者所说中国正在“向汉唐回归”。国人的这种民族自我认知意味着什么，其后果又是什么，难道不是很清楚吗？

（2）激烈无忌的中国“说不”论。1996年，中华工商联合出版社出版了《中国可以说不》[①]。此书相当畅销，据说发行量高达300万册，在大众中激发了强烈民族主义狂潮。接着，《中国为什么说不》《中国就是要说不》等诸多著作及时跟进，使“说不”成为时尚，谁不说“不”，即有媚外和投降之嫌。2009年出版的《中国不高兴》[②]和2010年出版的《中国站起来》[③]《中国梦：后美国时代的大国思维与战略定位》[④]为《中国可以说不》书写续篇，前者发行量亦高达50万册，再度把民族主义情绪推向峰巅。

---

① 宋强、张藏藏、乔边等：《中国可以说不》，中华工商联合出版社，1996年。

② 宋晓军、王小东、黄纪苏、宋强、刘仰合：《中国不高兴》，江苏人民出版社，2009年。

③ 摩罗：《中国站起来》，长江文艺出版社，2010年。

④ 刘福明：《中国梦：后美国时代的大国思维与战略定位》，中国友谊出版公司，2010年。

这一系列著作的基本观点是：第一，中国具有做世界领导者的优秀文化基因，世界上的一切和平进步无不得惠于中国的功德，中国就是正义、自立、文明和公心，中国文化将拯救西方病。21世纪将是一个属于中国人的世纪，中国领导世界是天命所归，中国要做世界老大。未来时代，将会由中国从政治上统一全人类，建立世界政府。第二，西方就是“掠夺”“奴役”“阴谋”和“反人类”的代名词，西方文明是癌细胞，是地球的顽症。美国的完蛋只是时间问题，美国等西方国家要排在世界老二位置。其中的经典观点是：“美国凭什么呀？谁是世界的老大？从文明史的角度讲，我们才是世界的老大！”（王小东）第三，国际社会从来没有“和平崛起”，中国必须“军事崛起”，“中美两国将武力对决于21世纪”，“不上战场，就入猪圈”。第四，中国要记住仇恨，持剑经商，商战+军战，发扬尚武精神，准备打仗。第五，战争是中国的机遇，“打一次败仗也比不打仗好”（宋晓军）。待我们强大时，必须狠狠地揍美国和西方。

这些自恋而排他的观点和言论可以让不谙世事的青少年特别是愤青们听起来精神亢奋、热血沸腾，但在多少了解国家发展状况和实力的人都明白，这种言论无疑是受害者心理与暴发户心态的混合物。所以，这些观点在当时就受到尖锐的质疑和批评。学者吴稼祥说，中国的初步崛起就让这些人头脑膨胀得“不得了”，想当世界的头儿。他们其实是在利用国人的爱国情愫“绑架整个民族”，为他们的“老大狂想”“扣动扳机”[①]。我们可以试想，如果这种民族主义与民粹主义相结合，将会是一个怎样恶劣的后果？“一战”之后的德国证明，两者的结合即是“国家社会主义”，也就是纳粹主义。希特勒对内高压专制，对外发动战争，走的就是这样一个路径。所以，鉴于大民族主义情绪的泛滥，李泽厚和易中天两位先生认为，中国已出现危险的“纳粹倾向”[②]。

---

① 吴稼祥：《让中国服从“我”的心情——评〈中国不高兴〉所推销的病态民族主义》，《中国青年报》，2009年4月8日。

② 源自2010年9月18日《新京报》，“易中天对话李泽厚”。

虽然受到如此尖锐的批评，但这种激烈无忌的以“中国说不”为核心的大民族主义思潮并没有销声匿迹。它在民间和官方同时扩散，让我们民族的自我认知继续膨胀和混沌。

（3）持久不衰的“中国文化优越”论。我们中国人在文化上一直孤芳自赏、自以为是，改革开放之后，依旧如此。当代中国的大民族主义之所以如此张扬，就是因为它既有中国文化优越论作为重要立论基础，又以中国文化优越论为其重要表现。早在 1992 年，国学大师季羡林先生就说：“从 21 世纪开始，东方文化将主宰世界。西方国家要克服自身问题，必须依靠中国的思想资源。”[①] 此后，京沪地区的一些学者明确提出“中国文明优越论”，文化民族主义开始泛滥。2006 年出版的《国学大师之死：百年中国的文化断裂》[②] 开篇即认为，在中国崛起过程中，传统文化的代表——“国学”“已悄然成为中国人精神之旅的主旋律。可以断言，其蔚然成风继而成为一时代的大趋势大洪流，为时并不远矣。”看看我们的“国学热”和以创办孔子学院为载体的文化输出，我们就该知道，文化的大民族主义已不止于少数学者。

在世界文明的发展中，中国文明生发较早，又经历过先秦时期百家争鸣那样一个宏大的建设过程，所以，说中国文化悠久、博大，是可信的。但说中国文化优越，却是难以成立的。就传统部分来说，中国文化偏重于哲学、伦理和审美，严重缺乏科学精神；在哲学和伦理学中，高度关注秩序和不变之道，而忽视人的本能和本性的探索与掌握；在对秩序和不变之道的关注中，总是追求着既定的和静定的东西，同时忽视发展、变化和创造。正因为这样，中国传统文化未能也不可能支持中国主动地走向工业化。就现代部分来说，中国的革命文化确有相当成就，但由于我们接受并长期坚持了阶级斗争理论，文化在一定程度上被政治化和意识形态化，过于严肃，“上纲上线”，文化的发展道路很窄，文化的普世性也就大打折扣。就中国文

① 马立诚：《当代中国八种社会思潮》，社会科学文献出版社，2012 年，第 138 页。
② 同道：《国学大师之死：百年中国的文化断裂》，当代中国出版社，2006 年。

化的总体而言，其重心，其博大主要表现在其传统部分，因而与我们所处的这个工业化、后工业化和全球化时代，是明显滞后的。认为“国学”即传统文化已成为国人“精神之旅的主旋律”，并期待其蔚然成风，成为时代的“大趋势”“大洪流”，实在有些耸人听闻，真不知其机理何在？根据何在？

这种文化的自恋和自负作为当代中国的文化大民族主义，对中国未来的发展和崛起有着巨大的危害性，因而也可以说是中国崛起过程中的一个深度迷惘。任何一个国家、任何一个民族，其文化都必定有自己的优长之处，也必定有其缺欠和不足。在文化全球化的平台上，这些并不重要。各个国家和民族都可以通过与外部的文化交流取长补短，形成文化的创新发展。但如果一个国家在文化的自我认知上长期地夜郎自大、故步自封，那么，这种文化的前途就可堪忧虑了。所以，文化大民族主义绝对是一种惰性力。它让我们在文化上难以敞开胸怀，更不可能海纳百川。发展下去，受伤害的不仅是我们的文化，而且是我们整个中华民族的前途。

3. 发展路向的迷惘与徘徊

中国作为工业化时代的后发展国家，经济发展乃至崛起在实际上走的是开放导向路线。起初是因为鸦片战争，我们被动挨打，才有了洋务运动，有了机器工业；到了当代，因为形成了明显的国际比较劣势，我们才有了改革开放。这一路走来，都是外部的压力和挑战、外部的示范，这给了我们发展和改革的动力，让我们一步步地改革、创新、发展。所以，我们可以把中国崛起的路向和经验首先概括为“开放—改革—发展”，而不是“改革—开放—发展”。

“开放—改革—发展”的机理在于，中国在步入工业化的门槛之前，存在一个由政治体制和文化共同打造的非常稳定的结构。历史上的反复战乱只是让这个结构反复崩塌和重建。长达两千多年的历史证明，没有外部因素和力量的加入，这个结构就会永远地保持下去。所以，作为工业化起步较晚的国家，面向世界就是改革、就是发展，背对世界就是不改革、不发展。只有睁开眼睛看看工业化先行国家，看看它们的发展程度，看看它们的经验和教训，看看它们发展中的问题，我们才会有压迫感、才会有危机感，才会知道工业化的规律和路径，才会知道怎样发展和怎样克服不发展，甚至如何防止陷阱。可以说，我国现在的发展概念几乎都是从西方学来的。实践证明，不管是被动开放也好，主动开放也罢，开放对于中国改革、发展和崛起，是动力的，也是导向的。

但是囿于我们常常出现的大民族主义情绪，对于这样一个事实和规律，我们有时并不能坦然面对和接受。我们在审视和改革经济体制、社会管理体制时，总是本能和习惯地到中国的历史经验和观念中寻找方法和路径。于是，就有了改革和发展中开放导向与历史导向的冲突。人们通常用“全盘西化与坚持中国道路”来理解和表达这个冲突，这并不恰当。“中国道路”不在过去的历史中，而在与西方互动的现实中，在开放的具体发展实践中。“全盘西化”则是一个伪命题，中国的人、中国的事，怎么可能全盘西化呢？这当然是一种路向迷惘。

以往，人们曾经认为，在中国的皇权专制时代，政治体制是典型的封建主义。据此，人们把遗存于新中国的一切落后的东西都归之于封建主义。这完全是对马克思学说的错误理解和附会。马克思基于西方的经验，把人类社会的演进路线表述为：原始社会—奴隶社会—封建社会—资本主义社会—共产主义社会。于是，有些学者便认为，皇权倒塌前的中国长期处于封建社会中。真的如此吗？大家知道，所谓“封建”即“分封建国”。这种体制，在中国，早在春秋时代就已经解体和消亡了。“分封”出去的“宗子”们纷纷独立，不再听周天子号令，周天子已无地可封，宗法关系已逐步退出历史。这时，随着“废井田，开阡陌”，“公田”变成私田，奴隶变成农奴，进而变成农民；世族地主的土地主要来自兼并，这样的经济关系在本质上已不是封建关系。所以，从春秋开始，中国已开始走出封建主义。用封建主义来表述秦皇之后的专制社会，实在大谬不然。当然，我们也不能依据这个史实完全推翻马克思的上述判断。假如春秋列国都走管仲路线，把鼓励工商业作为基本国策，也许以春秋时期为过渡，中国早就进入资本主义社会了。

我认为，“历史导向”即路向迷惘的核心不是别的，而是国家主义。

国家主义是中国传统经济体制和政治体制的基本特征，权力由国家独占。同时，国家主义又是一种老旧的价值观，在国家（政权）与社会的关系上，国家为上，社会为下，国家为主，社会为用，国家以防民治民为惯常思维[①]。在历史和现实中，国家主义总是以大政府主义的方式出现。这让我们在收获经济高速增长的同时，也大量“收获”了腐败、社会不公和结构性矛盾。尽管党和国家一再力推转变政府职能，改革和减少行政审批，建设服务型政府，大政府主义依然挥之不去。减轻乃至消除以大政府主义为特征的国家主义，就是转变国家和政府职能，建设服务型国家和服务型政府，实现人民主体地位。中国的经济体制和政治体制改革能否成功，中国经济崛起能走多远，中国政治能否在全球建立起强大的影响力，关键就看我们究竟能够在多大程度上与国家主义积习诀别。

当然，在发展路向问题上，我们还有其他迷惘。自由主义是其中之一。每当国家主义把中华民族带入发展困境时，一些知识精英总是习惯于把自由主义当作济世良方。

什么是自由主义？民国后首任北京大学校长严复先生最早把西方自由主义引进中国。他给自由的定义是：“自由者，凡所欲为，理无不可。”“但自人群而后，我自由者人亦自由，使无限制约束，便入强权世界，而相冲突。故说：人得自由，而必以他人之自由为界。”[②]他的意思是说，人追求自由是理所当然的。但在现实社会中，自由必以不妨碍他人自由为界限。所以，作为西方文化的核心价值

---

① 郎毅怀：《从国家主义到民本主义：中国政治的体制与价值观》，中国发展出版社，2014 年。

② 王栻主编：《严复集》（第一册《群己权界论》），中华书局，1986 年，第 132 页。

观的自由主义，并非绝对和无限地张扬自由。这里所言自由，与法制、国家、权威并非绝对地矛盾和冲突。甚至可以说，这种自由主义所崇尚和坚持的，乃是“法制下的自由”“平等的自由”。然而，在中国的思想界，作为与国家主义相对立的自由主义，把人的自由权利与法制、与国家管理和治理、与公共秩序对立起来，常常表现为无政府主义和反政府主义。我们可以将其称作非理性的极端自由主义。它与国家主义即大政府主义从两个价值极端破坏着中国的权利体系和秩序的建构，并共同带来发展的停滞和人道主义灾难。

不过，比较而言，当代中国发展的主要路径迷惘还是国家主义。只有远离国家主义，以人民为本，以人民的根本利益为本，全心全意相信和依靠人民，国家和政府才能真正走群众路线，正确作为。也只有这样，人民才能与国家和政府风雨共担，消除官民对立、干群对立，建设一个和谐、富足、文明的优秀国家。

三

当然，“崛起中的迷惘”并不仅仅是这些。从改革开始，我们即通过选择市场经济道路冲破和告别了苏联式社会主义。但我们要建立的社会主义究竟是什么样式的？在旧时代、旧体制、旧模式加诸于我们的种种观念还没有真正和完全破除的情况下，我们对这个问题的实践回答和理论回答都特别困难。由此产生的困惑和迷惘有如一团乱麻。其中，“社会主义市场经济”这个概念就让我们困惑不已，从而对市场经济总是表现得三心二意，患得患失。最近经济学界关于产业政策的争论即与此有关。本书力图围绕“中国继续崛起”这个主题，依据前三十多年改革开放和经济建设的基本经验，从大的方面破解这些困惑和迷惘，实现我们在观念上的一次“穿越”。

第一章 前路尚远不可骄

中国崛起具有阶段性。我们已经走过了以“体能修复”为特征的第一阶段。在这一阶段中，我们创造了繁荣和辉煌，但按照世界标准看，我们其实乍富未富、似强未强，所谓的繁荣也只是一种脆弱的繁荣。当前，中国崛起正处在从第一阶段向以“品质提升”为特征的第二阶段迈进的过渡期，正面临着结构倾斜、增长陷阱、跨越“云岭”和国际围堵的严峻挑战。面对小富即安、未富先奢、未强先骄、未成即懈和不作为的倾向，我们必须以“中国梦”来唤醒国人的忧患意识，提振改革和发展精神，树立长期发展的战略思想，采取务实和平衡的治国路线，注重国内、注重基层、注重民生。为确保国家继续崛起，应实行以创新发展为主题的新经济战略和现实主义的大国外交。要摒弃旧的国际平等观、克服儒家和意识形态外交传统、放弃传统的地缘安全观，以赢得敬畏作为基本的外交目标。

千年历史证明，中国作为一个大国，要么领导世界，要么任人宰割，没有平庸的中间道路可走。当中国成为一流世界强国之后，中国崛起即进入领导力构建的第三阶段。只有走到第三阶段，中国崛起才算是完全成功的。

当我们在世界上开始扬眉吐气的时候，首先必须清楚，今日中国是怎样一个中国？或者说，今日中国到底是一种什么状态？正确地认识和把握了她的状态，我们关于民族精神和国家内外政策的思考和回答才会有分寸感。高估了，会头脑发热，缺乏冷静和理性；低估了，会缺乏自信和坚持，难有坚韧而恢宏的作为。

我们现在最需要的是战略坚持和战略定力，面对发展成果不骄不躁，面对发展困难不馁不懈。

21 世纪 10 年代以来，我国经济增长困难增加、增长速度开始持续下滑，结构性失衡逐渐增大。虽然这在一定程度上是经济发展阶段转换的一个正常反应，但与我们思想上的迷茫不无关系。看看当初那些以张扬“中国模式”为主调的骄傲、自负和自以为是的大民族主义心态，看看中央强力反腐前官场上未富而奢的腐败、奢靡之风，再看看今日一些官员和企业的不作为，我们就可以知道，正是那些不切实际的宏论和非理性作为，把我国经济拖进了严重不平衡的结构性矛盾中，让我们必须以更大的代价去应对结构性矛盾的挑战。重新唤醒我们的忧患意识，已经成为当前中国崛起的一个战略必须。

“中国崛起”，听起来很刺激，说起来也很提气，颇有震撼性。据国际货币基金组织统计，2013 年，中国的国内生产总值（GDP）达到 9.18 万亿美元，占全球 GDP 的 12.4%，仅次于美国，居全世界的第二位，与1980年相比，34年增长了23倍[①]，成为全球最重要的经济体之一。其中，制造业增加值超过2.3万亿美元，占全球比重超过21%，成为世界第一制造业大国；货物贸易额达到4.16万亿美元，成为全球第一货物贸易大国；外商直接投资存量达9496亿美元，对外直接投资存量超过6000亿美元；接受人民币支付的国家和地区有100个左右，接受人民币支付的金融机构有1000家左右，人民币进入全球10大交易最频繁货币榜单；2015年，人民币进入国际货币基金组织特别提款权"篮子"。这些数据都说明了一个不争的事实——中国正在快速发展，正在走向强大。

但是，我们没有理由骄傲。

距离中国真正的崛起，我们的发展之路依旧艰辛与漫长。

中国崛起的阶段性

中国崛起是一条历史的长路，不可能一蹴而就。把今日中国理解为已经成功崛起，是一种至为简单、浮躁甚至有害的观点。

根据中国已经走过的道路和当前以及今后我们将经历的发展和挑战来判断，中国崛起可能表现为三个历史性的阶段。

1. 第一阶段：体能修复

自孙中山先生提出"振兴中华"之日起，无数中华儿女就开始为中华民族的解放和进步事业前赴后继。推翻皇权专制、结束军阀混战、击败日寇侵略、终结帝国主义干涉、建立民本主义新政权、形成民族工业化基础，都是实现中国崛起的必要准备。改革开放的意义在于充分利用了已有的发展基础推动了国民经济的高速增长，使中国进入了崛起的快车道。从这个意义上说，我们应把"十一届三中全会"作为中国崛起特别是中国经济崛起的一个标志性的起点。

改革开放前的中国，供给严重不足，很多生活必需品都实行票

① 按2010年美元不变价计算。

证管理。老百姓手里很缺钱，但更缺的是物资，有钱未必能买到东西。即使是不要票证的商品，也得排队，许多时候排着排着，货就没了。所以，当时的中国经济被国际学者描述为“短缺经济”“票证经济”。从“短缺经济”出发，中国的发展就以“满足人民群众日益增长的物质和文化需求”的基本目标起步。就中国崛起的整体工程而言，这个目标显然是很现实的，也是低端的。这个需求的满足与否，无疑是“万里长征的第一步”，距离中国成为世界强国，当然还有很远的路要走。

围绕“满足人民群众日益增长的物质和文化需求”，中国崛起的第一件重要事情就是改革开放，即改革经济管理体制，从内部释放经济发展动力，同时从外部引进经济发展所急需的资本、先进技术等稀缺资源。从此，中国经济开始了高速增长。到 2014 年，中国作为全球第二大经济体，已经把与美国 GDP 的差距从 1986 年的 15 倍缩小为 1.7 倍，把与日本 GDP 的差距从 1991 年的 8.3 倍反转为对方的 2 倍[①]。这是中国经济的一个量的飞跃。

但这并没有改变中国发展的低端特征。由于我国人口众多，偌大的国民生产总量落实到人头上，就同人家差远了。我国人口 13.6 亿，是美国的 4.5 倍，是日本的 10 倍。但我国的人均 GDP 只是美国的 1/8、日本的 1/5。不难看出，这一阶段我国的经济发展在本质上只是达到了当代经济体的基本水平。在国际经济比较中，中国经济还不是强势经济。在品质上，中国经济还不能与美国、日本等发达国家比肩。30 多年来中国经济发展之所以震动世界，是因为中国经济体量巨大，并非经济的品质有多好。我们可以把这一阶段中国经济的崛起称作“体能修复阶段”。在这一阶段，中国经济只是通过体制“修复”，发掘和展现了她的基本体能。

2. 第二阶段：品质提升

如果说，中国经济第一阶段的发展依靠了自己的特有优势，那

① 兰 SIR :《中国未来国运如何？》，微信公众号“智谷趋势”，2015 年 11 月 7 日。

么，这个优势主要是成本优势和市场优势。我国作为后发展国家，有丰富的廉价劳动力，又有需求旺盛的广阔市场。这两大优势首先成就了中国的制造业，使中国成为制造业大国。这其中，中国经济本身的科技含量、科技对经济增长的贡献率，特别是国民经济运行的总体质量都在提高，但还存在着明显的比较劣势。目前，中国的制造业成本已接近发达国家。据美国测算，如果把美国的制造业成本设定为 100，中国的制造业成本就是 96，两者几乎在同一水平上。这样，中国下一阶段的经济发展，将要与其他经济体比拼的，是经济品质。其中包括经济体制、经济结构和科技创新能力。

当前，经济运行的严峻现实已经表明，以提升品质为特征的中国经济崛起的第二阶段已经来临。

2008 年的全球性经济危机引发了世界市场的整体收缩，从而加剧了国际竞争。在这种背景下，我国产品进入国际市场的难度增加，外贸出口已经由 21 世纪初的高速增长转变为低速增长，并且面临转向负增长的风险。在国内市场上，产能大量过剩导致国产商品库存居高不下。与此同时，外国的粮食、药品、保健品和若干高科技产品却蜂拥而入。这种奇怪现象的背后，是中国制造成本高、品质差。我国目前城市化程度不高，城市化率不到 50%，中国仍然是一个农业大国和粮食大国，但农产品和粮食进口却不断增加。2012 年中国进口了 8025 万吨粮食，其中大米 230 万吨、小麦 370 万吨、玉米 520 万吨。此外，白糖进口了 360 多万吨，占国内白糖消耗量的 1/3。到 2013 年，猪、牛、羊和牛奶也大量进口。到 2014 年，进口粮食突破 1 亿吨，占国内粮食消费的 1/7。这说明国产的东西没有竞争力，“没有办法”与外国产品竞争。“在一些东部沿海地区，即使加上配额外 65% 的高关税，从外国进口的三大主粮也比国产粮便宜。”①今后，中国制造在世界市场上的份额能有多大，中国多久能超越美

① 陈章良：《中国农业竞争力为什么突然降低了》，财新网，2015 年 11 月 29 日。
悦涛：《为何说中国制造在离目标 30 年的地方开始逃离》，和讯网，2015 年 12 月 29 日。

国成为全球第一大经济体，中国人均 GDP 何时达到中等发达国家水平，都取决于中国制造业品质上升的速度有多快。如果到新中国成立一百周年的时候，我们的人均 GDP 能如期达到中等发达国家的水平，那么，那时的中国将是一个真正意义上的经济强国。

3. 第三阶段：主导力建构

从我国悠久的历史及初步崛起的经验来看，在全球化的平台上，中国作为一个大国，要么是一个具有支配能力的世界强国，要么就是一个接受西方列强宰割的弱国，没有平庸的中间道路可走。

自中国进入以美国等西方国家为主导的全球经济和政治秩序以来，许多人天真地认为，只要我们不再输出革命并挑战美国的领导地位，中国就能长期与他们平等相处，并顺利成为与西方并存的发达国家。但只要我们细细地品味一下，就会发现西方势力没有那么善良，美国很会“玩”战略。当年，美国总统尼克松跨越太平洋与毛泽东、周恩来“握手”，完全是基于美国自己的战略利益考虑。“冷战”格局解体，美国如愿收获了巨大的利益，成为了唯一的超级大国，但它并没有宽容和厚待中国。克林顿时期，美国对华实施“防范”战略，小布什时期对中国实施“避险”战略，都旨在应对中国有可能朝着对美不利的方向发展。到了奥巴马时期，美国则针对中国力量的上升开始实施“制衡”和“围堵”，针锋相对地平衡中国的影响力，制约中国继续崛起。

这里边道理其实很简单。世界就这么大，空间有限，资源有限。如果中国是一个像埃塞俄比亚（人口 8524 万、经济总量 523 亿美元）那样的穷国或卢森堡（人口 4.9 万、经济总量 623.95 亿美元）那样的小国就无所谓了。他们每国的人口至多相当于中国的一个一线城市，经济规模甚至不如中国一个一线城市的一个区，丝毫影响不到美国的利益。但中国不一样。中国的经济总量占到了世界经济的 10% 以上，并在世界上有着重大影响。如果中国经济总量进一步扩大，中国对世界的影响也将会继续放大，世界秩序将很难再由美国主导了。所以，美国虽然享受着中国崛起带来的巨大好处，却在心理上不能接受中国崛起。随着中国经济总量的扩大，中国对世界事务介入的加深，中美战略矛盾必然会持续升级，美国对中国的制衡也会加强。中国要走出这个困局，唯一可行的方式就是坚持和平崛起，以强制胜。

中国必须通过品质提升，来反制衡、反围堵，并在综合实力可以与西方比肩之后，努力尝试对世界实施有效管理。而这个管理能力的形成，就是中国崛起的第三阶段即主导力构建阶段。

当下，中国正处在由第一阶段向第二阶段的过渡阶段，也是第二阶段的开始阶段。

乍富而未富的收入状况

今日中国变化之大，是相对于我们过去的落后和贫困而言的。所谓今日中国之“强大”，首先是由中国经济总量支撑起来的，而非真正意义上的“富强”。我们尚未走出“体能修复”阶段，因此站在这个从贫穷到小康并展望富强的历史节点上，“小富即安”是国之大忌、民之大忌。

1. 比较低的收入水平

与过去那个积贫积弱的中国相比，今日中国真可谓变化万千，翻天覆地。改革开放前来过中国的外国人，在二三十年之后再来，无不感叹中国变化之大。但与整个世界比，我们的变化就没有那么大，因为在我们快速发展之前许多国家和地区都已经在快速发展了；而在我们快速发展的同时，其他国家和地区大都没有停顿也在继续发展。

第一，我们中国人的收入水平大体上也就是世界平均水平。中国的经济总量占全球经济的比重已超过12%，即占1/8。但中国的人口却是整个世界的1/5。这样算下来，中国的人均GDP还不到世界的平均水平，还是一个典型的“发展中国家”。2014 年，中国人均 GDP 为 7581 美元，在世界 179 个国家和地区中已经从 1960 年的第 100 位上升到第 79 位。排在中国之前的 78 个国家和地区共约 20 亿人；排在中国之后的 100 多个国家和地区共约 37 亿人。这就是说，在世界 70 亿人口中，每 7 个人中大约有 2 人的收入水平高于中国人、4 人低于中国人。这说明中国仅仅是个“发展中国家中的比较发达国家”。

第二，要通过发展消除我们与发达国家之间的巨大差距，并不轻松。目前，中国的人均国民收入才达到美国的 1/8，加拿大的 1/7，英国、德国的 1/6，法国的 1/5，日本的 1/5，意大利的 1/4，是卢森堡、挪威等高收入小国的 1/12，是沙特阿拉伯这些石油富国的 1/3，是我们邻居韩国的 1/4。我国再提高 40 个名次左右，才能达到西班牙和塞浦路斯的水平。所以，中国虽然发展很快、变化很大，但还没有走出低收入国家的行列。这是一个基本事实，也是基本国情。

2. 不平衡的收入结构

我国正在从温饱状态向全面小康迈进，这是一个总体概括。其中，一小部分人在经济上已经比较富有，多数人处在衣食无忧、安居乐业的温饱和小康状态，但还有约 7700 万的贫困人口，这些人口占我国总人口的 1/20。这是一个很不平衡的结构。我们在收入严重失衡的同时，还存在许多隐性的不平衡。在不同地区之间，收入水平和生活环境差别明显；在城乡之间，公共基础设施和生活服务设施差别巨大，社会保障水平也有不小的差距；在城市中，不同行业、不同性质企业、不同职业之间也存在着很大的差别。在高歌猛进的城市化背后，还普遍存在着落后的生活方式；在令人惊叹的高速公路网、城际高铁网、普及全国的现代通信网络和高楼大厦背后还有大量的贫困人群和许多破败的景象……

21 世纪以来，在经济高速增长的支撑下，中国人在世界各地成了到处投资、出手大方的豪客。各大洲都有中国公司在大量投资，世界各地的著名旅游景点和商业中心都有大量中国人的身影。中国人走到哪里，哪里的经济就会看涨，甚至火热起来。作为一种世界性的现象，这固然是中国经济强劲增长的反映，但却不能直接证明中国国民已经普遍很富裕。

第一，中国人口众多，宏观上显得很有钱。这是一种大国效应。如果每位中国人都拿出 100 美元，那么，总额就是 1300 多亿美元。这无论从投资角度看，还是从消费角度看，都是“大流量”。同时，中国刚刚走向世界，由于对外部世界的好奇长期被压抑，一旦经济和政治条件具备，这种好奇便开始以井喷的方式大量释放，这种“大流量”的释放在时间上很集中。所以，中国人很“有钱”，在一定程度上首先是由众多人口支撑起来的一个经济表象。

第二，在中国的国民收入分配中，工资所占比重比较低。而发达国家工资占国民收入的比重较高，高者已达到 70% ~ 80%。而在我国这一比重尚未达到 40%。工资比重低的另一面就是资本收益即积累率和财政收入占比过高。所以，相对于国民实际收入水平，中国的财政和资本，特别是国有资本是很强大的。中国对外的巨大投资能力突出反映了中国经济的结构性矛盾和某种扭曲。中国还有大约 7000 多万贫困人口，这部分人每天的生活费用平均只有 1 美元。所以，这个现象只能部分地反映中国的实际经济水平。

第三，在中国出境旅游和消费的群体中，国家公务人员、公职退休人员、企业资产（股权）所有人和经营者占绝大多数，普通劳动者阶层和其他人士则少之又少。同时，一些人近乎疯狂地采购，在一定程度上表达了他们乍富而未富的状况。因此，中国在境外所表现出的消费能力不具有代表性，真正富裕的人只是少数。

第四，在很长时期内，中国城市的财政收入大约有 1/4 ~ 1/3 来自土地收入。为加快发展，甚至为了做大做强财政，全国大中小城市无不把出让国有土地和倒卖城郊农村集体耕地作为重要财源。把长达 70 年的国有土地使用权卖光用尽，透支资源。由此表现出来的“有钱”，是把子孙的“钱”提前“取出来”花光，是有严重后患的。

第五，国内产品越来越难以满足消费者需要。中国人到境外采购是以国内市场需求不足为代价的。消费者的国际采购是造成国内同类产品库存大量增加的重要原因。

因此，“中国人很有钱”的现象非但不能说明中国已经富有，反而更加说明中国的确是一个充满内在矛盾的发展中国家。

3. 低质量的生活环境

人均 GDP 和工资收入只是反映国民富裕程度的直观方面，生活环境对于衡量国民的生存状态和质量具有更直接的意义。在这方面，中国更符合发展中国家的特点。

基础环境对于一个国家的发展乃至强大是必不可少的。同时，基础环境的状况也是国家发展水平的重要表现。

（1）生态环境。我国基本上是在走传统的工业化路线，造成了严重的环境污染和生态恶化。生态破坏会造成生态反常——沙尘增多，小河流干涸，大江大河断流。工业废水、废气、废物以及滥施农药、化肥所造成的水质、气候和土壤破坏是很严重的。大量生产和使用燃油动力汽车所产生的尾气排放，更使城市空气质量雪上加霜。同时，北方冬季采暖仍然继续以燃烧煤炭为主，从而释放出大量烟尘。这些因素，使北方城市在采暖期内每月都出现 10 天或半月的雾霾天气。仅就 2015 年年底而言，东北、北京等地区都出现了空气重污染状况。沈阳、抚顺、本溪、丹东、铁岭等 11 个城市的 PM2.5 小时平均浓度大于 250 微克 / 立方米，为严重污染。沈阳局部地区的 PM2.5 指数一度突破 1400 微克 / 立方米[①]。这就是说，我国目前的生态环境作为工业化水平的一种反应，大体相当于西方工业国家 20 世纪 50 年代—70 年代的水平。如果说这是所有现代化国家都必须经历的曲折道路，那么，我国的生态环境就处在这条道路的初级阶段。据专家介绍，特别严重的是，含放射性铀的内蒙古煤

① 那小兵：《中国哪个地方到了最危险的时候？》，城市中国网，2015 年 11 月 17 日。

炭近些年产量迅猛增长，已超过10亿吨/年[①]。“不加任何控制被大量开采的高含放射性铀的煤炭，在全国特别是北方的火电厂燃烧之后，放射性粉尘大量散布到城乡各处，通过威尔逊云室效应，能够大大促进雾霭雾霾的形成和延长其持续时间。”“或者残留在煤灰中，渗透到地下污染地下水，或者变成扬尘，或者流进河流。”“因为放射性铀对环境的污染是永久性的，没有一种办法能够把散布在环境中的铀有效去除，其放射性半衰期长达45亿年。”若是“不马上终止开采燃烧”这种高铀煤，那么中华国土将“变成无法居住的人类禁区”。

（2）社会环境。在中小城市的边缘地区和农村，公共基础设施还是比较落后和不健全的，严重缺少现代采暖设施和卫生设施，大量生活废水和垃圾得不到正确处理，“脏乱差”问题相当普遍。由于经济发展水平有限、管理体制跟不上需求的变化，在世界大多数国家，甚至一些落后国家都已实行免费的公共产品，在我国仍然高度市场化和高收费，教育、医疗、住房成为压在人民头上的“三座大山”。教育环境不佳，有的甚至比较恶劣；医疗资源缺乏合理布局，看病难仍然突出；城市居民住房供给过剩，价格却居高不下。此外，对三聚氰胺、有毒奶粉、毒大米、地沟油等的揭露都引发了人们对食品安全的强烈不安。还有城乡之间、地区之间的巨大差别，也是社会环境的一个重要问题。总之，由于投入不足，或者说发展水平还不高，我们的社会环境远远没有达到“发达”，还处在一个比较落后的状态。

（3）人文环境。在发展的基础环境中，人文环境是发展的基础环境的核心。人是发展的主体，包括经济发展、政治发展和文化发展在内的所有发展都要通过人来实践和完成，并反过来落实到人上，由人来享受和支配发展成果。人的素质即人本身的发展程度，如果人得不到发展或发展有限，那么，这个国家无论如何也强大不到哪里去。我国没有经历法国大革命那样的思想文化洗礼和现代启蒙，

① 马可安：《燃烧高铀煤导致高雾霾现象》，雪球网，2015年12月20日。

是在一个很老旧的思想文化传统上开始改革和崛起的。这就决定了我们中国人的生活方式至今还比较低俗。在我国大多数公共场所，我们很少见到有人读书。据报道，中国人均年读书0.7本，我们的邻国俄罗斯人均年读书55本，日本人均年读书40本，韩国人均年读书7本。如果同以色列、匈牙利等嗜书国家相比，差距更大。以色列人均年读书64本，是中国人均阅读量的90倍。匈牙利人口不足中国的1%，却有近2万个图书馆，平均每500人就有一个。比较之下，中国的图书馆却寥寥无几，每45.9万人才有一个。一个人的阅读史是其精神发育和成长史最重要的组成部分，阅读浅薄的人不可能有很深的修养，一个民族的精神境界也在很大程度上取决于民众的阅读水平 。因此，国人的思想文化素质还处在一个“爬坡”或“挣扎”的阶段，我国的人文环境建设还有很长的路要走。

似强非强的成长形态

国际媒体曾经预言，在2030年，中国的经济总量将超过美国，成为全球第一大经济体。我们的一些同胞，其中不乏政治和知识精英据此欣喜若狂，骄心膨胀，“中国模式”及其他一些“高论”由此出笼。但就目前的发展水平而言，我们应当老老实实地承认，今日中国只是一个成长中的大国，只是经济“块头大国”而不是经济品质强国，她最大的特点就是成长性。

中国作为仅次于美国的第二大经济体，作为全球第一制造业大国、第一大出口国和第二大进口国，2013年占全球经济增量的比重已超过美国，达到25.2%，成为全球第一。其中，在全球制造业的增量中，来自中国的增量占比高达31.0%[①]。特别是中国的桥、高铁、卫星、电站、手机在世界制造业领域中确有不凡表现。尽管如此，中国经济仍然“大而不强”，还不具备称雄世界的实力。中国在国际

① 赵晋平、张琦：《中国发展对世界经济的影响》，中国发展出版社，2014年。

市场上“攻城略地”很大程度上得益于产品的成本优势。但随着成本优势逐渐丧失，中国产品在国际市场上的竞争力正在下滑，一些国际市场份额正在得而复失。我的本家学者郎咸平教授认为，2010年中国大陆在经济发展水平上相当于1910年的美国、1970年的日本、1975年的中国香港、1980年的中国台湾、1985年的韩国。这个判断未必完全准确，但大体反映了今日中国经济大而不强的现实。

1. 工业企业总体竞争力弱

在国际经济分工中，中国大多数产业仍然处于加工组装和简单零部件生产等价值链低端环节上，而在产品研发、高技术零部件生产、市场营销和生产服务业等高附加值环节上则往往受制于国际跨国公司，诸如体现电子信息产业核心竞争力的集成电路芯片的核心技术、关键部件、基础材料都大量依赖进口。同时，中国的研发投入和创新能力不足，研发投入占收入的比重不足国际标杆企业的1/2。2011年，我国规模以上工业企业研发强度只有0.71%，而在欧美发达国家这一指数已达到10% ~ 15%。2012年，我国创新指数在全球只排在第34位。加上其他因素影响，我国企业的国际竞争力弱，盈利能力和收入规模较低。例如，2012年我国电子百强企业主营业务收入和利润加总起来才3099亿美元和129亿美元，而一个IBM这两项指标即分别达1045亿美元和166亿美元，苹果公司这两项指标即分别达1565亿美元和417亿美元。我国一些著名的国有制造企业，名为与外国大公司合作，实则为人家打工“抬轿”，牺牲了自己的品牌资源和市场资源，却没有学到人家的核心技术和管理机制。

另据《中国企业国际化及全球竞争力》报告披露，按照德尔斐咨询法构建的评价体系评价，与国际标杆企业相比，中国在石油化工、汽车制造和通信设备制造等六大领域领先企业竞争力差距明显。

（1）石油化工。2012年，埃克森美孚和壳牌人均销售收入均在300万元以上，中石化只有279万元，中石油只有162万元，中海油虽然略高一些，但也不到埃克森美孚的1/6；总资产报酬率，埃克森美孚为 13%，而中石油和中石化只有 4%；销售利润率，埃克森美孚高达 10%，而中石化等只有 2.5%; 中石化与埃克森美孚收入规模相当，但前者利润只有后者的 1/4。

（2）汽车制造业。近年来，中国汽车领先企业在全员劳动生产率等方面可与国际标杆企业一较短长，但在利润率和国际竞争力等方面与后者还不在一个档次上。中国最具竞争力的汽车领先企业——上汽，销售收入不到丰田的 1/3，利润不到大众的 1/5。在综合国际化水平方面，大众公司和丰田公司分别为 59.97% 和 50.31%，而中国四大领先汽车制造企业最高的只有 39.05%。

（3）钢铁业。从表面上看，中国领先的钢铁企业在规模指数、效率指数、成长指数等方面都正在赶上甚至超过国际标杆企业。但一个基本事实是，中国钢铁领先企业的业绩基本上或者说完全是在中国本土实现的。与安赛乐米塔尔、蒂森克虏伯这些国际化综合水平指数分别高达 91.46% 和 65.10% 的国际标杆企业相比，中国钢铁领先企业的国际化综合水平是很低的。中国国际化水平最高的钢铁企业——上海宝钢，这一指标仅为 11.13%。所以说，中国钢铁领先企业的“国际竞争力”还不是真正意义上的国际竞争力。说到底，只是一种本土优势。低水平的国际化说明，中国的钢铁产业的国际竞争力并不强。

（4）电解铝制造业。在报告中，电解铝制造业是所列的六大行业中国际竞争力综合指数最高的行业。一些中国电解铝企业的效率指数和成长指数已达到国际先进水平。但中国电解铝行业同钢铁业的问题一样，其领先企业的国际竞争力基本上是在本土实现的。2012 年，在国内电解铝领先企业中，国际化综合水平最高的中国有色和中国铝业分别为 19.0% 和 12.8%，其他企业近乎为 0。依靠本土优势，在国内实现的国际竞争力指标并不完全反映其真实国际竞争力。如果不考虑本土优势，中国电解铝领先企业在劳动生产率诸方面与美铝等国际标杆企业有较大差距。2012 年，除中国有色之外，中国绝大多数领先企业的人均销售收入都不及美铝（244 万元）的

1/2。

（5）通信设备制造业。在综合性电子企业中，中国的联想控股的销售收入只是三星电子的1/5；在单一通信设备制造企业中，中国的华为虽然在销售收入方面与思科处于同一重量级，但其盈利水平（154亿元）不及思科的1/3。在总资产收益率方面，华为虽与思科旗鼓相当，但大大低于三星电子。至于中国其他领先企业，总资产收益率普遍低于三星和思科；在销售利润率方面，思科高达17.5%，而中国企业中此项指数最高的华为也只有7%。

（6）家电制造业。此行业国际竞争力状况与钢铁业类同。它在规模、效率和成长性等诸方面指数与国际标杆企业处于同一等级，有些方面甚至超越后者，但在国际化程度方面，还是落后的。例如，2012年，飞利浦和索尼的国际化综合水平指数已分别达到了87.66%和68.94%，而同期国内家电企业国际化程度最高的TCL也不过是27.7%。这就是说，以行业领先企业为代表的中国家电产业，其国际竞争力也主要是在国内市场上表现出来的，依靠本土优势因素的巨大支撑。所以，中国领先家电企业的真实国际竞争力还不能与高度国际化的国际标杆企业比肩。

2. 现代服务业竞争力弱

以知识产权为核心、以金融服务为主导的现代服务业是现代经济的核心，也是一个经济体国际竞争力的核心。如果说制造业的差距是不同经济体之间的基础性、战略性差距，那么，现代服务业的差距则具有关键性、决定性和长期性的意义。

长期的国际货物贸易顺差说明，我国工业制造业的国际竞争力即使不十分强大，但相对优势是有的。比较而言，我国现代服务行业则没有优势可言，这方面的国际竞争力是比较弱的。2011年，美国和欧盟服务贸易顺差分别高达1285亿美元和1210亿美元[①]。而中国不仅在运输、旅游等传统服务业领域存在大额逆差，而且在保险、

---

① 赵晋平、张琦：《中国发展对世界经济的影响》，中国发展出版社，2014年。

专利使用费和特许费等现代服务业也存在大额国际贸易逆差。2012年，中国金融业虽然国际收支平衡，差额为零，但与发达经济体的竞争力差距是明显的。2011年，中国股票、债券和银行资产占GDP的比重为285.1%，远低于美国的424.4%、欧元区的448.8%和日本的539.8%[①]。中国跨境贸易货币结算仍以美元为主，在石油等大宗商品贸易结算中，美元甚至以95%以上的高比例，居绝对主导地位。

关于现代服务业的国际竞争力，我们最不能骄傲的是知识、技术和创新能力。在过去30多年经济高速增长期，我们较好地利用了后发优势，以较少的R&D投入获得了技术上的较快提升。但总体上，我们还处在一个相对落后的阶段。世界经济论坛（WEF）从动力角度把经济增长划分为要素驱动、要素驱动向效率驱动转换、效率驱动、效率驱动向创新驱动转换和创新驱动五个阶段。按照WEF的研究，美国、德国、日本、韩国已分别在1949年、1964年、1969年和1990年达到了中国2011年所具备的创新能力，并先后于1962年、1973年、1976年、1995年进入创新驱动阶段。依据这个研究，中国在2011年正处在效率驱动阶段，不仅落后于美国、日本、德国等发达国家，而且落后于正处在从效率驱动向创新驱动转换阶段的巴西、智利和俄罗斯等发展中国家。如果参照这个研究，中国可能在2016年—2020年进入创新驱动阶段，大约比美国晚了60年，比德、日两国晚了50年，比韩国也晚了20多年[②]。

当前，我国正处在从效率驱动向创新驱动转换的时期，从技术发展的中低端向高端发展的迈进期。由于市场经济体制尚不完善，支持和鼓励创新的制度还有一定缺失，支持我们向技术前沿领域发展的创新基础尚比较薄弱，R&D投入强度、知识产权收入支出比都低于发达国家当期水平，研发人员在就业人口中的比重、研发人员人均专利数量、研发人员人均论文数量、R&D投入的论文产出率都

---

① 陈四清：《新战略研究》，2013年。

② 张军扩等：《追赶接力：从数量扩张到质量提升》，中国发展出版社，2014年。

低于多数发达国家当前和历史上可比阶段的指标[①]。这对于提升我国经济的国际竞争力形成了重大制约。

3. 国际市场影响力弱

一个国家经济力量的强弱，不仅在于生产方面，还在于经营方面。在国际市场上，经营力和影响力对一个国家的经济命运和走势具有更为重要的战略意义。

中国是国际农产品和大宗商品市场的大买家，也是大量工业制成品的大卖家。但国际市场的定价权并没有操控在中国手中。在进口方面，除了铜以外，几乎所有大宗商品，如石油、铁矿石、主要农产品的定价权都掌握在外国公司手中。中国可以从供求关系方面给国际市场以巨大影响，但并没有因为我们的大买家和大卖家的身份而从总体上掌控和影响国际市场。中国卖什么什么便宜，买什么什么贵，这表明国际市场的运行往往呈现着与中国利益大体相悖的态势。

定价权是一种经济权力和金融权力。自人类进入资本主义时代以来，资本一直是核心资源和核心权利。谁拥有并控制了资本，谁就拥有了核心权利，因而也就拥有了定价权。马克思之所以把资本家称作“工业的司令官”，就是因为资本家所拥有的，就是定价权。在简单的交易中，大量商品生产者都要在竞争中完成“惊险的跳跃”，从而形成买方市场。这自然会把定价权拱手让与商业资本所有者；在比较复杂的交易结构中，资本作为核心资源和强势权利同样主导着交易过程，并通过主导和定价实现其对其他权利的压迫和剥夺；在国际交易中，谁拥有相对强大的货币及其流动性，谁就主导交易并享有定价权。所以，一切交易过程虽然都是双方当事者意志的契合，但定价权却是强制性和非契约性的。如果说科学技术和劳动权利在创造财富，那么，作为资本权利的定价权，则在分配财富。

西方国家对国际经济秩序的主导和支配与其对市场定价权的占

① 张军扩等:《追赶接力：从数量扩张到质量提升》，中国发展出版社，2014年。

有紧密相连。当美国用纯粹的信用把美元打造成国际结算工具之后，也就把全球贸易纳入了由它来定价的全球金融体系。这是定价权的全球化，也是定价权的美国化。美元作为世界货币行使着流通、支付和储藏功能，金融资本从美国源源不断地流向世界各地，同时广大发展中国家为了获得美元，维持国际支付能力，必须通过贸易等渠道将资源和产品源源不断地输送到美国和其他发达国家。这就是说，在美元作为世界货币这样一个金融体系下，美国以自己的资本强势和国际资本定价权不断地、加速地从发展中国家攫取铸币税和货物。美国没有海外殖民地，没有公开掠夺他国资源和产品，没有驱使他国民众为自己打工，但美国的 GDP 在近 20 年的时间里却整整翻了一番，很重要的就是靠其金融霸权特别是定价权的隐形剥夺。美国一再“量化宽松”（QE）使美国债权持有国的财富大量缩水，是人类经济和金融史最大的“定价权剥夺”。在这里，市场机制的作用是存在的，但它只是一个基础，并表现为一种制衡，让美国和其他国际大玩家不能做得太过分。

当今的世界经济开始呈现多元和多极趋势，定价权亦趋向分散化。中国作为全球劳动大国和制造业大国，特别是作为全球第二大经济体理应较多地参与世界市场定价权的再分配，获得较大的定价权。但中国并没有完全得到应当得到的定价权及相关利益。这一方面是由于美元和美国的金融霸权还在，美国还在主导着国际经济和金融秩序，另一方面也是由于我们的发展水平还不高，我们的实力、对国际市场的管理能力和影响力还不大。

（1）对国际贸易游戏规则及其改革的影响力有限。虽然中国经济在全球经济中的比重大幅度上升，中国在国际货币基金组织、世界银行、世界贸易组织（WTO）、G20 等全球经济治理平台中的地位也在不断上升，全球经济秩序也在发生有利于发展中国家的改革，但中国对建立和改革全球贸易规则的倡议能力、谈判能力和运用能力还不强，当今国际经济秩序还是一个以美国和西方力量为主导的秩序。中国或者不能主动提出和设置国际经济秩序改革议题，或者被动应对西方经济体设置的改革议题，或者提出改革议题而被西方经济体置之不理，中国的利益诉求远远没有得到充分表达。美国在国际货币基金组织和世界银行的表决权份额分别为 17.39% 和 15.85%，实际上控制了这两个国际经济机构重要决议得以通过的 85% 的投票权即决定权。而中国等发展中国家关于改革这两个国际机构的倡议却被置之不理。在亚太经济秩序的博弈中，美国为抵消中国的贸易强势，甚至把中国在这一地区边缘化，从 2009 年起高调介入和主导跨太平洋国际经济合作协定（TPP）。对此，中国反击动作迟缓，力度有限，曾一度陷入被动状态，致使亚太经济合作组织（APEC）21 个成员中有 13 个成员被拉入 TPP。倡议“一带一路”和建立“亚投行”是中国对现存国际经济秩序发起的最重大的改革，已获得国际社会的积极响应，显示了中国力量。但其结果如何，还有待检验。

2015 年 12 月 1 日凌晨 1 点，24 位国际货币基金组织（IMF）的执行董事投票决定将人民币纳入 SDR（特别提款权）的货币篮子，人民币继美元、欧元、英镑和日元之后正式成为 SDR 第五种货币。这是人民币国际化的一个里程碑，会使中国有可能减少对美元的过度依赖，并对全球市场发挥新的影响力获得一个必要支点。但对人民币入篮的意义我们不能高估和过于乐观。受中国实体经济总体下滑之累，国际投资者多看空中国，人民币将持续贬值走低。由于入篮后的人民币可自由兑换，会有大量资本从中国外流，由此产生的人民币波动恐怕将成为常态。至于此后对人民币需求是否坚持，自由兑换下的人民币能否稳定并升值，则取决于中国实体经济的表现。所以，人民币入篮尚不能完全改写中国对国际贸易游戏规则影响力欠缺的历史。

（2）产业集中度和组织化程度低。中国对国际市场的供给和需求两方面的规模都极其巨大。但不论是供还是求，中国的企业主体都非常分散。在国际市场上，作为买家，中国的进口企业数量众多且互相竞争、缺乏相互之间的协调。而与之博弈的供给方，则是集中度很高的寡头垄断的大型跨国公司或产业集团。对资源和市场的垄断，使得他们能够在交易中拥有话语权和决定权。在这种不对等的博弈中，众多分散而来的中国进口企业只能接受供方开出的高价。2002 年—2008 年是中国大量进口铁矿石、石油和铜的时期，也是这些资源国际市场价格的巅峰期。其中，铁矿石进口价格上涨了 400%多。而在出口方面，亦是如此。采取贴牌或加工贸易方式的中国诸多出口企业各自为政，力量分散。而与之对阵的，大都是掌控国际营销渠道的国际跨国公司。作为具有强大垄断性的国际买家，他们能够轻易地压价采购，逼中国出口企业就范。

供求主体严重分散表明，中国产业在组织上的发育和成长尚处在初级阶段，社会生产力的发展还没有达到“有机集成阶段”。一个经济体在其发展的初期，必然是分散的。诸多行为体在利益的驱动下独自出击，各自为政，让市场表现出活力，但也让市场充满着过多的低劣、失败和浪费，即“不经济”。但随着经济的发展和市场竞争、选择、优化机制的完善，这种分散的经济将不断被更新和重组，大量企业会循着趋利避害的路径彼此协作甚至联合，从而形成许多资源相对密集、要素组合相对合理、生产运营相对有效、竞争力相对强大的企业群。这是经济组织结构升级和优化的过程，也是社会生产力水平提升和发展的过程。在我国，这一步才刚刚开始，因而产业组织有机化的生产力也才刚刚开始成长，这是我国相比较发达国家在社会生产力水平方面的一个重大差距。

供求主体严重分散还表明，中国社会是欠发展的，有组织的社会力量是比较弱小的。我们的近邻日本为了消除本国企业在国际市场上的恶性竞争，减少因这种竞争对本国利益的伤害，由企业自发成立“国际贸易促进会”“经济团体联合会”和“日中经济协会”之类的组织，协调相关企业的对外经营战略和价格战略，协商市场份额。这种自组织有效地增强了日本社会的组织化力量和国际竞争力。我国也有所谓的“社会组织”，但多数是政府创办的，不是真正意义上的社会组织，并不能很好地在国际市场上发挥合纵连横的自组织作用。

（3）市场机制发育和现代化建设严重滞后。随着新的科技革命的推进及高新技术的产业化，国际金融市场正在加速发展，并成为全球市场的核心；与此相关联，国际期货市场高歌猛进，并决定性地影响着国际现货市场。谁掌控了国际金融和期货市场，谁就占领了全球经济的高地，谁也就有了全球利益分配的主导权和优先权。所以，在当今国际社会，一个国家或经济体的市场功能是非常重要的经济博弈力和影响力。其中，金融市场和期货市场是国际经济博弈的焦点。中国是全球最大的市场，但中国市场的重心还是货物市场和现货市场。虽然中国的金融市场和期货市场在发展，并开始影响国际和国内市场，但其机制极不完善，因而还不具备强大的资源配置功能，也未能占据国际市场利益分配的高地。相比之下，纽约、伦敦和东京等证券交易所则引领着全球证券交易和资源配置；伦敦金属期货交易所、芝加哥期货交易所和纽约商品交易所等几大交易所则牢牢掌控着国际大宗商品的定价权。所以，中国虽然货物吞吐量巨大，却只能在个别品种上行使定价权。

（4）资本实力和企业影响力还不够强大。《2012 年中国对外直接投资公报》显示，截至 2012 年年底，中国 1.6 万家境内投资者在国外设立对外直接投资企业 2.2 万家，分布在全球 179 个国家和地区，覆盖率达 76.8%，其中，在亚、欧、非三大洲分别为 95.7%、85.7% 和 85.0%。但中国对外投资存量相对较低，只相当于美国的 10.2%、英国的 29.4%、德国的 34.4%、法国的 35.5%、日本的 50.4%，排在全球的第 13 位，只占全球对外投资存量的 6.7%[①]，比同期中国经济在全球经济的比重 11.6% 低了近 5 个百分点。这个问题反映在企业上，就是在中国经济崛起中，始终没有产生一家世界级的公司。一个国家能否在激烈的国际竞争中取胜，拥有多少综合实力强大、居于全球产业链上游、具有强大抗风险能力的跨国公司，是一个关键因素。 2015 年，在跻身《财富》500 强的 91 家中国大陆企业中，84

① 赵昌文等:《中国企业国际化及全球竞争力》，中国发展出版社，2014 年。

家是靠垄断资源、能源和价格，主要市场和利润都在国内，几乎毫无竞争力可言的国有企业（央企 47 家、地方国企 37 家），而真正能代表国家经济活力的民营企业只有 7 家。在国际上真正叫得响的中国跨国公司和中国品牌几乎没有[①]。

这些“不强”必然把中国的国际政治影响力、战略威慑力限制在一个极为有限的水平上。

迅猛而脆弱的繁荣过程

30 多年的“中国崛起”“第一阶段”被称作“奇迹”，可是为什么没有让中国真正富强起来？一方面是因为中国底子太薄，短短 30 多年的时间不可能让中国在这个被西方资本主义国家已经称雄百年的世界上成为一流富强之国；另一方面，中国崛起的第一阶段乃是一个脆弱的繁荣过程，其真实的过程是新增财富所占比重相对较少而其他超过百分之七八十的财富则来自国有资源商品化、资本化的作价和溢价[②]。即使是前文所引述的那些反映我国当前经济仍然不富不强的数据，亦有不少泡沫。

1. 快速膨胀的“千年饼干”

中国人素以聪慧、勤劳著称。由于在以皇权专制为核心的政治体制下不可能形成开放和流动性的经济体制，所以，中国人虽然聪慧、勤劳却不能把国民经济快速做大做强。从宋到清，中国经济总量能够达到全球经济总量的三分之一，全部得益于人口的倍增[③]。直到皇权倒塌，中国的经济才获得了初步解放，在千年积累的基础上形成了财富的快速积累。这就是千年历史给我们当下的经济崛起所留下的宝贵财富。

---

① 信力建:《中国要赶超美国究竟需要多少年？》，智谷趋势，2015 年 11 月 2 日。

② 王志纲:《脆弱的繁荣，中国暴富狂飙之谜》，共识网，2015 年 12 月 20 日。

③ 王志纲:《脆弱的繁荣，中国暴富狂飙之谜》，共识网，2015 年 12 月 20 日。

如果这些财富继续以家庭和家族私有的方式存在，也许就不会有中国经济的快速崛起。道理很简单。一是“私有财产神圣不可侵犯”是私有化国家和社会的金科玉律；二是动用私产必须以赎买方式进行，这需要付出代价。所以，在高楼林立的日本东京新宿地区，尚有不少低矮楼房不能拆迁；在印度至今尚不能完成一条高速公路建设；在美国，已经规划的 29 条高速铁路至今没建成一条。那些拒绝拆迁的房主或业主大概都有那位比利时“伟大”乞丐的观念：“在我这里，风能过，雨能过，但国王不能过。”

但在当代中国，基本资源却是国有化或准国有化的。按照毛泽东“一化三改”的思路，把官僚资本收归国有，也把城市个体和私营性质的生产资料以低价赎买的方式收归国有，同时把农村的地主土地所有制改变为农民集体所有制，即准国家所有制，几乎在一日之间就把土地、森林、江河、湖泊、草原、道路、通信设施等国有化和准国有化了。这就使整个国家的资源和生产资料全部掌握在政府手中。与此同时，正如毛泽东在《论十大关系》中所讨论的，我们在价格上实行了工农业产品“剪刀差”。通过这个“剪刀差”，广大农民向国家奉献了自己相当部分的劳动剩余价值，从而有力地支援了国家的工业化建设。由此，政府不仅掌握了整个国家的资源、基本生产资料，而且直接掌握了整个工业体系。在这种所有制即权利和权力格局下，只要中央政府下定了决心，就没有办不成的事。世界上大概除了中国政府，谁也没这样的权力和能力。

毛泽东之所以要对中国实行这样彻底的国有化，旨在消灭不平等，实现社会公平。事实上，这也确实实现了相对高的社会平等——在城市，市民是很平等的；在农村，农民在人民公社里也是很平等的。但实践证明，这样的公平是低效率和无效率的，其代价是民众的普遍贫穷。

以邓小平为核心的第二代中央领导集体义无反顾地发动了改革开放。其核心的价值目标是效率，公开的说法是共同富裕。其基本方法就是放开搞活，把市场经济机制引入国有化的国民经济体系。

于是，以政府的强烈发展愿望和改革决心为支撑，国有资源、生产资料、要素便无障碍地被商品化，并大量地进入社会再生产和流通过程，即被资本化。这是一个被作价的过程。任何一种商品都有价格。要有价格，就要被作价。光是这个作价过程，就让中国的名义财富大量增值。同时，这又是一个溢价过程。在封闭的条件下，中国是全面低价的。国门打开，对外开放，低价格体系适应不了世界经济秩序，这就需要价格接轨。在价格上与国际接轨，说白了，就是涨价、溢价。这样，中国的名义财富便成倍上升，加入 WTO 之后，其势头最为明显。

“这就好比一个历经千年积累形成的巨大压缩饼干，被资本之水浸泡后迅速膨胀，变得异常庞大不可想象。”① 在这个过程中，谁在事实上拥有或占有、使用国有资产，谁的货币财富就享受这种膨胀效应，成为脆弱繁荣的受益者。

（1）国有企业。作为市场经济主体，国有企业无偿使用国有生产资料，当然充分地享受了国有化作价和溢价的好处。近年来，政府开始对国有企业收取资源占用费，大概相当于交纳资产所有权收益，但其数额相对较小，不足以抵顶国有资产所有权收益。与此同时，国有企业还大量消耗着国家主权信用。建设项目选择承建商，优先考虑国有企业；国有和商业银行信贷以国有企业为优先对象；管理部门对产业提供政策支持，也优先安排国有企业。他们的理念依据都是把国有企业作为国家和政府自己的企业，对国有企业提供项目、信贷和政策支持，无论效果如何都“不犯毛病”。所以，有多少中国国有企业进入“世界 500 强”，甚至 100 强，并不能真实地说明中国企业的实力和国民经济整体实力有多大。

（2）实际占有国有资源的集体企业。改革开放以来，以校办、厂办、村办等名义创办的集体企业如雨后春笋般地产生，但后来大多数被市场竞争所淘汰。能够生存下来并发展得很好的，多为实际占有国有资源的企业。如江苏的华西村、河南的南街村、浙江的横

① 王志纲：《脆弱的繁荣，中国暴富狂飙之谜》，共识网，2015 年 12 月 20 日。

店，这些企业坐拥名义上是农民集体的而实际上是国家的土地，开发利用土地不需要政府划拨和审批，因而在资源作价和溢价的浪潮中做得更轻松、更便宜。还有大量地处城郊的企业，搭上了城市化的快车，也利用城市扩张发了“土地财”。由于这些实际占有国有资源的企业大多数都有一个“外圆内方”的处世哲学，外面与市场经济接轨、与国家政治导向附和，而在内部却加速着家族和团伙的财富积累，其健康性及其前途是可疑的。

（3）戴“红帽子”的民营企业。企业的本色就是在市场中淘食。一些民营企业之所以热衷于戴“红帽子”，无非是企图占用国家和政府资源发展自己。在这个领域，确实出现了一批成功的企业，甚至其中的一些企业家已成为中国的巨富。他们的共同经验是，紧紧抓住城市化的机遇，以开发城市综合体为平台，以低价获得土地资源和信贷等其他政策支持，“空手套白狼”式地实现暴富。官员有了政绩，城市有了形象，企业增加了财富，企业家头上有了光环，可谓皆大欢喜，但其实质却是官商联手，利用国家资源创造财富。

2. 因投机过度产生的财富泡沫

劳动创造的相对不足和通货膨胀的持续加剧，也是造成虚幻的财富涌流感和强大感、形成国民财富被高估的因素之一。我们的经济实力和国民消费水平并没有数据显示的那么大。这方面的表现可以划分为三个时期。

（1）改革开放开始后的头20年，即第一时期。在改革开放之初，我国曾有“全民皆商”的景观。过多的从业者和资金投入商贸经营，当时的说法叫“经济过热”。作为对国家包办并排斥市场机制的计划经济体制的否定，这固然具有积极意义。然而从经济学的视角上看，贸易活动即商品流通的意义在于活化和促进使用价值的生产，它本身是不能直接创造使用价值、增加国民财富的。对商品流通领域的过度投入，不仅不能增加国民财富，反而会抬高商品生产的社会成本和市场价格，从而造成严重的通货膨胀。所以，那时工资涨得很快，大约 10 年时间就涨了近 10 倍，而人们的实际生活水平的提高却远远达不到这个速度。这里所包含的财富泡沫是很明显的。到 20 世纪九十年代中期，不仅商贸“过热”，制造业也因“过热”出现了严重的“重复建设”，形成 GDP 虚高和结构性资源浪费。

（2）21 世纪的第一个十年，即第二时期。2000 年前后，房市开始繁荣，并带动基础材料等产业快速发展。各级政府看到了房地产业的发展意义和财政意义，开始在土地供给、信贷融资等方面加大支持力度；大量企业和一些民众看到飞速上涨的房价有利可图，就疯狂地投资房地产——许多制造业企业转而进军房地产业；许多民众不惜举债也要参与房市投机。由此超巨量资本进入房地产领域，形成天价房市和房产经济泡沫。以目前的消费水平，一个城市居民平均居住 30 ~ 50 平方米就可以了。所以，一个 300 万人口的城市，住房总面积控制在 9000 万 ~ 15000 万平方米也就差不多了。再考虑新增人口的需求，每年再增加 1000 万平方米，就可以了。但现在的状况是，增量过快、过大，即使把老旧住宅拆掉一半，也消化不了现有存量。更何况，即使有需求，这么高的房价，社会总体上也是消化不了的。同时，巨量资金和资源压在里面，破坏了经济的正常运行和社会再生产。这样，林立的高楼就成了泡沫财富，甚至成了负资产、负财富。

（3） 21 世纪的第二个 10 年，即第三时期。到 2010 年之后，房市泡沫开始破裂，房市萧索，巨量资本和资源转而进入资本市场，虚拟经济疯狂泛滥。资本投机变成全民运动，把财富泡沫吹到最大，国民经济的危险也被抬升到最大。

在这一历时三十多年的坎坷中，钱以几何级数膨胀，而实际财富却不可能随之膨胀，在真实增长和发展的同时形成了虚幻的富裕景象。

在这方面，日本有着深刻的教训，我们可以作为借鉴。“二战”后，日本经济持续了 20 多年的高速增长，创造了资本主义世界的“日本奇迹”。但到了 1986 年，日本经济开始发狂。在银行融资的推助下，人们大量投机土地、房产和股市，许多人都去炒股炒楼，赚钱变得非常容易。虚拟经济的高歌猛进让日本资产规模迅速膨胀。1986 年日经股价上涨 44.1%，1987 年地价开始暴涨，到 1988 年全国平均地价涨幅上升到 21.7%，三大都市圈平均上涨 43.8%，东京圈的涨幅更是高达 65.3%。这时的东京房价被炒到可以“买下整个美国”的骇人听闻的程度，日元币值也被严重高估。在这种浮夸狂躁中，日本人到世界各地旅游、采购，什么贵买什么。吹起来的经济泡沫当然不能持久。到 1990 年 10 月 1 日，东京股票市场日经平均股价跌破 2 万日元，跌幅高达 49%，市场时价总额瞬间消失 270 亿日元①。日本经济在一夜之间被打回原形，并开始了20多年的大萧条时期。

3. 币值高估的自残效应

也许是曾经见证过日本的这个经历，美国“金融大鳄”乔治·索罗斯鉴于中国 2015 年下半年的“股灾”和 2016 年的股市“熔断”，断言中国经济已“遭遇危机”。但中国毕竟不是日本，中国拥有雄厚的资源基础，所以这个判断未免武断。但是，我们也确实应该从日本的教训中意识到虚拟经济泛滥、财富泡沫越吹越大、币值高估的深重危害。

所谓币值高估，就是在经济泡沫的催化和稀释下，钱越来越多，也越来越不值钱，但这个变化并没有在国际汇市上反映出来，在国际市场上仍有强大的购买力。我国过去实行紧盯美元的汇率政策，人民币币值被高估是必然的。在人民币国际化的过程中，升值也是防止自身被泡沫化的需要。作为国际货币，一定要在国际大势中参与对冲，否则就会被泡沫化。今后人民币仍有被高估的可能，也会对国民经济造成伤害。

（1）资本和消费外流。经过上述过程，中国的物价正在与西方发达国家拉平，并开始反超西方。例如，以 300 万元人民币在国内

---

① 王志纲:《脆弱的繁荣，中国暴富狂飙之谜》，共识网，2015 年 12 月 20 日。

一线城市，大概只能买一套 30 ~ 50 平方米的房子，而在加拿大却可以买一栋真正的小别墅。一双高尔夫顶级运动鞋在国内需要 3000 元人民币，在巴黎市场以也就相当于 700 元人民币的欧元或美元即可买到。有些奢侈性消费品国内价格已高出国际价格 20 ~ 30 倍，品质却比国际市场低不止一个档次。国外物价低，服务又好，必然会刺激资本和消费资金外流。发展下去，势必造成内需不足，经济萎缩。

（2）抬高出口门槛。人民币币值高估或升值，就会使中国出口产品逐步丧失成本优势，变得相对较贵，也让出口变得困难。过去美国为了改变对华贸易逆差，一再要求人民币升值。如果人民币真的如其所愿，一路升值下去，中国长期的贸易顺差就会逆转，巨额外汇储备也将被逐渐掏空。

（3）加剧创业困难。城市房价高涨，让大学生留城创业和农民进城创业变得异常困难。高物价已经让中国迅猛的城市化进程放慢，让城市创业成本升高，投机心理增强，甚至可能形成新的移民潮。

总之，我们虽然已经走到了工业化的中后期，取得了卓越的成就，但总体而言，中国在经济上还基本上是一个“块头大国”，而非是一个“品质大国”。因此，我们不应该有满足感，更不应该有懈怠。前路继续考验着中国崛起，并要求我们决不可以松懈自己的发展意志和发展智慧。

迈向崛起新阶段的挑战

按照前面讨论的“崛起三阶段”，我们才走过了第一阶段，更严峻的第二阶段和第三阶段还在后面。中国现在正处于第一阶段向第二阶段的转换期。在这里，我们一方面需要消除旧阶段积累的矛盾，另一方面又面临着向新阶段跃升的挑战。

摆在我们面前的四大挑战是：

1. 结构倾斜与增长受困

当前，中国经济正在遭遇结构性矛盾的严重困扰。总体表现是，工业投入过多，产能过剩，而农业则投入不足，形成严重的结构性倾斜和增长性困难。

所谓工业产能过剩，就是现有生产能力和在建生产能力即正在形成的新生产能力大于总体消费能力。过剩程度由“产能利用率”或“设备利用率”，抑或“开工率”来衡量。一般认为，工业设备在一个较长时间内利用率不足80%，就是产能过剩。

根据国家工业和信息化部与中国社会科学院工业经济研究所联合发布的《2012年中国工业经济运行上半年报告》和《中国工业发展报告2014》，中国制造业产值已居世界第一，并已有220种工业品产量居世界第一。但由于外需萎缩、内需不足，中国24个工业部门已有22个开始出现或已经出现了严重的产能过剩。从范围上看，当前中国工业产能过剩已从钢铁、水泥、煤化工和平板玻璃等传统材料工业领域扩大到造船、汽车、机械、电解铝等设备工业领域和光伏、多晶硅、风电设备等新兴战略工业领域；从程度上看，从2012年3月到2014年10月，工业生产者出厂价格指数（PPI）已连续32个月负增长。这种严重的产能过剩和高库存将拖累未来经济增长。为此，从2013年7月开始，国家工信部连续发布公告，将炼铁、炼钢、焦炭、铁合金、电石、电解铝等19个行业列入淘汰落后和过剩产能名单。

同时，对农业的投入严重不足。据相关测算，在1950年—1978年的29年中，政府通过工农业产品剪刀差，大约从农村取得了5100亿元收入。同期国家农业税收789亿元，扣除国家财政的农业支出1577亿元，政府通过征收制度从农业中提取的净剩余达4500亿元，年均155亿元。在1979年—1994年的16年间，政府以同样的方式从农民那里取得了大约15000亿元收入。同期国家取得农业税1755亿元，财政支农3769亿元，政府从农业中净提取剩余约12986亿元，年均811亿元[1]。也就是说，在1950年—1994年的45年中，国家总共从农村拿走约17486亿元，并用于城市，其中大部分用在支持工业发展上。到21世纪初，国家财政支农力度加大，但基本上用于保护和调动农民生产积极性以及支持农产品流通，对农业基础设施和生产能力建设的支持仍然不足，占耕地总面积70%的12.7亿亩的中低产田急待改造，水利灌溉设施严重不足，良种繁育能力严重落后，仓储流通和加工能力欠缺，服务体系极不配套，农业机械化水平低。由此产生的问题是，农业劳动生产率低下，参与国际粮食市场竞争的能力基本丧失。

国民经济的这种结构性倾斜正在严重地拖累经济增长，同时勾连出一系列其他问题。

校正国民经济整体结构倾斜，难点在于消化过剩的工业产能和高库存，基础工作则是农业生产力建设。经过30多年改革和发展，农业和农村经济已经进入社会化大生产体系，但其生产和经济组织基本上还是分散化的，公司化、集约化的农业企业还不多。由于组织落后，农业的生产需求已远远落后于工业产业的供给能力。特别是一家一户的小生产需求简单、低端，从而形成了工农业之间严重的结构不对称，工业在一定程度上脱离农业孤军前进，农业在一定程度上与工业渐行渐远。工业产能过剩与农业农村需求不大是有一定关系的。因此，加快农业生产力建设和农村组织创新已成为校正整个国民经济结构的基础工程。

但是，不论是在工业这头消除过剩产能，还是从农业那头加快生产力建设，都是至为艰巨的。破解这一世纪难题，是对中国发展智慧的一个重大考验，也是能否实现发展阶段升级，让中国持续发展的考验。

2. 增长陷阱与发展停滞

依照国际经验，对于追赶型经济体来说，人均国民收入达到

---

① 王志纲：《脆弱的繁荣，中国暴富狂飙之谜》，共识网，2015年12月20日。

3000美元～6000美元这个中等收入水平的时候，很可能因为结构性矛盾而陷入增长停滞，从而中断追赶进程，经济学家把这种现象称作“中等收入陷阱”。而摆在中国面前的，也有这样一个“增长陷阱”。

自2010年以来，我国经济一反30多年来高速增长的态势，不仅10%以上的增长率不再显现，而且增长率持续下降，经济下行压力逐渐增强。尽管中央政府采取了强有力的刺激政策，但增长速度还是回升乏力，到2014年，经济增长率已下降到了7.5%，2015年继续下降，跌至6.9%。对此，“追赶周期”理论的理解是，我国正从追赶的第二阶段即“中高速增长阶段”向第三阶段即“中低速增长阶段”转变。这虽然是所有“追赶型经济体”都不能逃避的规律，但就我国目前的经济运行态势而论，其中的高风险是不言而喻的。我国的经济增长速度虽仍然高于发达国家，但这样“持续下滑”会不会出现“硬着陆”的问题，并像印度尼西亚和拉美一些国家曾经历过的那样中断“追赶”进程？由此，中国崛起之路还能走多远？中国对发达国家经济的追赶会不会就此完结？

世界经济的历史经验证明，落后国家之所以能实施“追赶战略”，其机理在于“后发优势”。后发优势的强弱决定着追赶潜力和动力的强弱。但后发优势作为一种资源，也有一个释放、消耗和衰竭的过程。随着落后经济体发展水平对发达经济体的逐步接近，前者在生产成本等方面的后发优势及其对前者的追赶态势将逐渐弱化，高速经济增长逐步慢下来是不可避免的。但就目前的中国而言，经济增速下降绝不表明我们的经济发展水平已接近现代化的前沿国家，因而后发优势完全消失，主要是基于经济运行内在矛盾而发生的一个阶段性的变化。

经过30多年的改革和发展，目前中国的后发优势仍然是明显存在的。中国的实际城市化率才刚刚接近50%，城市化过程的持续蕴藏着巨大的增长潜力；中国作为一个区域发展不平衡的大国，市场规模和潜力巨大，且有利于需求的渐次释放；中国制造业平均工资水平大约相当于美国等发达国家的十分之一到七分之一，购买力也只相当于他们的五分之一左右，消费需求增长空间很大；中国城市基础设施改造任务艰巨，乡村公共服务基础设施建设尚未展开，投资需求巨大；中国的创新水平大约比发达国家落后30～50年，人均GDP只有美国等发达国家的十分之一到八分之一，全社会劳动生产率提高的空间广大；中国每年毕业的大学生多达600万～700万人，高质素的劳动资源丰富；中国的市场经济体制尚不健全，通过深化改革和持续的体制创新，可以释放出巨量生产力。依托这种明显的后发优势，我们中国完全可以通过阶段性的发展策略继续“追赶战略”，把持续30多年的“追赶态势”和崛起势头保持下去。

因此，当前的真正考验是，我们究竟能不能通过创新发展战略继续发掘和依托后发优势，切实克服困难，把追赶态势保持下去。这不仅需要进行代价高昂的结构调整，而且需要进行伤筋动骨式的体制改革。我们能够打破既得利益集团的阻挠成功地顺利进行这样的调整和改革吗？这的确是一种严峻的考验。

3. 云岭横亘与低水平徘徊

人们曾经以为，现代化建设基本是一个工业化的过程。一个国家完成了工业化过程，也就走到了现代化的顶端。这实际上是工业化历史强加给人类的一个认识局限。今天的实践证明，经济和社会的发展正在以前所未有的方式前进。横亘在我们面前的“第三次工业革命”，就是人类发展道路的最新延展，也是我们必须翻越的一道“云岭”，而这是一个迄今为止前所未有的高度。正因为如此，翻越第三次工业革命这座云岭对我们来说乃是一种更严峻的考验。

在人类的历史上曾发生过两次工业革命。第一次工业革命发生在18世纪晚期，以煤炭作为能源，以报纸、杂志、书籍等纸质材料为通信方式，产生了铁路和蒸汽机为标志的新产业，实现了工厂机器生产方式对作坊手工制作的替代，并推动了英国的崛起。第二次工业革命发生于20世纪早期，以石油作为主要能源，以电报、电话、收音机、电视机为通信方式，出现了电力和汽车等燃油内燃动力机械产业和大规模流水线自动化机器生产，并牵动了城市化浪潮，带动了美国、德国的崛起。

按照美国趋势学家杰里米·里夫金的理解，正在发生的第三次工业革命是互联网技术与太阳能、风能等可再生能源的结合催生出来的[①]，"其核心是数字化制造，新软件、新工艺、机器人和网络服务正在逐步普及，大量个性化生产、分散式就近生产将成为重要特征，大规模流水线的生产方式将终结。第三次工业革命不仅影响到产品的生产方式，还将影响到产品和生产地点。第三次工业革命要经年累月才能完成，但不会像过去两次工业革命那样缓慢。"[②] 中国国务院发展研究中心的研究报告《第三次工业革命：中国产业的历史性机遇》[③] 认为，第三次工业革命正在呈现"一主多翼"的特征。"一主"即数字化、网络化、智能制造。计算机芯片处理技术、数据存储技术、网络通讯技术、计算技术的重大突破加上大数据、云计算、物联网和移动互联网的应用，使得以信息技术深度和全面应用为特征的信息革命更为迅猛，并引发了生产过程智能化、生产组织网络化和加工制造个性化。"多翼"就是能源技术、材料技术和生物技术的创新发展，风能发电、太阳能发电技术、智能电网、能源互联网技术、基因技术、干细胞组织工程技术、新型功能材料、高性能结构材料技术都正在和行将进入规模应用阶段。

目前，第三次工业革命的巨大意义已经被许多国家强烈地感知，并开始行动。其中，作为全球制造强国的德国，为确保自己在新一轮工业革命中占据先机，其国家科学与工程院于 2013 年 4 月发布了《保障德国制造业的未来：关于实施工业 4.0 战略转移的建议》，提出重点围绕智慧工厂和智能生产两大方向巩固和提升德国制造业的领先优势。为此德国已将工业 4.0 上升为国家战略，德国经济部设立了

---

① ［美］里夫金：《第三次工业革命》，中信出版社，2016 年。

② ［美］里夫金：《第三次工业革命》，中信出版社，2016 年。

③ 冯飞等：《第三次工业革命：中国产业的历史性机遇》，中国发展出版社，2014 年。

专项资金支持该计划的实施[①]。

最需要我们注意的是，作为生产方式革命，第三次工业革命不仅使产业组织方式和商业模式发生重大变革，也会对国际产业分工和竞争格局产生重大影响。发达经济体很可能率先在数字化制造、新能源、下一代信息技术、生物技术和新材料技术开发和应用方面取得突破，占领国际竞争的制高点；发达国家将凭借其领先的数字化、网络化、智能化制造技术和设计研发、销售网络优势吸引部分高端制造业从发展中国家回流，再造自己的制造业优势；发展中国家与发达国家之间将由分工互补关系向正面竞争转变，国家之间对知识性生产要素和市场的争夺将更趋激烈。

因此，第三次工业革命既给了我们中国一个“弯道超车”的机会，同时又提出了更为严峻的挑战。在可预见的将来，中国是如期实现自己的追赶战略，还是被发达国家越拉越远，第三次工业革命是关键一役。

（1）在以往的工业革命中，一个重要的比较优势就是具有一个规模较大的国内市场。在第三次工业革命中，我国国内市场需求巨大，梯度性、多样性强将为生产的就地化和个性化提供更大的空间和便利。但规模巨大和多层次的传统需求能否有效地推动生产向数字化、网络化和智能化的方向升级，规模快速扩张的新兴需求能否为新技术、新产品提供广阔市场空间，则考验着我国经济体制市场化的成熟程度。只有形成一个开放、公平和规范的市场竞争秩序，市场广大、层次多样的优势才是真正的优势。

（2）我国是全球制造业第一大国，已形成一个门类齐全、规模庞大的制造业体系。这为电子信息、互联网、新能源、新材料、生物医疗等技术的应用和推广提供了广大的空间。这是我国应对第三次工业革命的另一个重要优势。同时，在影响未来研发走向的十大

---

① 德国之所以把自己的这次工业革命标为4.0，即第四次工业革命，是因为他们认为在前两次工业革命之后，已经发生了信息技术的产生和应用这个第三次工业革命。第四次工业革命的特征是网络世界与物理世界的结合。

关键领域中，我国有 8 项进入世界前 5 位，在农业与食品生产、军事航天能源生产和效率、信息与通信等领域甚至进入前 3 位，高速铁路等系统技术的应用，甚至成为世界的领跑者[①]。但美国等发达国家依托自己的研发优势和销售网络大力推进“再工业化”，正在重塑其制造业优势，从而形成全价值链的产业体系。这对我国制造业的升级形成了全方位挤压；与此同时，我国劳动力成本的上升也使我国的劳动密集型产业正在遭遇其他发展中国家的激烈竞争。这就需要我国加大科技创新和应用的力度，其关键是建设人才高地并尽快改变核心技术领域的弱势地位。要积极打造新型产业的生长空间，从法律和经济制度等领域为具有领先优势的创新者提供广阔的创新空间，由他们先行先试。

（3）我国在政治体制上具有相对集权和统一领导的优势，通过制定统一规划然后动员全国共同实施，有可能让我国对第三次工业革命的推进比较有效率。但此次工业革命在组织模式上与以往有很大不同。扁平化的结构、分散合作式的商业模式将十分普遍，创新型中小企业的作用将更加突出，生产者与消费者之间的关系将更加紧密。这就需要尽快改变行政审批太滥、对企业直接干预过多的行政管理体制，过分重视和依重国有大企业及其垄断性经营的国家主义积习以及重集中轻分散的产业布局。

4. 国际围堵与外部风险

30 多年来，中国已经成功地从过去那个封闭的环境中走出来，与 100 多个国家和地区建立了友好的合作关系。但中国并没有完全“突围”。中国的和平崛起、和平发展越是接近由美国主导的世界经济和政治秩序的核心区，就越是受到国际既得利益集团的反弹、抵制和围堵。在中国崛起的第一阶段，以美国和日本为主导的太平洋地区是比较给力的。随着中国的崛起和影响力的增强，太平洋地区国际主导权的转移以及整个国际政治格局的变化，美国对中国已从

① 张军扩等:《追赶接力：从数量扩张到质量提升》，中国发展出版社，2014 年。

“接触”“引导”和“防范”转向“制衡”甚至“围堵”，日本已从合作转向“牵制”和“围堵”。在它们的鼓动下，中国周边国际政治生态已变得空前复杂，甚至比较恶劣，我们的经济发展和政治崛起已不能再像过去那样在亚太地区如鱼得水了。美国虽然一再声明欢迎中国崛起，但在舆论上一直制造和坚持“中国威胁论”，在政治和军事上继续组织和持续加强以美—日为轴心的遏华同盟，在经济上开始把TPP作为与中国进行“凉战”的工具，已经摆出了不能接受中国崛起的战略姿态。近来，鉴于中国倡导设立亚投行的极大成功和“一带一路”建设的启动，以及由此而来的中国的国际影响的快速增强，美国的对华政策显示出更趋消极和不友好的迹象。它以前所未有的力度搅动南海，高调加强与菲律宾的军事合作，鼓动日本巡航南海，再度拉拢越南，这些都是中美新型大国关系的倒退。在这场新的对华“围堵”中，日本是一个特别积极的铁杆角色。日本正在组织和实施“双菱”[①]国际战略围堵中国。

中国崛起对世界经济是一个巨大的“利好”，对全球经济增长的贡献率已经超过了25%，对亚太地区经济增长的贡献达到了40%。特别是中国关于建设“一带一路”的倡议，将让60多个国家和全球50%以上的人口受惠。这对美国来说，当然也是非常有利的。仅就中美间每年5000多亿美元的经济贸易往来而言，两国已形成巨大的战略互补关系和共同利益。在两大国之间你中有我、我中有你，形成“连体国”式的利益结构。一旦中国走衰，美国将蒙受巨大损失。这种共存和共荣关系，应当让美国及其盟国由衷地欢迎中国崛起。但为什么美国及其盟国却表现得十分纠结，时而加强对中国“围堵”力度，甚至一再在军事上摆出“拳击”姿态呢？

首先，这是历史逻辑的延伸。历史上新兴大国的崛起通常表现为对世界利益和权力的再分配，因而总是遭到传统大国的抵制。或者说，新兴大国的崛起总是通过冲撞和挑战传统大国的利益和权力来实现。由此，历史上大国间的博弈被历史学家们概括和表述为

---

① 大菱：日本—美国—澳大利亚—印度；小菱：日本—菲律宾—新加坡—越南。

“零和关系”和“零和游戏”，或“修昔底德陷阱”。正是基于根深蒂固的“零和思维逻辑”，美国人在情绪上很倾向于把中国的崛起理解为对美国的挑战。2014 年，美国国务卿克里批评俄罗斯说，“你们没有生活在 21 世纪，你们以 19 世纪的生活方式行事”。美国《外交政策》双月刊网站 2015 年 7 月 8 日文章《回到未来》直截了当地评论说，“克里的评论也适用于”美国。在大国关系上，美国人还生活在历史上。历史的惯性和强加给人类的思维惯性让美国人怎样看中美关系都是在对抗。

其次，这是民族私心的膨胀。历史上的国与国之间的关系，特别是大国间的关系也未必就是你死我活的“零和”关系。一个大国的发展和崛起一定会明显地放大世界市场，这对各个国家、各个经济体都是有好处的。所以，一个新兴大国的崛起既可以是双赢的过程，也可以是多赢和共赢的过程。然而各个民族中利益集团的自私导致的民族和国家的自私，却严重地放大了各个国家或经济体的特殊利益。在自利主义的驱动下，大国间的共同利益被搁置一旁。各自的特殊利益让它们彼此争斗，甚至进行战争。到了当代，经过人类的共同努力，世界已经是一个更开放、更通透的世界，国家间双赢、共赢的条件从来没有今天这样好，彼此间的共同利益从来没今天这样大，彼此排斥的利益因素从来没有今天这样小。但我们看到，国家之间依旧没有完全放弃对抗、消除冲突，就是因为民族国家的自私还在，民族自利主义依旧猖獗。

再次，美国的霸权心态在作祟。美国的所作所为，也并不完全基于民族自私。美国的自我感觉和认知是特别良好的。它自认为美国是最强大的，美国的价值是最好的，美国是全球的道德楷模。于是，美国认为自己对世界负有“领导责任”，美国已经领导世界 100 年，而且要再领导世界 100 年。美国企图通过自己的领导作用把美国的价值观强加给整个世界，让世界成为“美国世界”。但真实的美国只是具有强大的经济力量和最强大的军事力量，在文化上也只是西方文化的前锋。它的文化并没有代表全球，更没有整合全球文化的力量；在政治上，美国还远远没有发展和成长到世界领袖的程度。它有能力威逼这个世界，却没有能力管理这个世界。所以，所谓的“美国领导”实际上就是美国霸权，美国对世界的责任意识就变成了不折不扣的霸权心态。因为它的领导能力不足，所以，美国总是从理想主义开始进而表现为霸权主义，从道德主义开始最后回归到国家自私和民族自私。它整垮了苏联，让苏联解体，再降伏了日本，让日本陷入“萧条 30 年”。现在，它开始整中国了。

因此，历史为我们中国设定的崛起道路是坎坷和艰辛的，历史要求当代中国人的性格必须是坚毅和智慧的，我们中国人必须力戒浮躁。

“中国梦”再出发

“中国梦”在过去从精神上支撑了中国崛起，在今后依旧是中国崛起的精神动力。“中国梦”再出发，就是继续高扬“中国梦”的理想和追求精神，用“中国梦”把改革和发展精神再度提振起来，穿越骄满，克服懈怠和惰性，实现新的发展。

1. 树立长期发展的战略思想

当前，中国崛起正处在从第一阶段到第二阶段的转换时期。与中国崛起的第一阶段相比，中国崛起的第二阶段更宏伟也更艰难。

中国崛起的万里长征我们只走了第一步，今后的路还很长。克服考验，战胜挑战，中国可能赢得 21 世纪，21 世纪可能就是中国世纪。如果我们在这些考验和挑战下败退下来，那么，不仅世界强国的战略理想无法实现，就连世界“第二大经济体”的桂冠都将失落。因此，我们没有理由懈怠，也决不应该懈怠。要切实防止未富而奢、未强而骄、未成而懈的自满自萎倾向。我们必须树立长期发展的战略思想，扩大和提高“中国梦”的战略内涵，并以此统领今后长时期的发展。要在已经形成的发展基础上，实施更符合中国国情和时代特征的发展战略。为了更好地凝聚力量，建议国家制定更加长远的发展规划。

2. 坚持务实与平衡的治国路线

务实，就是切实把国家决策建立在我们仍然是一个发展中国家的国情之上，不好高骛远，不贪功激进，不作超越能力之为。平衡，就是协调好国内与国际、国内各方面的关系，利用一切可以利用的资源，调动一切可以调动的积极性，使它们共同服务于国家的发展。

当年的德国和日本都曾通过快速工业化在经济总量上坐到了“世界第二”的位置上。于是，它们雄心勃勃，开始不切实际地挑战美国的“第一”，并竭力建立自己的区域霸权和世界霸权。它们的惨败证明，通向霸权的道路具有极高的风险；以侥幸冒险的方式谋求问鼎世界，更是一件极不明智的事情。没有超强的经济和军事实力，即使侥幸坐到世界政治格局的顶端，也是非常危险的。这应当让作为今天“世界第二”的中国保持高度清醒和冷静。韬光养晦的对外策略对今天的中国仍然适用 。

中国至今仍然是一个发展中国家，而且是一个发展很不平衡的发展中国家。社会基层、底层工作薄弱，投入不足，问题多多，基础建设不足、基础产业能力弱、基础性竞争力单薄。相对于“世界第一”的美国，我们的基础实力远不如当年的德国和日本。面对这样一个现实，在统筹发展全局的过程中，我们必须首先把国内的事情办好。国家能力要首先为中国人民服务，同时把国家全球战略布局建立在国内发展的基础和有效需求之上，使之切实服务于中国的发展和中国人民自己的福祉；在国内战略布局中，要十分注意加强基层和基础工作，注重发展民营经济，把经济结构理顺，把继续崛起建立在扎实而稳固的基础上，防止高消费和金融泡沫大量积累，防止华而不实、头重脚轻等倾向。

关于基层基础建设，我们曾受累于赶超式的发展观、GDP 主义的政绩观和大政府主义的资源配置方式，致使前一阶段“面子活”

做得多、扎扎实实为基层基础服务少，最基层群众对发展成果受益少。加强基层和基础建设，必须把改善民生和提升消费水平作为经济增长的基本目标和基本动力。消费需求是社会再生产的出发点，也是支持社会再生产健康和持续运行的基本支撑点。

从改革开放开始，为了尽快实现赶超目标，我国长期实行了出口导向战略和投资拉动战略，收到了明显的促进增长的效果。但随着投资效果的积累和经济规模的迅猛扩张，这“两驾马车”已不能继续承担拉动中国经济快速增长的重任。投资超越消费增长过快，已形成产能过剩等严重的结构性矛盾和巨大的资源浪费。与此同时，发达国家正在加强对全球制造业制高点的争夺和控制，重塑全球产业分工格局，重构产业链和价值链，其根本意义在于对中国崛起实施战略挤压和遏制。由此，主动融入全球产业分工体系，参与国际经济大循环的努力已难有新的进境。另一方面，在我国现有的体制下，投资拉动必然反映着“政府偏好”，资金流向偏于高端和城市形象、偏向于能够迅速做大 GDP 的大项目。看看 2008 年以来的投资的走向，我们就会明白，在这种经济增长方式下，基层基础建设已经被严重地忽略了 。

所以，在继续驱动投资和出口这“两驾马车”的同时，必须让最终消费升位，坐到拉动经济增长的“第一驾马车”上来。我国最大的后发优势是人口众多，最终消费品市场潜力巨大，而这个巨大市场首先在基层基础。保持国民经济在新的阶段上长期持续、快速增长的根本之道是培育和开发、做强本国消费品市场。只有在消费导向下，资金流向、资源配置才可能比较均衡。

从国际比较上看，我国对国内最终消费重视程度偏低。2010 年我国国内需求占总需求的比重为 76%，最终消费占国内需求的比重为 50%。1990 年，中国居民消费平均增长率为 7.6%，比 GDP 年均增长率低 2.4 个百分点，而美国、日本、法国、俄罗斯、巴西等国居民消费平均增长率则分别高于 GDP 年均增长率 0.3、0.1、0.7、3.3 和 1.0 个百分点。英国、德国和世界平均此一期间居民平均增长率虽低于

GDP 年均增长率，但也只低 0.4 个百分点。至于低收入国家，此一期间居民消费平均增长率亦高于 GDP 年均增长率 0.1 个百分点[①]。也就是说，在迄今为止的追赶过程中，中国居民消费对经济增长的贡献率对比国家水平是相对较低的，在未来的追赶中提升中国居民消费对经济增长贡献率的空间是比较大的。我们有可能通过提升最终消费的拉动作用，保持甚至强化中国经济对发达经济体的追赶态势。

3. 实施创新型经济发展战略

中共中央关于“十三五”规划的建议提出五大发展理念，其核心是创新发展。作为新的经济形态，它以创新为本质，并在过程和品质上表现出协调、绿色、开放和共享的特点。从 20 世纪 90 年代提出“转变经济增长方式”到建立和形成科学发展观，我国一直在力推“新经济”，旨在改善经济发展的质量、升级经济发展的形态。但总体来说，在以“修复体能”为基本特征的初级发展阶段上，“新经济”只能是成长着的经济形态。它在国民经济的整体结构中，还只能是一个小的成分。“实施创新发展的经济战略”就是要让这种以创新、协调、绿色、开放和共享为特征的经济上升为国民经济发展的基本成分和主流形态。

在改革开放之初，我国存在着大量的剩余劳动力，土地资源丰富，大量矿产资源等待开发，生态环境问题虽已显露，但未形成对增长的制约；存在大量可以免费使用的适用技术，即使购买和引进技术，成本也比较低。于是，在市场机制的激励下，大量闲置要素被动员起来，新企业、新产能大量涌现，而少有被淘汰之虞。同时，国际环境也比较宽松。我国充分发挥了要素成本低廉、工业生产体系比较完整等优势，有效地承接了发达国家制造业的国际转移，并

---

① 《联合国国民核算年鉴》：中国最终消费在总需求中的比重仅为 34%。同年，美国、加拿大、日本、韩国、英国和澳大利亚诸国的这一比重分别为 76.54%、60.84%、69.6%、62.85%、65.45%、64.32%。2007 年，中国劳动者报酬在 GDP 中的比重只有 39.7%，大大低于美国（56.6%）、英国（53.8%）、德国（49.5%）、法国（51.8%）、日本（55.1%）、韩国（51.8%）。

对接了国际市场，成为全球第一制造业大国和贸易大国。

而目前，农村剩余劳动力基本消失，城乡劳动力成本和价格大幅度上升，土地等资源的价格达到经济运行很难承受的高位；免费适用技术越来越少，引进先进技术由于西方国家对中国由接触转向防范，难度提高，成本增加；在国际上，发达国家也基于战略利益正在重塑全球产业格局和利益格局，从而形成对中国产业升级和崛起的“挤压”或遏制，因此，粗放型的经济增长的资源基础支撑越来越弱，以粗放为特点的经济增长阶段正在成为过去。

按照世界经济论坛的研究判断，在我国正在成为过去的增长阶段就是效率驱动阶段，用来替代它的新的增长阶段是“由效率驱动向创新转换的阶段”。按照产业升级的一般规律，在这样一个新阶段上，效率主导驱动将让位于创新主导驱动。实现创新主导意味着支持经济增长的要素结构将从初级要素为主转向知识资本；支撑经济增长的产业主体将从重化工业转向知识和信息服务、文化创意、教育、健康养老、金融和电子商务等现代服务业和智能化、精致化的高加工度制造业等高科技产业；支持经济增长的产业战略将在继续挖掘传统产业力量的同时，重在开发知识型产业力量。

这是一个牵动整个国家就业结构、经济结构和利益结构的艰难发展变革。其中，培养和形成强大的自主创新能力是一个至为关键也至为艰难的考验。20世纪五六十年代，日本经济能够保持高速增长，主要得益于后发优势。但自七十年代之后，日本过度依靠引进技术，实施追赶的机会日益减少，同时又没能从根本上将模仿能力改造为自主创新的能力，致使经济发展失去了动力和方向[①]，从而陷入“停滞的10年”。发生在日本的问题，在中国亦不难发生。因此，实施新经济战略不仅是战略必需，而且已经刻不容缓。

新经济战略是发展理念从数量取向向品质取向的升级。在以往的发展中，我国的经济总量已经连续超越一个个西方经济大国，成为全球第二大经济体。在这个势头和惯性作用下，人们很习惯地希

---

① [日]南亮进:《日本的经济发展》，经济管理出版社，1992年。

望把我国经济总量继续做大，直到超越美国成为全球第一大经济体。但这种数量取向思维和理念显然与当下的经济环境相悖。以数量求发展，我国经济已经没有多大市场空间。国际市场收缩、国内市场正在开始部分被夺走，已是我们面临的不争事实。只有提升品质，我国经济才会有足够的竞争力，才能守住并继续扩大国内和国际市场份额。所以，我国究竟能在什么时候超越美国，成为全球第一大经济体，取决于中国经济在品质上提升的速度。

新经济战略是发展形态从粗放型向精致型的转折。我国以往经济增长的粗放特征主要表现在资源要素投入巨大，而科技和文化要素投入不足，生产和服务过程相对粗糙，产出质量不高，甚至伴生了不少“负产品”。向精致型转折，核心是提高科学、技术和文化的水准并增加其对生产和服务过程的投入，从而优化生产和服务过程，提高产出的品质和效益。这不仅要禁绝对资源的掠夺性开发和对生态环境的破坏，而且要大量地出精品、出珍品、出上品。

新经济战略是发展路线从重在资源投入向重在创新的跨越。就企业来说，就是要走出以争资源和跑贷款为轴心的经营路径，把经营重心放在研究市场、开发或寻找先进技术上，逐步把以资本为中心的经营路径转向以技术和文化为中心的路径上来。同时，政府在宏观和中观经济管理上，要放弃“做大”式管理，实行“做强”式管理。

围绕新经济战略，必须把“科教兴国”上升为国家的全局战略，把发展和振兴科学和教育作为整个国家全民的事业、作为经济崛起和社会繁荣的基础工程。要建立国家与社会、官方与民间的大科研体系和大创新体系。对已经比较封闭和僵化的国家科研体系进行认真改革，消除学阀门派和学术腐败，倡导务实作风，鼓励实用研究、出实用成果。改革已严重落后于时代、落后于国家创新发展的教育体系，把教育从功利主义、拜金主义、形式主义和“应试模式”中解放出来。要重在培养学生的学习能力、研究能力和解决实际问题的能力，为建设和提升创新体系提供人才支撑。

4. 实行现实主义的大国外交

随着中国力量的崛起，我们正在以“一带一路”建设为载体拥抱欧亚大陆，并以此平衡“海患”；同时，积极构建不冲突、不对抗的新型大国关系，以构建全球经济合作和安全体系。这既是中国崛起第二阶段的外部表现，也是中国崛起第二阶段的外部需要。在这种大外交格局下，应当对我国的外交观念和外交方式进行切实的改革。

第一，建立新的国际平等观。国家主权以国民人权为基础并集中代表和表达国民人权。有效地行使国民众多的大国主权，才能充分表达我们国民的人权。“国家不分大小一律平等”说起来让小国领袖高兴，但它却轻视了大国国民的人权。因此，我们应当从“国家不分大小一律平等”的旧平等观中走出来，尝试行使大国主权，对世界负起一定的管理责任。作为大国外部管理的初始阶段，应该把管理的重点首先放在周边国际秩序和国际安全上。周边安全是最重要最基本的外部安全。构建外围安全空间是中国全球安全的立足点和出发点。

第二，告别儒家和意识形态传统。在历史上，中国中央政权对周边国家和地区的外交政策并不成功。在汉唐时期，中国国力杰出，四方宾服，于是以中国为中心形成了一个“朝贡体系”。在这个体系里面，中国收获的其实就是一个尊严和“面子”。得实惠的主要是那些通过“朝贡”接受天朝赏赐的小国。而在中国因内乱等因素变得软弱时，周边国家和地区便乘机作乱，对中国进行不断的骚扰和掠夺。可以说历史上的中国吃尽了周边国家“不仁”的苦头。我国之所以一以贯之地奉行过于友善的对外政策，首先是为儒家文化传统和脱离实际的意识形态所累。孔子的“和为贵”“己所不欲，勿施于人”，是一种绝对的仁慈主义与和平主义。在矛盾和冲突性的国际关系中，“和为贵”就是忍辱负重、委曲求全、一善到底。“己所不欲，勿施于人”，更是剥夺了己方的选择权，而任由对方折腾自己。这套文化价值绝对地高于“丛林法则”，是没有疑问的。但带着这种价值观进入“丛林”世界，无疑又是愚蠢的，其悲哀也是可想而知的。

第三，放弃传统的地缘安全观。“唇齿相依”作为传统地缘安全观的重要支点，也是中国的一个重要外交观念。在这个观念看来，“唇如亡，齿必寒”，所以，“齿”一定要像保护自己一样保护“唇”。由此，历史上中国历代朝廷都特别重视“藩蔽”的安全卫护作用。但实际上我们从未从这里真正收获安全。到了现代，它更是与国际政治和安全规律相去甚远。当今国际战争绝非过去那样的短兵相接。要瘫痪一个国家，并转移其统治权，主要靠战略力量。一两千公里的隔离区域，已不再是安全屏障。这样的战争方式让所有卫星国都相对地失去了“唇”对“齿”那样的屏障作用。因此，继续不惜代价地维护所谓“睦邻友好”，未必是明智的。

第四，以赢得敬畏作为一般性目标。当今世界，在本质上还是一个“丛林”社会。在这里通行的还是“丛林法则”。国与国的关系是最高层次的政治关系，维系其稳定与和谐的根本因素是战略利益。所谓“国际友谊”不过是共同战略利益的另一个说法。特别是在政权不断更迭的国家，长久的国际友谊更是不存在的。因此，对周边国家，我们不能再迷信仁道和怀柔的力量，更不能继续指望通过大方的利益输送就可以获得牢固的友谊了。这就需要以“赢得敬畏”替代“赢得友谊”作为对外关系的一般性目标，建立垂直性和压倒性的战略利害关系。“敬”，就是让力量产生观感，让他服你；“畏”，就是让名义正当的惩戒手段发挥威吓作用，让他怕你。只有敬或只有畏，都不足以有效地管理周边安全、建立可靠的国际秩序。作为一个大国，只有被敬畏，你代表和主导的国际政治秩序才能被接受、被遵守。特别是当今世界的国家犯罪，大都是主权犯罪。在这个问题上，我觉得，我们倒是应该从美国的“领导”实践中汲取一些东西。美国的“领导”水平不高，许多事做得非常恶劣，但美国的国际政治观是很现实的。它不和小国、弱国讲平等，对他国也没有主权至上的观念。它知道，作为一个超级大国，和别国讲平等、讲主权至上，也是虚伪的。与中国相比，美国太霸道；与美国相比，中国太礼仪化、太迂腐。中国的外交风度可以作为美国的方向；美国的外交实践则是中国在当下必不可缺的教材。中国不可以复制美国的外交，但中国必须像美国一样现实主义地对待世界。目前，中国周边已经“核”林立，由不可避免的核泄漏导致的核灾难，就在我们的身边和家门口。为维护国家的生态安全，我们决不能再放任周边的核活动和核扩散。面对危险的核安全形势，我们不能继续在支持或反对、参与制裁或反对制裁这种思路中徘徊了。我们或可以与美国联手做一些事情，坚决刹住核扩散，把世界的核力量、核污染和核恐怖降至最低限度。

赢得敬畏，既要有力量、有风度，也要有治术、有手段。中国不缺力量和风度资源，但缺治术和手段。不过只要愿意拥有并熟练运用这个东西，中国学习这个也不难。几千年的中国权谋文化，就是很好的学习资源。

第二章 内力深修功自久

以产能过剩为基本特征的结构性矛盾已经把经济思维的改革和发展心态的调适迫切地提到日程上来。比较浮躁的外延式经济思维和急功近利、重形不重本、重量不重质的发展心态，既是结构性矛盾积重难返的重要成因，又是当前的结构调整可能被表面化和泡沫化甚至加剧化的重要诱因。针对这种浮躁倾向，调整经济结构必须力戒“去工业化”的偏颇，把深化工业化作为基本方向；必须力戒大量投放货币刺激需求的凯恩斯主义倾向，坚持以供给侧结构改革为重心；必须力戒大政府主义方式由政府按照自己的偏好配置资源，而要切实让企业家站在调整的前台并充当主角。鉴于我国支持经济结构升级的资源储备严重不足的现实，供给侧结构改革正面临着能否调得动、挺得住和调得好的严峻考验。这是一场不可能在短时间内就可以完成的艰苦的攻坚战，也必将是中国崛起道路上一次具有重大影响的战役，一定不可浮躁，不可急功近利、急于求成，不可以以长官意志代替经济规律。要舍得时间和力量真功实做。为支持供给侧改革并为国民经济的长期持续增长积蓄力量创造条件，我国需要持续推进“科技文化革命”，改革奖励制度和分配制度，进一步弘扬科学和科学家的价值；破除庸俗化的学术风气，进一步激发科学精神；从幼儿教育文化改革开始培育整个民族的创新能力。

当前，在全球经济危机的背景下，我国经济增长速度持续下滑，出现严重产能过剩的现象；制造业出现倒闭，失业人口增加；企业投资意愿不强，资金链断流，信用恶化，资本外向转移。这种严峻的形势已经把调整结构、消除增长困境的任务紧迫地提到我们的面前。从中国崛起的大过程来看，这场结构调整将是中国崛起阶段性转换的一场关键性战役。其质量的高与低，其结果的成与败都将对中国经济能否如期实现现代化的战略目标产生重大影响。然而，要扎实、有效地推进这场经济结构调整，并把经济增长导入长期健康和可持续的发展轨道，必须切实转变经济思维和发展心态，让我们自己真正站到一个顺势而为、进退有据的思想高地上。

结构调整的路径选择

结构问题由来已久。从结构问题明显制约经济增长之日起，对如何调整结构的路径分歧就已开始。

1. 往哪调："去工业化"还是提升工业化

（1）"去工业化"不可取。依据西方发达国家和新兴经济体的经验，到了工业化的后期，第三产业在国民经济结构中的比重渐次上升，并成为主导产业，随之以金融、医疗、养老等服务业为主导的经济结构在西方发达国家和新兴经济体普遍出现。这就是所谓“后工业化”的经济结构模式。由于人们是把这种后工业结构模式的出现作为经济现代化的普遍规律来看待的，所以 20 世纪初，在我国经济呈现高速增长、服务业比重已超过 50% 且显现出结构性矛盾时，国内外的一些经济学家就主张放任房地产业和金融业的发展，以此挤出低端制造业，实现所谓“去工业化”，即向“后工业化”过渡。在当下，这种观点亦有很大市场。

对发达国家和新兴经济体的“后工业化”，可以从两个方面来理解。一方面，作为对工业化的完成和超越，它的确是一个再发展过程。首先是工业的高度发达，同时是工业辐射力和带动力的强大。工业的强大，表现为工业生产率的大幅度提高。在工业化中期，需要占全国总人口 50% 左右的工业劳动力和占全国 50% 以上的工业产值，才能满足国民生活需求和国家再生产的生产资料需求。但到了工业化后期甚至“后工业化”时期，这两个比重大幅度下降。在不考虑进出口的条件下，在工业化中期时，每 10 个就业人口中大约需要 5 个人做工业，才能满足国内对工业品的需求，但到了工业化后期只需要两个人甚至 1 个人就够了。在工业日益强大的辐射和带动下，农业产业化水平越来越高，专业化分工越来越细密，劳动生产率越来越高。在工业化中期，每 100 名就业人口中大约有 30 个人做农业，但到了工业化后期，大约只需要两个人就可以满足国内粮食和工业原料需要。工业和农业的发达对服务业提出了越来越大、越来越高的需要，同时大量劳动力从工农业中退出也为第三产业腾出了巨大空间。所以，在那些国家里，服务业比重上升，高达 70% ~ 80%，可以说是一个高度发展的结果。

另一方面，从世界经济的角度看，发达国家和新兴经济体的“后工业化”却是一个结构性产业分工过程。发达国家和新兴经济体在集中力量发展金融、医疗、养老等国际化和附加值更高的服务业的同时，它们仍然坚持甚至比过去更多地需要工业制成品来满足国内需要。而为了满足这种需要，一部分靠国内生产，另一部分要靠进口。也就是说，发达国家和新兴经济体的“去工业化”是以广大发展中国家大量承接劳动密集、附加值低的低端制造业为重要条件的。这是国家间的垂直分工，具有一定的国际剥削性质。它们以先进技术和高端服务业赚取高额利润并控制弱国产业，同时以低价购买广大发展中国家生产的工业品。

中国如能像发达国家一样以“去工业化”的途径去实现产业结构调整和升级当然是不错的。但问题是，今天的中国有条件实现这样的调整和升级吗？

第一，中国工农业技术和劳动生产率的提高还远远没有达到“去工业化”阶段的要求。中国目前还处在工业化的中后期。

第二，中国制造业外向转移的技术条件并不充分。一般来说，实现这种产业结构国际转移和升级的基本条件，是制造业等实体经济高度发达，具有成熟的技术能力。在国内劳动成本和资源价格大幅度上升的情况下，用自己的先进技术和资本在发展中国家进行工业生产要比在国内生产经济得多。我国虽有大量资本盈余，但缺少技术。没有技术输出，“去工业化”不仅会严重丧失高增长的经济速度和可观的工业利润及就业率，而且会失去对世界经济链条的参与权和控制权，成为一些拉美国家那样的“依赖型经济”。这些都是我国所不能接受的。

第三，对低端制造业实施国际转移是有巨大风险的。美国集团的霸权主义和区域民族主义、伊斯兰宗教极端组织和势力，以及恐怖主义势力都可能对我国对外投资造成障碍。投资对象国政权是否稳定，也是一个必须认真考虑的因素。美国《国家利益》网站 2014 年 11 月 25 日发表了一篇《美国在亚洲的战争：美国能否通过封锁取胜》的署名文章，认为中国对石油的依赖是决定美国封锁成败的关键因素。鉴于中国石油进口量巨大，与中东等石油生产国距离甚远，海军护航几乎是不可能的。100 艘油船无论是在 35 天的航程中，还是在其加油或补充燃料期间，都很容易成为战机、导弹和潜艇的攻击目标。同时，一场空袭就能切断连接中国与俄罗斯和哈萨克斯坦之间数千英里的输油管道和炼油设施。美国人自己把话说得这样明白，是需要我们警惕的。

所以，依目前中国的技术能力和全球产业布局能力来看，如果“去工业化”成为现实，那么，中国将不再是一个高速增长的经济体和一个快速崛起的经济大国。中国至今仍然是一个劳动人口大国，充分就业是经济决策中重要的价值维度。从这个角度看，“去工业化”尤其不可接受。

（2）结构调整的方向是工业化升级。退一步说，即使中国达到了西方发达国家的发展水平，也不可以复制美国的“去工业化”和“后工业化”模式。那种对美国经济模式趋之若鹜的“去工业化”理想，其实并不源于对美国的真正了解。

一部世界经济发展史证明，工业化是现代化的核心，是经济繁荣的根本。不论任何国家，只有工业化，才能从根本上建设起高效率的产业体系，形成强大的中产阶级，实现国民经济的持久繁荣。这部发展史同时也证明，工业化需要金融业的有力支撑。发达的金融业对于高度的工业化是必不可少的。但任何事物都是有度的，一旦金融业泛滥，由金融资产阶级取得支配地位，形成金融化，国民经济就会脱离工业化的主题和逻辑，形成扭曲的“后工业化”的经济格局，进而酿成巨大的经济和社会灾难。当代美国就是这样一个金融化和“后工业化”的样本。

19 世纪末 20 世纪初的产业并购浪潮推助了以约翰·皮尔庞特·摩根为代表的美国金融资本实力和影响力的快速提升。日益强势化的金融资本利用 1907 年的“大恐慌”，以联邦储备局成立为标志，开始掌控美国的货币主权，逐步将自己的意志上升为国家意志，进而把国家力量转化为自己的力量，使金融资本家成为美国和西方社会“最有权力和影响力的人”。随着 20 世纪初期西方工业经济的繁荣，美国金融资本势力进一步快速扩张，并导致虚拟经济——股票市场日益膨胀。金融寡头操纵着证券交易和社会舆论，把各阶层都吸进证券市场，金融泡沫越吹越大，最终导致 1929 年 10 月 23 日的股市崩塌。股市泡沫破裂引发的这场灾难冲垮了各类金融机构和所有经济部门，整个美国经济濒临崩溃。显然，导致美国和西方世界 20 世纪 30 年代“大萧条”“大危机”的祸根，正是金融化，金融资本、金融寡头是始作俑者。

到 20 世纪 70 年代，由于西方世界普遍“滞胀”，新自由主义在美国开始得势，“资本优先”、降低资本所得边际税率以刺激资本投资、放松金融监管的理论主张成为政府政策。在这一政策的支持下，美国金融垄断资本更加自由。他们借助政权力量，全面而深入地向美国经济领域渗透，企业管理由“企业利润最大化”向“股东利益最大化”转变，致使越来越多的企业由生产实体转变为金融公司或类金融公司，越来越倚重于资本资产运营。由此导致的产业空心化，使美国产业利润源泉枯竭。于是，生产金融化向消费金融化扩展，举国负债消费，催生出日益庞大的次级债券产品。由此引爆的 2007 年美国“次贷危机”和 2008 年国际金融危机让整个世界付出了沉重代价。

美国的金融化反复证明，金融资本一旦处于强势，就会脱离产业资本循环而独立化，甚至可能凭借其特有的组织形式把工业资本变成自己的附庸，从而完全背离传统金融为实体经济服务的宗旨。为了略去生产环节更快地赚钱、赚更多的钱，金融资本按照自己的逻辑把国民经济格式化，把经济活动游戏化，以小博大、以少博多、以钱生钱，把金融赌场化和泡沫化，把赌场社会化和全民化。在这个过程中，资本运行只有艺术，而无科学，只有炒作，而无道德和良心。这种作为“去工业化”的金融化严重破坏了工业资本主义创造的文明成果，应有尽有的商品、中产阶级、资本主义的敬业精神、效率观念、劳资和谐的“福特主义”都与现实生活越来越远。

美国玩金融化和“后工业化”自有其美元霸权作后盾。依托美元霸权，美国把越来越多的发展中国家和地区作为盘剥对象，以新殖民主义方式从那里汲取“营养”以补充自己。但即使这样，金融化也让美国自己很受伤。“次贷危机”爆发前，美国金融资产高达其

GDP（14万亿美元）的440倍，国民经济严重泡沫化和虚拟化，各类市场主体日益依赖金融游戏，普遍的投机取代了实实在在的投资，金融、保险、房地产占GDP的比重从1950年的10%上升到30%，同时期实体经济的比重则从61.78%下降到33.99%；中产阶级坍塌，社会两极分化。经济金融化使社会财富越来越多地流向金融机构、金融寡头和高层经理，前10%人群的收入比重在1980年后的20年间从30%～35%上升到45%～50%。到金融危机爆发时，前10%人群的收入已超过国民总收入的50%，福布斯400人的收入几乎等于最底层50%人群收入的总和[①]。这让美国由昔日的资本主义“世界灯塔”沦落为展示资本主义弊端的“橱窗”。正因为如此，奥巴马政府推出了“制造业回归美国”的纲领，力图重振自己的制造业和实体经济。目前，苹果公司已把一部分Mac电脑制造从中国转移回国内；工程机械企业卡特彼勒将伦敦一家工厂撤回印第安纳州，并把原先设在日本的部分设施迁回国内；福特汽车公司已陆续从中国、日本墨西哥撤回部分岗位；英特尔公司不断向美国本土的生产和研发投入重金，75%的生产放在国内；咖啡连锁店星巴克开始把其陶瓷杯的制造从中国转移回美国西部[②]。如果说，金融化是美国现代发展史的一大曲折，那么，“制造业回归”必将拉动美国工业化和实体经济的重振，也将是美国对人类文明的回归。

鉴于美国的严重教训，在今后一个很长的时期内，作为发展中国家的中国，经济结构调整的方向，决不可以是什么“去工业化”或“后工业化”，而必须是深化和提升正在推进的工业化，用新型工业化模式改造和取代传统工业化，并在深化和提升工业化的过程中培养和形成足以领先全球的技术优势。按照传统的工业化思路和标准，我国已经进入工业化中后期，在发达地区甚至大体上已经实现了工业化。但就已有的工业化成果来说，我们的工业化在质量上还

---

① 江涌：《警惕中国“虚热实冷”的去工业化风险》，昆仑策研究院，2016年4月10日。

② 鞠恩民：《美国怎样回归制造业》，财经网，2016年4月8日。

是粗糙的。具有自主知识产权、效益比较优异的工业经济比重还比较小，工业经济的组织结构、空间结构还不够合理；工业对农业和服务业的辐射与带动还处在初级阶段，农业生产方式的产业化程度还比较低，“化”得远远不够；农业对工业的资源支持、市场支持还比较小；服务业的成长与工业、农业严重脱节，质量不高。我们可把这个工业化称作“粗放式工业化”，也就是有待提升和精致化的工业化。这是我国的基本经济现实。网络世界与物理世界的结合正在产生第三次工业革命。与已经错过的前两次工业革命不同，这次工业革命的来临为我国提升传统工业化、把工业化精致化创造了宝贵的机遇。正如前面所说，信息技术革命和智能互联网的广泛应用，为工业化开辟了新的广阔前景。抓住这个机遇，我国就可以对已有的工业化成果进行改造、深化和升级，把“粗放式工业化”提升为“精致型的工业化”。这可能是中国崛起道路上又一个“跨越式发展”。在这样一个历史关头，我们决不可以“让迷云遮住望眼”，误入金融化和“后工业化”的歧途。

（3）两种选择的思维差异。那些热衷于“去工业化”的人们对于“去工业化”究竟是一条康庄大道，还是一条危险之途，也许并未深究。支持他们选择“去工业化”的，显然是传统的经济思维和发展心态。在中国传统的经济思维中，所谓经济增长，主要就是做大总量，经济增长的途径主要靠外延扩张。依照这种经济思维，调整和升级经济结构的方向，是向经济发展的新阶段作战略推进，拉长战线。所以，“去工业化”选择反映了我国传统的根深蒂固的外延化经济思维，是最新版本的“大干快上”。它不但无助于化解结构性矛盾，反而可能为结构性矛盾推波助澜。而把深化和升级工业化作为结构调整的方向，则要注重工业化的质量和经济品质的提升，因而首先体现为重视经济增长的内涵，以内涵增长带动外延增长，以巩固支持提高，以积蓄内力开拓外部发展空间。在这种思维下，经济结构调整可以更有质量和较大的胜算。

两相比较，孰优孰劣是清楚的。但习惯是一种强大的力量。在历史上，我们多次吃急于求成、大干快上、热衷于铺摊子实现外延式增长的亏，但到今天它仍然是非常流行的思维方式和发展心理。作为经济工作中的一种迷茫，我们对其应有必要的清醒和警觉。

2. 怎么调：刺激需求与供给侧改革孰为重

2015 年以来，央行已五次降息降准，国家发改委新批基建项目超过 2 万亿元。同时，货币投放的强度非但没减弱，反而有所增强。这都是在以老套路刺激需求。这说明，上面这个问题并非无的放矢。

（1）需求不振并非缺乏刺激和流动性。多年来，不论是学界还是政府政策管理部门者都倾向于从需求侧着力解决日益严重的结构性矛盾。如一些经济学家一直主张加快城市化和福利制度建设步伐，并配之以扩张性的财政和金融政策，以扩大需求和刺激居民消费。这种观点虽然不是凯恩斯主义，但却具有浓厚的凯恩斯主义色彩。作为结构调整的一个思路，其中的问题在于，需求刺激政策能否有效地撬动和活跃居民的最终消费？如果不能，刺激需求反而会加剧结构性矛盾。正是在这个关键点上，随着我国国民经济内在关系的变化，林林总总的需求刺激政策主张正在变得越来越缺乏可操作性和实际力道。

之所以如此，收入结构是一个重要的制约因素。面对日益推高的结构性矛盾，我们对凯恩斯主义之所以不能采取拿来主义，首先是因为这种理论是没有结构概念的，而用无结构思想的理论解决结构矛盾，显然是缘木求鱼。西方国家虽然在“二战”前后的很长时期内把需求管理作为宏观经济管理的不二法门，但他们长时期被有效需求不足所困扰，其根源在于收入分配的严重失衡。在《资本论》中，马克思深刻揭示了无产阶级的绝对贫困所导致的资本主义再生产的矛盾和周期性的经济危机。现代西方国家的福利制度对此起到了重要平衡作用，但仍然没能消灭大量存在的贫困人口和资本主义再生产的矛盾。我国经济在当下所面临的结构性矛盾也不完全在于对居民消费缺乏有力刺激。其中，很重要的原因来自收入分配结构严重失衡。大量的国民收入被囤积在少数人手里，而广大渴望消费的人群却是低收入的。在这种收入结构下，从需求侧着力的政策刺激如果不能惠及低收入群体，其效果是非常有限的。

面对市场上严重的供大于求，需求刺激也无从着力。我国经济结构失衡并非源于居民缺乏消费意愿。就房地产市场及其上下游产业而言，主要问题是市场供给严重过剩。以目前消费水平来衡量，除北京等少数城市外，很多大中城市住宅的供给量都超出了需求的30% ~ 50%。没有10年以上的时间，要靠现有消费能力消化这么大的库存是不可能的。同时，只要我们到大商场转一转，就会发现，许多商场售货员比顾客还多；还有一些大宾馆、大酒店，大都门可罗雀。所以，当下的消费不振并非缺乏政策刺激。如果供给结构不变，摆在消费者面前的还是现在这些东西，再强的政策刺激、再多的流动性也难以见效。

这当然不是说，我国的最终消费需求已基本得到满足。在一些领域，居民消费需求还是有的，甚至很强烈的。经过多年的发展，我国国内传统消费品市场空间固然已经被大量填充，富余空间变小，令大量传统产能处于闲置状态，但另一方面，城乡居民收入水平持续快速提高，为新的消费增长点的形成提供了有力支撑。到2013年，我国城镇居民人均可支配收入和农村居民人均纯收入已分别达到26955元和8896元。新型城镇化的加速推进，为消费新增长点的形成创造了巨大空间。根据以往的经验，我国一个城市居民的消费量相当于2.7 ~ 3个农村居民的消费量，城镇化率每提高1%，城镇居民人均年消费支出将增加2.1%。如果2.4亿进城务工人员全部市民化，全国居民消费将提高18.8%，居民消费占GDP的比重将上升6.6%[①]。但满足新增消费需求必须通过供给创新来解决。消费者需要更丰富的多样性和更好的品质。

在这种情况下，传统的投资空间和赢利空间已被过度填塞，特

① 国务院发展研究中心课题组：《中国：推进高效、包容和可持续的城镇化》，转引自《新时期我国消费新增长点研究》，中国发展出版社，2014年。

别是在加工制造业领域，很难找到可赢利的投资方向，这就是投资回报的恶化。因为投资回报恶化，赚不到钱，就有了信贷需求萎缩；因为信贷需求萎缩，就有了过剩的流动性。开始时，过剩的流动性进入房地产，造成巨大的房地产泡沫；为抑制房地产业的疯涨，政府切断银行资金进入房地产的通道；因为过剩的流动性不能进入在当时看来高赢利的房地产，就有了“影子银行”的出现；“影子银行”被打压后，过剩的流动性又涌入股市；因为有巨量的流动性涌入股市，就发生了股灾；因为发生了股灾，过剩的流动性又转战债市；但债市不能容纳和吸收如此巨大的流动性，于是过剩的流动性又回到到了股市，造成股市反弹。也就是说，在经济结构已出现产能严重过剩的情况下，为刺激经济增长而释放出的过大的流动性非但没有振兴投资需求、实体经济和经济增长，反而产生出了新的矛盾和浪费，制造了一次次暴涨暴跌的股市大泡沫，放大了金融风险。因此，只有市场出清，把经济结构理顺，让那些没有效率的企业退出市场，消除掉过剩产能，才能恢复投资信心，为巨量流动性找到“用武”之地。

这就是自 2015 年以来经济增长仍然乏力的基本原因所在。

（2）从需求管理走向供给侧改革。几年来，需求刺激政策所遭遇的战役性失败暴露了主流经济管理理论的严重局限。过去，人们几乎都相信凯恩斯主义有从危机中拯救经济增长的功效，国内经济学家更几乎都是凯恩斯主义和货币主义的信徒。在这种思想氛围下，政府的货币政策，名义上是“稳健的”，实际上是“积极”和“宽松”的。进入 21 世纪以来，中国的货币供应量 M2 呈指数型增长。相对于我国的 GDP，货币供应量 M2 已达到 200%，高于全世界所有国家，甚至高于疯狂金融化的美国（70%）。中国的 GDP 仅为美国的 66%，货币供应量却比美国高出了 72%[①]。这一方面带来了国民经济的欣欣向荣，另一方面却积累着大量的结构性矛盾和经济危机。

① 格隆汇、公子沈:《现阶段中国所有问题的根源：发的钱太多了》，影响力中国网，2016 年 4 月 10 日。

2008 年全球金融危机的爆发本来是一个很好的机会，我们可以借机控制一下货币发行、调整一下经济结构。但我国却逆势而上，搞了一个 4 万亿元投资，加上地方政府配套大约是 20 万亿元。人们都知道，货币不能脱离实体经济无限供应，超发就一定会伤害货币信用，甚至会导致信用体系崩溃。我国的货币超发已超过了美国，其危害自是非同小可。货币一经投放，就是资本，就具有资本的属性。我们看到，从钢铁、水泥等实体经济领域到房市、股市，洪流所至无不涌现出巨大泡沫并遭受洗劫。它不仅消灭了一些中产者，而且让货币贬值，让居民财产缩水，让大众实际购买力下降。那些与货币超发无关的平民大众，更是成了“超发”的被剥夺者。这反过来又伤及资本循环和社会再生产，让经济增长变得更加不可持续。著名投资人索罗斯认为当前中国信贷规模大幅度增长的情况与 2008 年金融危机前的美国有一种“可怕的相似”。此话是否准确，本人不做评论，但这至少应加强我们对当前经济运行的警觉。

痛定思痛之后，我们应该明白，单纯的需求管理是不能帮助中国经济走向复苏和健康发展的。正如习近平总书记所指出的：“单纯靠货币政策刺激是不够的，必须下决心在推进经济结构性改革方向上作更大努力，使供给体系更适应需求结构的变化。”习近平总书记的这一论断标志着中国正在走出“凯恩斯主义的迷茫”，并引入“供给经济学”元素构建成熟的中国宏观经济管理理论。其意义之重大，我们可以从美国的经验中得到初步认识。

供给经济学问世之初是不入流的，曾被指责为“巫术经济学”。但它的质朴和深刻却帮助里根政府成就了美国历史上最耀眼的经济辉煌。基于古典经济学“经济一般不会发生任何生产过剩的危机，更不可能出现就业不足，因为供给会创造自己的需求”（萨依定律）的信念，认为经济“问题不是需求不足，而是供给侧出了问题”，简单地刺激需求，只会使问题变得更糟，因而主张减少政府管制，降低企业和消费者个人税赋，以刺激供给。面对政府开支过大、财政赤字、管制过多、税率过高和通货膨胀四大问题，时任美国总统里根在首次向国会发表预算讲话时提出，必须停止增加联邦政府开支、必须降低税率、必须小心开放政府过度管制、必须步步迈向平衡预算的四项政策，深合供给学派理论要义。经济学家的嘲笑、国会的阻挠、财政形势的恶化，都未能挡住里根的执着。到 20 世纪 80 年代下半期，美国经济终于战胜衰退，再度起飞，1990 年联邦财政收入达 1.03 万亿美元，是里根上任前的 1980 年的二倍。

里根政府重新塑造了美国经济，也可以说是供给经济学理论重新塑造了美国经济。里根能够与罗斯福并列为美国“20 世纪最伟大的总统”得益于他对供给经济学精髓的深刻理解和政策上的惊人毅力。克林顿的政绩亦在很大程度上受益于里根的政策余荫。

与重在刺激需求的凯恩斯主义相比，供给经济学体现了市场经济理论的真谛，对经济增长的支持意义更内在、更本质。在市场经济中，企业生产如果不是为自己所需要，就是为了销售。对于这样一个浅显的道理，古典经济学派代表人物李嘉图有过很实在的论述。他说：“任何人从事生产都是为了消费和销售，销售则是为了购买对他直接有用或是有益于未来生产的某种其他商品。所以，一个人从事生产时，他若不是成为自己商品的消费者，就必然成为他人商品的购买者和消费者。”所以，一般而言，市场经济体中的商品生产是不会出现过剩性危机的。当供给显现过剩时，生产者一定会自动收手，以免赔本，同时会积极寻求产品创新，以适应消费市场升级的要求。

倡导供给侧改革，并作为基本思路推进结构调整，抓住了当前中国经济结构的根本病灶，也把握了市场经济体制的精髓。这个思路正在进一步把中国拉上正常的市场经济的轨道，从而具有返璞归真的革命性意义。我们相信，把供给侧结构改革作为主线，可以扎实地推进产业结构升级，并有效地防止结构调整表面化和泡沫化。

对我们说来，供给侧改革还具有思想革命的意义。我们为什么会把本不需要的东西生产得太多，而消费者更需要的东西却没有生产出来，以至于形成产能严重过剩即严重的供给无效，亦即供给侧结构性缺欠？为什么我国产能过剩大量集中于低端，而高端供给却严重不足，以至于国内制造业产品大量库存堆积？为什么结构性矛盾一旦发生，我们总是想到运用财政和货币手段刺激需求？显然，这些现象源于中国传统的外延化的经济思维，源于对市场经济外延化的理解和把握。沿着外延化的思维，就会重量轻质、舍本逐末。由于凯恩斯主义具有外延化的特征，所以，它在中国要比供给经济学更受欢迎。在外延化思维的引导下，我国虽然已接受了市场经济体制，但违背市场经济真谛的问题却长久不衰。政府管制太多，致使要素价格扭曲，资源不能有效配置，房地产业及其上游产业投资过度、发展过度；政府管制过多，服务不足，致使企业创新受到限制和抑制，减少了有效供给。因此，企业家的自由度低、创造空间小，自我开发动力弱，其经济功能和社会功能被政府管制框定在一定比较低的水平上。

（3）以供给改革为主两侧开门。在当前和今后一个较长的时期内，我们必须把供给侧结构改革作为经济结构调整和升级的中心思路，以工业化升级为方向，以改善供给体系为重点，把需求与供给两侧门都打开，把消费、投资和出口“三驾车”都开动起来。站在这个路线上，结构调整不能再重复历史上结构调整的老路——“一刀切”地“关停并转”和盲目增加流动性。要抓住第三次工业革命的机遇对一切可能再利用的过剩产能进行改造升级，逐步建立和形成新的生产体系和生产支持体系。

第一，以发展新产业、新产品创造新供给。为了把经济增长恢复到一个常态化的水平，需要从供给侧进行系统改革，建立创新的供给体系。其基本依据是新技术及其不断应用正在催生新的消费增长点，基于技术创新驱动的信息消费、家庭服务、文化娱乐、旅游和教育培训等新的服务消费，老年群体和少儿消费，绿色有机食品和家用医疗设备等健康产品消费，智能住宅、节能汽车等新的住行消费，环保产品和奢侈品消费等新热点正在形成。顺应这种新的消费趋势，首先是发展战略性新兴产业，如新一代信息技术产业和“互

联网 +”、生物技术产业、智能和高端装备制造业、新能源产业等。同时，应大力发展“健康产业”、电子商务、文化娱乐、旅游、养老休闲、社区服务、体育运动等生活服务业。应以交通运输、技术服务、商务服务、设计和咨询服务、人力培训、现代物流和金融服务为重点，大力发展生产服务业。对于已经发生产能严重过剩的企业和产业部门，也应通过技术创新和产业升级重建与市场的联系。把我们自己的产品做好，并且把品牌擦亮，把大量释放于国际市场的购买力吸引到国内市场上来。为此，应以市场为导向，实施更全面的创新支持政策、鼓励资本投入，建立对新消费需求更具适应性的供给体系和消费服务体系。

第二，以城市化转型、国土整治和“一带一路”来消化旧供给。智能互联网的应用，让城市化正在展现出新样式和新路径。在西方，城市化的第一阶段是大城市化，其动力支持是第一次工业革命，其标志是矗立的高楼大厦；第二阶段是城郊化，其动力支持是第二次工业革命和正在兴起的第三次工业革命，其标志是分散于城市中心之外的诸多卫星城和环境更好的城市功能区。我国和大多数发展中国家目前都处于大城市化阶段上。这种城市化路径正在造成人口和资源的过度集中，即畸形密集化，城市化的空间越来越小。由于互联网和现代化大交通的普及，大城市曾经独有的信息优势和交通便利化优势不再，而大城市在生活空间和成本上的劣势却日益凸显出来。于是，企业和经济人不再向大城市集聚。一些交通便利的中小城市和城镇正在成为许多企业和就业者的首选。这就是当下在我国发生的城市化的新样式和新路径。顺应这样一个趋势，我国应重新定义城市化概念，建立新的发展指标体系和城市化规划。要以大城市为节点，优先发展依托于交通大动脉的链带城市群。适应城市化的这样一个新样式，我国可以在继续推进大城市地下管网改造的同时，切实增加对中小城市和普通城镇的基础设施建设的投入。这是城市化建设重点的下移，也是城市化必经的转型。由于过去在这方面的投入严重不足，所以，这可以是拉动结构调整、重振经济快速增长的“重头戏”。不过，中小城市和城镇建设必须采取新理念，提高规划设计标准，让它们的宜居性高于大城市。在中小城市和城镇基础设施建设中，不仅要重视道路、通信、教育、卫生设施和住宅建设，还要特别重视文化娱乐和体育运动设施的建设。我国城乡居民文化娱乐消费占总体消费的比重仅达 4% 和 2%，远远低于发达国家 20% 的水平。把包括文化娱乐和体育运动设施在内的中小城市和城镇的基础设施基本健全起来，应当足以消化大量库存和过剩产能。

国土整治既是一个老问题，又是一个新问题。随着生态破坏和地球变暖，大江大河流域的水患在增加，东北和华北等地区的雾霾正在呈现高积聚、高频率出现的态势。其中，平原地区严重缺水，干旱频发。所以，我国的国土生态问题从来没有像现在这样严峻。个人认为应首先着力于两条战线，一是藏水北调，二是小流域治理。

藏水北调，可以做一个很大的大项目。几年前，曾经热传一本书，名字叫《西藏之水救中国》。我认为，应该把这个话题再捡回来，进行深入研究，建立可行的规划。从目前的情况看，黄河断流频率增加，长江正在呈现成为第二条黄河的危险。这两条大河的问题，正在成为大半个中国的生态、经济和社会问题。解决这些问题的重要办法之一就是引藏水北上。藏水是丰富的，随着雪山融化，藏水流量将会增加。把其中一部分从藏区引上西北，对于遏制北方生态和环境恶化，是有重要意义的。

数以万计的小流域问题很分散，但问题很大。新中国成立初期，河流的疏浚及河堤维护都是由农民自觉来做的。合作化以后，集体生产组织也对此投入不少劳动。但包产到户之后，这项公益性的工作便陷入荒废状态。由于无人维护，山水所携泥沙逐渐充塞淤平河床。其后果是，每逢雨季，骤至的山水因没有了河道，便横冲直撞，瞬间形成洪流，冲毁道路、淹没农田，甚至毁坏农舍，并在下游江河快速形成洪峰。因为没有河道涵养山水，所以，山水骤至骤退，危害很大。由此每年的损失都是巨大的。为扩大需求，振兴经济增长，这是一个需要重视的项目。

另一个可以消化旧供给即过剩产能的平台是“一带一路”。“一带一路”是我国外交和国际战略的大手笔。其意义是长期的，并主要体现在政治方面。但同时，通过建设“一带一路”，可有效地调出和消化一部分过剩产能。具体地说，这个思路就是从国际市场上收购资源，同时投资外国的基础设施建设，以调出过剩的库存和生产能力。我国有充足的外汇储备，可以为打造这样一个平台提供有力支撑。为了持久有效地开发这个平台，需要把它与工业化的提升有机地结合起来，以增强我国制造业的技术优势和国际竞争力。就目前看，我国制造业具备一定优势。但往远了一点儿看，譬如说未来 20 年，我国能否保持这一优势具有很大的不确定性，甚至可以说不容乐观。目前呈现出来的趋势是，制造业的国际成本优势和国际价格优势与经济规模增长和质量提升是反向变化的。如果没有技术创新上的巨大突破，也许过不了多长时间，我国制造业的成本优势和价格优势就会完全消失。一旦竞争优势不再，这条路便难以为继。所以，应当紧紧抓住当前的有利时机，尽快启动和推进“一带一路”建设。

第三，以制度改革释放新需求。据常修泽先生依据《中国统计年鉴》资料所作的分析，改革开放以来，我国最终消费率（政府消费 + 居民消费）一直在 60% ~ 70% 的区间波动。进入 21 世纪以来，几经涨落，到 2014 年甚至跌到了 51.4%，比世界平均水平低了 30% 左右。在最终消费率中，最突出的是居民消费率低下。2012 年中国居民消费率为 34.6%，世界平均水平为 60.4%，2014 年中国居民消费率上升到 37.9%。即使如此，仍比世界平均水平低 20% 多[①]。据他的看法，到 2020 年总消费率至少应达到 56%，居民消费率至少应达到 43%。如果是这样，在“十三五”期间，居民消费率每年应该提高 1%。如果再以 6.5% 的经济增长率计算，到 2020 年国民生产总值可达 90 万亿元 ~ 95 万亿元，居民消费总量可达 38 万亿元 ~ 40 万

① 常修泽:《论需求管理与供给管理相结合的新方略》，昆仑策研究院，2016 年 2 月 13 日。

亿元。因此，如何把居民消费潜力转换成经济增长的动力，是化解国民经济结构性矛盾，实现常态化增长的一个重要问题。

我国消费率之所以如此之低，既有投资率和出口率的挤压，又有消费能力和消费环境的问题。但归结起来还是一个制度问题。提高消费率首先必须提高消费能力。为此，必须从制度上改革国民收入的分配，在国民总收入中，适当压缩投资率和出口率，同时相应地提高消费率；在总消费率中，着重提高居民消费率。与此同时，必须提高社会保障水平，让居民没有后顾之忧，能够敢于消费。此外还必须加强食品、药品和其他方面的市场监管，让居民能够放心消费。

3. 谁来调：政府与企业家谁站前台

“谁来调”是往哪调和、怎么调两个问题的延伸，明确了往哪调和、怎么调，也就明确了谁来调。

把工业化升级作为调整方向，把供给侧结构改革作为主要调整路径，也就把企业和企业家推到了调整的前台和主体地位上来。在危难时期，人们最惯常的思维是拥抱政府，由政府组织民众逃离危机。但在正在进行的结构调整中，政府肩负着重大责任，政府作用当然必不可少，但更多的还是要靠市场的力量，靠企业家。创造新供给、消除旧供给，都要由市场竞争择优汰劣，靠企业家的智慧和创造培育新的经济增长点、增长极、增长热点。

这里的道理很简单。企业家身在市场之中，真正了解市场需求，不会盲目生产市场不需要的东西。这种清醒是其他社会角色都不可能具备的。这就是说，建立和形成平衡、和谐的供求关系，为经济增长注入健康性和可持续性的唯一力量是市场本身，或者说是市场主体即企业家的趋利避害本能。这种本能也就是市场本身的理性和自控力。回首以往，我国经济结构演变到今天这样一个地步，并严重地拖累了后续的经济增长，说到底，完全是非市场因素和市场中的非理性因素所致。非市场因素，就是大政府主义。大政府主义追求政绩，更看重经济增长速度、规模这些外延性的东西；市场中的非理性因素，是投机商及其投机行为。基于其投机性，他们需要大政府主义及其创造的投机机会。如果我们依旧把凯恩斯主义式的需求管理作为结构调整的主要方略，那么，调整就一定是政府在直接配置资源，并形成新的结构失衡。现在我们放弃了单纯依靠刺激需求的思路，并开始把调整的重点和主线放到供给侧改革上来，这标志着我国当前的经济结构调整已经开始更多地依赖企业家理性，依赖有效市场，并将通过企业家理性和有效市场来拒绝和消除无效供给。所以，以供给侧结构改革为主线实施结构调整，必须让企业家站在前沿，作为调整的行为主体。

以企业家作为调整的行为主体，既是中国市场经济体制提出的一般要求，也是供给侧改革提出的特殊要求。这对企业经营管理队伍的建设和成长是一个重要的机会。企业经营管理者们可以通过调整实践更深刻地了解和认识剧烈变化的国内外市场，领悟市场经济的真谛和市场竞争的本质，并以强烈的竞争意识努力创新，展现应有的经济理性和民族担当。这也是投机商向企业家的升华过程。

供给侧改革的实践考验

显然，以供给侧结构改革为主线，由 2015 年开始的结构调整将是我国历史上一次规模最大、最有深度并影响深远的结构调整。它是中国崛起从第一阶段向第二阶段转换和升级的重要战役，也是整个中国崛起过程中的一场具有关键意义的战役。当然，其成其败都首先决定于供给侧改革。

供给侧改革，着眼于从宏观上理顺和改善国民经济总供给与总需求的关系，通过技术和产业创新优化生产体系和市场供给。因此，与需求刺激相比，供给侧改革是深功夫，也是慢功夫。它需要比前者更多方面和更优质的制度、文化和资源支持。因此，以供给侧改革为主线的结构调整对我们的创新能力、对整个体制和文化、对党政官员和企业干部队伍的思维方式和心理素质、对社会的承受能力都是一场前所未有的考验。

1. 创业创新环境：能否改得动的考验

市场供给的唯一主体是企业。调整和改善市场供给，就是调整和改善企业行为。所以，供给侧改革归根到底，就是要向企业和企业家提供更好的制度和政策环境，让企业和企业家以更强大的能力、更自主的权利、更清醒的理性去开拓创新，提升和拓展市场供给体系。这就需要政府进一步放宽对企业的管制，进一步放开机会管理，促进市场有效竞争，进一步放开资源和价格管制，让市场信号正确反映供求关系，还需要政府通过减税等方式降低企业负担，同时还需要政府保护知识产权、支持企业和科研部门创新，甚至还需要政府抑制自身消费以支持企业创新。这些对企业家理性的成长都是必要的制度改革和政策改革，大都涉及政府与企业之间的权力关系和利益关系，改得动吗？

我们从计划经济体制走来，调整政府与企业之间的权力关系和利益关系，一直是改革的基本内容。在改革初期，这种调整还曾经是卓有成效的。但随着官僚机构特殊利益的形成和固化，这种改革变得越来越艰难。政府转变职能、改革行政审批制度，简政放权，受到了官僚机构的柔性抵制和阻挠。许多机构拒不放权，或者虚放实不放、明放暗不放、假放真不放，或者边下放边回收，甚至在贯彻科学发展观的名义下增设行政审批。这不是个别现象，也不是暂时现象。

围绕“全民创业、万众创新”，需要为民众进入市场降低门槛、为小微企业减负。从情理上说，在发达国家和发达地区注册一个小公司只需一两美元，但在我们这样一个发展中国家注册一个独资公司却曾经需要打足 10 万元人民币资本金，这门槛显然过高。如果创业者找亲友帮忙先打足资本金以通过工商行政管理部门的“验资”再把亲友的资金返还回去，这就要冒触犯“非法集资”和“抽逃资本金”等法律制裁的风险。改革一下这个高门槛，并不难。同时，从理论上说，减负空间很大。但具体到改革，就变得令人疑惑。我国的税率、贷款利息、能源和服务业价格相对于世界各国和周边国家、地区都是比较高的。石油、电力和通信服务价格甚至高出发达国家 3 ～ 4 倍，乃至 7 ～ 8 倍。这些高门槛、高税率、高利息、高价格、高收费降不下来，全民创业、万众创新就难于成为现实。过去一直挺着不降，自然不能因为供给侧改革了就轻松地降下来了。说到减税，国税和地税都有难度。我国有世界上最多的“财政人口”，要比一般的中等规模国家总人口还要多。虽然专家和学者们关于吃财政饭的人口占全国总人口的比重有 1/18、1/26、1/28、1/37 等几种判断，但即使按 1/26 这个偏低的数据估算，也比西汉时期高出 306 倍，达 6000 万人之巨。依我个人的估计，远远不止于此。压力如此之大，减税可行性当然很小。2016 年，我国中央财政一般预算支出计划为 18 万亿元，预算赤字已经达到 2.18 万亿元。减少国税，国家各个部门的政策支出都会有问题。增加预算赤字，又会出现新问题。至于地方，许多地方财政一直靠卖地支撑。土地收入大幅度减少，甚至没了，这无疑于掐断了地方政府的一条财路和生路。所以，把小微企业的负担降下来，并不在于问题本身。能否改得动，难点在于这些问题的背后，在于能否有效地推进政府和国企等深层次改革。我国几次行政管理体制改革都无一例外地反转为机构和人员“大膨胀”①，说明这些改革很难。

鉴于改革的艰巨性，供给侧改革面临巨大阻力是不言而喻的。供给侧改革能否冲破这种阻力，显然也是一个未定之数。如果在操作上力道不足，或者压根儿就没有力道，供给侧改革就有可能被搁浅。

---

① 吃财政饭的人口占全国总人口的比重，从改革初期的 1/67 提高到 21 世纪初的 1/30 ～ 1/20，翻了一番多。

2. 短期利益损失：能否挺得住的考验

所有的改革都具有“时滞效应”。为支持企业家理性和市场活力的“供给侧改革”，尤其会具有“时滞效应”，并形成短期利益缺失。当年美国实施具有强烈供给主义学派和货币主义色彩的改革时，不论左派、右派还是中间派都反对限制政府开支，反对加息，主张放宽货币供应。但里根政府坚持加息，同时果断地推行“30% 减税计划”，个人最高税从 70% 下降到 28%，企业所得税从 46% 下降到 33%。这些旨在激发市场活力和企业家理性的措施都没有也不会收到立竿见影的效果，于是，反对声浪持续高涨，就连身为总统经济顾问委员会主席的费尔德斯坦都对里根的改革失去了信心，把里根政府的政策说成是“国王的新衣”。但里根坚持了，直到美国经济的复苏和再度起飞。

由于中美政治体制的不同，中国的供给侧改革表面上不会有当年美国那么大的阻力。但是，诸如限制政府增加开支、减少政府对企业的管制这类改革举措，显然会在政府体系内部招致潜在的不满。再如大幅度减税，一方面肯定会减少财政收入，另一方面企业创新和市场活力却不能迅速显现，更有活力的税基更不可能立即形成。从改革启动到改革效果的明显显现，这是一个艰苦难耐的“时滞期”。在这个“时滞期”里，中国人急功近利的经济思维会呈现集群式发作，反对改革的声音会愈发高涨。甚至过去曾经立场各异的反改革势力会聚集在一起，形成统一的改革反对派。所以，供给侧改革对中国将是一个严峻的考验。

依照中国人的处事风格，在这个考验面前，改革力量很难一意孤行。最大的可能应对是收缩改革力度，让供给侧改革变得更温和些。这样的应对，无疑会拉长改革的时间，降低改革的效果，延长经济复苏的时间；最差的应对，就是重拾大政府主义和投资刺激，以短暂的收获牺牲长期的经济发展和利益。所以，供给侧改革的重要考验将体现在面对短期利益的缺失，是“挺得住”还是“挺不住”。赢得这场改革的胜利，要有坚毅的改革勇气和不畏阵痛的思想定力，需要有体现这种勇气和定力的中央领导集体和领袖。所以，供给侧改革对中共及其领导下的政府将是一个严峻的考验。这场改革同其他改革一样，需要一个有权威的中央。

3. 创新能力不足：能否做得到的考验

这是一个最需要跨越的考验，也是一个最难跨越的考验。

供给侧改革不管要走多长的路，最后一定要体现在产业和产品的创新上。有了创新，供给才能改善，需求才能再生，市场才能复活。当我们使用苹果手机的时候，通常都会想到它的神奇，有一种意外享受之感。同时，即使是长期使用这种手机的用户，也未能充分利用它的丰富功能。这再一次说明，人类的许多需求都是由供给创造出来的。在旧的供给严重过剩的情况下，市场的生机在于创造出新的供给。但我们能够做得到、做得好吗？

中华民族是一个很聪慧的民族。但在长达上千年的皇权专制主义的束缚下，科学技术被视作“淫巧”之技，科学和科学家都没有地位，科学文化和科学技术长期停滞不前，科学技术的产业化更是无从谈起。寥寥可数的技术发明，只有传到西方之后才走向产业化，活塞技术传到英国产生了蒸汽机，火药技术传到了西方成就了他们的军火工业。所以，在中国传统文化中，科学技术和关于科学技术的文化是一个特别弱的项。直到我们被洋枪洋炮打得没有还手之力的时候，我们的科学和技术文化才一点一点地生长起来，直到“技术救国”思想的出现、“科学技术现代化”和“科教兴国”战略的提出。但即使有了这样的文化成长和观念创新，即使到了改革开放时期，干部、普通群众和企业界的科技文化仍旧是比较落后的。由于体制的制约并处在一个“闭着眼睛朝天放枪，也会有鸟掉下来”的大好发展机遇期，人们的创新意识还是大大地弱于机会主义意识的。改革30多年来显著的产业技术进步大都走的是“拿来主义”路线，自创的先进技术少而又少。至于包括技术意识、技术价值、技术伦理、技术发展规律和技术方法在内的技术文化，以及创新型技术人才就更加稀缺了。

由于缺乏技术和技术文化的充足储备，企业界面对供给侧改革和创新发展，表现出了强烈的失望主义和失败主义情绪。所谓“不创新等死，创新找死”就是这种情绪的反映。

依本人的看法，跨越这个考验和挑战，希望在年轻一代。在科技教育体制改革中，必须彻底废除那个论资排辈、唯长是尊的学阀体系，大胆起用年轻人当主角、挑大梁。

综上所论，供给侧改革是一场艰难的工程。为完成这个宏大工程，必须发挥中央集权的体制优势，着眼大局，排除干扰，统筹好各方面力量，上下一心齐力。

开展持续的“科技文化”革命

以“工业化升级”和供给侧改革的思路去破解结构性矛盾，必将是一个艰苦的创新过程。在这里，我们不能心存侥幸，急功近利，更不能指望它会“立竿见影”。为了把这一改革和调整做实做好，国家和政府应当迅速作出规划，把当前结构性矛盾的解决放在一个更宏大的发展规划当中来研究和解决，把供给侧改革与跨越“云岭”统筹起来，让结构调整站到一个新发展的历史高点上。对此，政府和整个社会都要有担当、有定力、有耐心。企业家更要克服重近利而轻远谋和重形不重力、重量不重质的经济思维，实功实做。只要我们紧紧把握和抓住工业化升级这个方向，并矢志努力，结构调整就一定能成为一个开辟前途和走向健康发展的过程。

在这里，十分迫切需要做的一件事，就是以供给侧改革和迎接第三次工业革命为契机在我国开展一场经济文化革命和科技文化革命。“经济文化”就是关于经济的文化；“科技文化”不是科学技术和文化，而是关于科技的文化。我国过去发展中的许多矛盾，都源于经济文化特别是科技文化的落后，科技开发和投入不足。在当前，要化解国民经济结构性矛盾的主要困难也在于科技创新能力不足。

而这一切都与经济文化和科技文化落后紧密相关。开展一场经济文化和科技文化革命，既是破解当前发展矛盾的战略必需，也是立足长期发展的战略必需。

1. 弘扬科学价值：改革制度

我们在前面说过，中国人的经济思维比较急功近利，且重形不重力，重量不重质。这其中的核心问题，是对科技价值的淡漠和轻视。

科学技术对于中国和中国前途的价值有多大，并不需要太多地去论述，只要看看中国经济发展对资源和能源的需求就很清楚了。如果没有能源的全面创新和可再生能源的发展，地球已经承载不了这个“消费主义的世界”了。美国、欧盟加上日本这个高消费主义阵营，总共只有6.9亿人口，占世界总人口的10%，但他们却控制着世界90%的资源，消费着世界40%的资源。中国目前的人口为13亿，是这个高消费阵营人口总和的2倍。即使把中国的消费水平提高到前者的1/2，也将消耗掉全球资源的40%。这样，中国和美欧日将消耗全球资源的80%，那么，占全球70%的其他50亿人口还活不活？所以，中国和世界发展的钥匙、中国和世界前途的钥匙已经在科学家的手里，在科技创新的过程里。

让社会广泛认同科技的巨大价值，并且能够有更多的人投身科技事业，并以科学精神从事科研创造，需要国家和整个社会对科学家和广大科技工作者给予更充分的价值肯定和更高的尊重。

改革开放以来，通过体制活力的释放，各类人才竞相涌现，除了领导人才、管理人才外，体育明星、歌星、表演艺术家、教育家、作家等，都很耀眼。但相比之下，科学家和科技工作者是落寞的。在各种创造性劳动中，科研劳动强度是最大的，也是最艰苦的，劳动过程也相对封闭，劳动的价值很难得到社会的了解和认识。特别是军事科技工作者可能一辈子都要默默无闻。因为有这种比较，所以现在的青少年与20世纪五六十年代的青少年相比愿意从事科技工作的人少多了。他们中有更多的人把成为歌星、体育明星和企业家作为人生理想。一个“王宝强离婚案”闹得举国沸沸扬扬，就说明国人的兴趣在哪里了。已经走上科技工作岗位的人，也有相当多的人并不热心于真正的科研，自甘混混……社会缺乏科学和技术兴趣，科研队伍缺乏科学精神，是我国科技文化的一个困境，也是我们这个崛起大国的一个悲哀。

让国人尊重科学、热爱科学，引导更多的人从事科学技术创造和科学技术产业化，必须改革制度特别是分配制度。看看我国的亿万富翁都是些什么人，我们就该知道我国的财富分配制度有多么糟糕！这方面的改革有多么重要、有多么紧迫，已无须赘言了。

知识精英的知识劳动，有时的确不能以经济价值或金钱标准来评价。袁隆平的水稻、屠呦呦的青蒿素到底值多少钱，给多少金钱奖励合适，这是没法估算的。同时，知识精英在从事艰苦的科研劳动时也并非是以获取金钱奖励为基本目标的，其科研动机和心态也只有进入科研状态的人才能理解。所以，我们国家现行的科技发明奖励制度对一般性科研成果适用，对重大科研成果不完全适用；对当前保护和调动科技工作积极性有用，对调动整个民族和社会长期的科研兴趣和科学精神没用。因此，有必要对现行的科研奖励制度改进、改革和完善，让知识精英和他们的知识创造与真实价值相称。

其中，可以考虑参照历史上西方的做法实行重大科研成果授名制。历史上，西方以个人姓名表达其重大科研成果，如牛顿定律、阿基米德定律、门捷列夫元素周期表、高斯定理等。这些科学成果是永世不朽的，这些成果的实名表达也让他们的发明与发现者永世不朽。这种奖励是一种巨大的激励，让一代又一代学子励志前行，自觉地为科学奋斗和奉献。由于中国知识分子更重功名，把“名垂竹帛”看作是最大的光荣，所以这种制度对我国应当是更适用的。比如说，把袁隆平发明的水稻命名为“袁隆平水稻”，把屠呦呦发明的青蒿素命名为“屠呦呦青蒿素”，比发给他们奖金对他们自己和社会更有激励意义。有人一定会说，他们的科研成果并不是一个人的成果，怎么可以由个人的姓名来表达呢？但这并不是一个问题。屠呦呦能够站到诺贝尔奖领奖台上，她就是这项创造的代表，她的姓名也可以当之无愧地作为这项发明称谓的代表。如果一定要体现发明创造的集体性，不妨在屠呦呦的姓名之后加上一个字母 N，即“屠呦呦 N 青蒿素”。

2. 激发科学精神：走出庸俗

相对而言，当今的中国文化比较“俗”。其正面意义是告别了专注于“义”的儒家伦理和脱离实际的“左倾”高调，比较注重于实际和利益；其负面意义是，缺乏精神追求和独立思考的品格，过于重视现实功利。从科学文化的角度去看，这后一方面，可以解释为缺乏科学精神或科学精神不足。

对中国城市比较熟悉的人都知道，大多数城市博物馆、展览馆、民俗馆应有尽有，但没有科技馆，图书馆也很少。再看看中央电视台的频道设置，我们也可以发现，在面向大众的 15 个频道中，财经、体育、新闻和综合、社会与法、记录、少儿能够各独占一个频道，属于娱乐或基本属于娱乐的竟占了五个频道，即电视剧、电影、戏曲、音乐、文艺，而科技与教育则合占一个专业频道，两者算是各占半个。当然，设置的不合理，并非只有科教。让农业与军事挤在一个频道里，港澳台没有专业频道，却把“海峡两岸”塞给国际频道很荒唐。这就是说，在“中央电视”向大众生活投射的信息中，科技和科技文化大约只占了三十分之一。为什么会有这样的布局和设置，重要原因之一，当是社会对科技信息的需求相对很弱。即便是全城只有一个图书馆，图书的借阅率也是低的；中央电视台的“半个”科技频道的收视率也可能是最低的。大众用更多的时间在休闲娱乐，由此形成科技文化需求的苍白和整个民族科技兴趣的冷清。在幼儿园里，科普氛围与改革初期相比在弱化；在以培育精英为方向的家庭教育中，科技文化的冷清与外语、音乐、钢琴、绘画的热闹形成鲜明对照。

培育独立思考和追求真理的科学精神，需要有宽容的制度环境和热爱科学、热爱真理的文化环境。创新型人才大都是怀疑主义者，热衷于独立思考，习惯于多思好辩，对现存事物和秩序总是能积极地提出问题，问一个为什么。这本身也是对真理的热爱和追求。所以，他们作为对现存事物和秩序的挑战和破坏力量，与不断的科学、文化和历史创新是同在的。要激发整个社会的科学精神，给致力于创新的人才自由思考的宽广空间，就必须有制度和政策上的宽容。

就此而言，在新中国成立后很长的一段时期内，我们的制度和政策是明显失之于宽容的：树立绝对的思想和政治权威，并实行以阶级斗争为纲，这本身就是反科学和反科学精神的，把所有的认识问题和争论都拿到阶级斗争和路线斗争的高度上去分析批判，伤害了大批知识精英和创新性人才，也破坏了国家的创新环境，使人们对创新式的人生之路望而生畏。改革开放之后，制度和政策虽已改变，但旧的管理思想并没有完全销声匿迹。在当下，我国科学精神不足、科技创新能力不足，乃是那段历史的一个长期后果。

鉴于这样一个历史教训，坚持严明的法制与宽容的制度和政策的统一是非常必要的。或者说，为了培养和激发全民族全社会的科学精神，首先必须有严明的法制，然后在法制的基础和框架之下实行宽容的政策和管理，切实保护和支持学术探索和争论。

就我国今天的制度和政策而言，已经有了必要的宽容度，但缺的或者说不足的主要是追求真理和创新的科学精神。学术讨论和争论中充斥着太多的功利心和情绪化的东西，讨论和争论也过度地偏重于非科技领域，科学精神经受着来自低俗文化的挑战和冲击。因此，在今天，激发科学精神，保护和支持学术争论应重在文化领域、科学领域、产业技术领域、“互联网 +”和大数据领域。

激发科学精神，加快科技创新，要特别注重从发达国家汲取资源。2016 年 1 月，北京大学国家发展研究院与海银资本发布研究报告，对以美国为代表的世界科技创新趋势作出分析，认为美国等西方国家具有科幻色彩的创新型中小企业正加速崛起。其中，美国的中小型创新公司分布在新能源、超级材料、智能机器人、航空航天、新型交通工具、虚拟现实、精确医疗、合成生物、智能城市等领域。它们掌握着核心知识产权，集研发制造于一体，正在颠覆着我们所熟知的产业和经济世界。对那些可能在未来10年成为世界500强的美国企业，我们中国人甚至没有听说过。这让我们不能不感叹中国的科技和科学精神正在进一步落后于美国。2016年2月初，媒体报道美国人发现“引力波”，2月底，美国政府发布未来产业创新规划，提出国家增材制造创新、数字制造与设计创新、轻质材料制造创新、先进复合材料制造创新、集成光子制造创新、柔性混合电子制造创新等新概念[①]。这再一次证明，美国是一个很有科学精神、具有前瞻性的国度。

面对这样一个具有全球意义的新一轮科技创新大势，我国必须扩大开放，让国人更多地了解世界，特别是更多地了解日新月异的科技创新，从中学习和激发科学精神。同时，应发挥中国资本充足的优势积极发展中外制造业企业之间的合作。这是中国振作新兴产业的一个机会，也是振作科学精神的一个机会。但“留给中国的时间可能只有10年，甚至更短”[②]。

3. 培育创新能力：从幼儿开始

创新能力是一个民族的气质和能力。我们今天把科研和创新活动过度地融入专业化、国家化的制度里面，是需要改革的。创新是一种生生不息的力量，它的源泉在民族的精神里面，在民众的学习和生活实践里面。过度的专业化和国家化，就是封闭化。这样的体制不仅会造成科研团队的僵化和官僚主义，形成反科学的惰性，而且会窄化甚至枯化科技创新的源泉。因此，建立和形成全民族共同参与的开放式的大科研体制，是持久地增强我国科技创新能力、建设创新型国家的必要条件，也是开展科技文化革命所必需的。

---

① 韩松：《三件让人心惊的事》，财新网，2016年3月4日。

② 韩松：《三件让人心惊的事》，财新网，2016年3月4日。

这其中，幼儿教育文化改革是一个起点。

人们都知道，德国是享誉世界的制造业强国。那么，德国制造是怎样炼成的呢？其重要经验就是从幼儿教育开始[①]。这一经验很值得中国学习。

我认为，改革中国的幼儿教育，必须从以下诸点上转变我们的价值观和思想方式、行为方式。

（1）独立性。中国的传统习惯于把孩子长时期地置于父母过度的呵护之下，不给孩子独立思考和生活的空间。同时，填鸭式的教学，一味向孩子灌输知识，而少有让孩子主动动脑思考的学习互动。这些管理和教育造成了许多青少年人格上的独立性和独立思考能力差，缺乏主见，思想上、人格上总是“长不大”。由此形成了我们民族创新精神和能力的先天不足。在我们目前的创新中，拿来的多，自创的少，与我国这种长期的家庭管理和学校教育方式有很大的关系。所以，家庭幼儿管理的适度放开和学校基础教育的强化互动，都是必需的。

（2）动手能力。历史上，中国的幼儿教育基本上是劳心教育，即旨在培养孩子成为劳心者。于是，“劳心者治人，劳力者治于人”的儒家古训便渗透于教育过程当中，教育者不能让孩子学习“动手”，孩子本人不学习自己“动手”，就成了教育的一大痼疾。许多孩子成年之后仍然缺乏“动手”能力，生活上不足以自理，工作不会“动手”。有的学术论文写得头头是道，却不能把思想转化成实用的东西。弱于动手，弱于实验，就难有技术创新尝试。中国教育应当彻底地从劳心主义模式中走出来，向劳心与劳力相结合的方向转变。

（3）责任心和精准性。“五四”时期，胡适写了一篇题为《差不多主义》的文章，批评中国文化中敷衍了事的“差不多”文化。中国传统文化中不讲究精准分工，所以，很多事情人人有责，结果却是人人都敷衍了事、不大负责。我觉得，“差不多主义”所内含的，

---

① 吴伯凡:《责任竞争力：德国制造的核心 DNA》，简书网，2016 年 1 月 18 日。

除了不负责任之外，还是一种粗放、粗糙的思维方式，凡事马马虎虎、粗枝大叶。20世纪80年代有人著文提倡“模糊思维”，当属于“差不多主义”的延续。“差不多主义”与“模糊思维”都有悖于严谨的科学精神，是提倡不得的。但我们现在的家庭管理中，“差不多主义”依然盛行，孩子没有责任，更没有明确责任；在社会文化中，包括种种套话在内的模糊式思维和模糊式表达到处流行。这样，培养出来的人才，许多都是“差不多主义者”。

（4）自主和协调能力。现代科技创新越来越具有自主性和协调性，但我们的教育却很少能给孩子增强自主和协调能力提供机会。在家里，有无微不至的家长，在学校，有班长和班主任，孩子的整个幼年和青少年时代都是在无须自主和外向协调的环境中度过的。在这种环境中，孩子极易形成消极的从众心理和循规蹈矩、唯上是从的行为方式。

总之，科技文化和创新能力是经济增长的内力和内功。我国供给侧改革和结构调整能取得多大的成功，经济成长和发展能走得多远，取决于我们的科技文化和创新能力。

第三章 革旧履新方致远

中国虽然走上了市场经济道路，但对市场经济的怀疑、否定和阉割却从来没有停止过。以产能严重过剩为基本特征的结构性矛盾，把中国经济体制改革的路向选择再次提到人们面前。改革初期，中国依靠政府强大的资源汲取能力和动员能力，直接配置资源，以严重冲击、限制市场机制的调节功能和形成严重的产能过剩为代价，推助了国民经济的超高速增长。这种“大政府主义”的经济体制实质上是国家主义的管理传统在改革过程中的现实表现。这种体制可以给中国经济带来短期的高速增长，却不能给中国经济以合理的结构和长期的稳定增长，没有可持续性。它不仅是对改革的挑战，对经济规律的挑战，也是对中国崛起和中国前途的挑战。为了终结这一体制，必须坚定市场经济是人类社会最有活力的经济、也是中国经济体制前途最优选择的信念，走“理性市场经济道路”。理性市场经济是简约的责任政府与市场机制的有机组合，政府站在市场之上和资源配置过程之外建设制度和安全环境，为市场配置资源提供保护和服务。当前政府应在消除市场化过度、克服市场化不足、逐步匡正市场权利倾斜、培育企业理性等方面积极改革，为市场经济体制正位。这是一条新路，也是中国成功崛起的坦途。

结构问题的背后是体制问题。以供给侧结构改革为主线调整和优化经济结构，必须改革经济体制。

中国是在争论中选择市场经济体制的，人们对我们到底要实行什么样的市场经济，也有着不同的理解。现在，严重的经济结构矛盾再次把关于经济体制问题的争议提到了我们的面前。为了稳健推进中国崛起，还是应当把我们的选择进一步清晰化。

摆在当下中国面前的体制选择不是高度的计划经济与自由市场经济之间的选择，而是介于两者之间的另一种选择，即如何取舍正在运行的大政府市场经济体制。依我的理解，我们可以按照政府与市场之间的关系将经济体制做一个简单的排列和图解：高度统制的计划经济——大政府市场经济——小政府市场经济——自由主义市场经济。

“大政府市场经济”是政府依靠自己对经济资源的集中控制，依靠国有企业通过资源的巨大投入推动经济增长的体制；“小政府市场经济”则是政府把资源配置的权力交给市场，由市场决定资源配置，并通过法律和政策手段恰当引导市场即企业行为的体制。中共中央第十八届四中全会关于全面深化体制改革的“决定”在总结过去30多年改革和发展经验教训的基础上，提出“让市场在资源配置中发挥决定作用”和“更好地发挥政府作用”。我的理解是，由市场决定资源配置的经济体制，就是市场经济体制；让政府更好地发挥作用，就是把政府的科学理性加诸于市场，使市场经济成为有理性的市场经济。这种在“政府更好地发挥作用”下的市场经济，就是小政府市场经济即“理性的市场经济”。

在国家主义传统厚重的中国，走理性的市场经济道路绝不是可以轻松做到的。这需要一场艰苦而持久的体制改革。

大政府主义挑战改革

中国崛起的经验对于那些渴望能够像中国一样崛起的发展中国家来说，是一个有待深度开发的文化宝藏；对于中国自己来说，如何总结快速发展的经验，也紧紧地关系着中国继续崛起的路向选择。在这个问题上，一些关于“中国模式”的论述既代表了我们的自信，也代表了我们的迷惘。那么，“中国模式”到底是什么意思？

大家都知道，我们是以“摸着石头过河”的状态走上市场经济之路的。对市场经济的怀疑直到今天依旧盛行。其中，“新左派”到21世纪之初仍然在集中火力批判市场经济[①]。但不管怎么说，以市场经济为取向的体制改革从总体上还是健康的。从1978年到1993年改革的基本特点是“国退民进”，“小政府—大市场”的体制特征开始显露雏形。“国退”即国有企业在经济总量中的地位下降，国家财政收入在GDP中的比重下降，政府的直接干预减少；“民进”就是包括个体、私营经济、外资经济和股份合作经济在经济总量中的地位上升，市场调节作用上升，社会收入占GDP的比重增加。虽然这一时期的改革远远没有到位，经济体制远远不够完善，但它的基本趋势是通过做大民营经济、扩大市场调节以提高资源利用效率来驱动经济增长，所以它被经济学家许小年表述为“亚当斯模式”[②]。由于这一时期还没有“中国模式”概念，所以，国内外关于“中国模式”的论述，并非主要是指这一时期的经济体制。

---

① 马立诚：《当代中国八种社会思潮》，社会科学文献出版社，2012年，第72页。

② 许小年：《“中国模式”的变迁》，金融界网，2016年1月18日。

从1993年开始，经济体制改革在理论上依旧是市场化取向，但实际进程却是政府权力和国有经济在地方上大幅度收缩的同时，以更强大的力度在中央增强，通过“抓大放小”，战略资源向中央国有企业集聚，逐渐形成强势化的中央政府和强势化的国有经济。在1997年的亚洲经济危机中，中央政府为了“救市”，实施了积极的财政政策，进行了第一次大规模的财政刺激。到2008年，面对全球金融风暴，为了应对市场需求下降，中央政府出台并实施了著名的“四万亿计划”。在它的强大刺激下，中国经济在全世界普遍的衰退中“风景独好”，并成为世界经济的火车头。正是在这样一个时刻，这种既区别于印度自由主义经济，又区别于斯大林主义模式的“中国经济模式”被创造出来，并收到铺天盖地的赞誉，俨然成为新世纪经济发展的典范模式。因此，所谓“中国模式”是大政府主义的市场经济模式，是通过增加资源投入来驱动经济增长的模式，也就是许小年先生说的“凯恩斯模式”。[①]

1. 大政府主义引爆发展危机

“大政府主义”体制，以政府强势为依托，“拥有异乎寻常的资源汲取和动员能力，想干就干”。“这种能力恐怕只有中国政府具备”[②]。在西方国家为修建一个新机场、一条高铁搞得焦头烂额、历久不成的时候，中国却在很短的时间内在全国普及了高速公路和高速铁路，现代化机场不知建了多少。正因为这样，这种体制的最大问题是，政府过于强势，必定要压缩和排挤市场调节功能，并破坏市场的自律机制和自我平衡机制，让资源配置畸形化。特别是在中国这样的大国，政府不可能是“铁板一块”。有中央政府，有地方政府。在中央政府中，还有许多部门；在地方政府中，还有省、市和县、乡镇几级。中央政府的每一个部门、每一个省级政府和中心城市政府（地级）都有自己的特殊利益，因而也都是一个资源配置中

① 许小年：《“中国模式”的变迁》，金融界网，2016年1月18日。

② 许小年：《“中国模式”的变迁》，金融界网，2016年1月18日。

心。甚至东部地区的县、乡级政府也有投资能力，因而也是一个资源配置中心。似乎可以说，作为资源配置主体的“政府”，全国有数百上千之多。这样，大政府主义的闸门一开，只要资源汲取能力和动员能力允许，凡是能够做大 GDP 的项目、能够有效增加财政收入的项目，凡是能够改变城市形象的项目，都被积极争取形成蜂拥而上的局面。当然，在这个过程中，中央是有政策的，一直强调协调发展；国家也有大项目管理制度，不是谁想上就可以随便上的。但利益是刚性的，政策是柔性的，争着上项目又有“发展是硬道理”在后面撑着，项目管理制度可以挡住守规矩的，却挡不住不守规矩的。所以，在大政府主义的市场经济体制下，没有重复建设和产能的严重过剩就怪了。

当大政府主义体制的甜头刚刚涌现时，人们当然看到了它的高效率，也必然情不自禁地为它欢呼。然而，它一旦被持续运作起来，就很难控制，并且会“撞墙”，搞得“头破血流”。这是因为，资源总是有限的，印发钞票总是有限度的，借债更不能是无止境的。再强的政府，也没能力把“投资驱动”永远持续下去。另一方面，市场虽然可以被创造，但在一定时间内总是有限的。在“资本边际收益递减规律”作用下，投入越多，收益率降低越快，最终归零，甚至出现负效益。当今中国经济的问题恰恰就在这里。由于前一时期投入过多，产能过剩，增加投资已不能推动经济增长。同时，供给大大地超过需求，价格绝对下降，企业利润普遍变薄和亏损，从而出现越来越多的停产和倒闭。这种大政府主义体制还推助了经济风险的积累，给未来的中国经济留下后患。在壮观的高速铁路、高速公路和其他政府项目的背后，则是政府债台高筑、银行的大笔坏账和大量难以消化的房产库存。

因此，今日中国经济之难，产能过剩，高库存、低增长，乃大政府主义体制之过。只要大政府主义体制不去，中国经济的这种病灶就不会消除，中国崛起就难以实现。

2. 大政府主义体制的本质

值得高兴的是，中央关于“让市场对资源配置发挥决定作用”的意见对大政府主义体制有着强烈的针对性，国务院推进行政审批制度改革、大量下放和取消行政审批事项的努力更是对大政府主义体制的实际改革。但总体情况是不容乐观的，因为大政府主义的产生具有根深蒂固的历史和文化原因。

大政府主义就是国家主义。大政府主义体制所坚持和延伸的实际上是延续千年的国家主义体制和价值观。大政府主义之所以能够在改革大潮中逆势而上，是因为我们的改革一直没触动国家主义。

中国曾经是市场经济的先锋国家。但自商鞅在秦国变法以来，中国却长期地驻足于非市场甚至是反市场化的道路，并形成了一套反市场经济文化。其荦荦大端，就是国家主义。在改革中，人们总是有一个思维惯性和行为惯性，那就是把发展的一切希望都寄托于国家和政府，把所有矛盾和问题皆归责于国家和政府，解决所有问题都倾向于付诸国家和政府手段。在那些率先“下海”的人们感觉中，似乎有一堵看似不见而实际上又无处不在的高墙，让人欲进不得，欲罢不能。这种习惯、这座“高墙”，都是国家主义。人们在总结和表达“中国模式”时过多地突出和无原则地褒扬政府的作用，也是国家主义的一种反映。

国家主义是中国传统政治体制的一个基本特征，也是由传统政治体制的长期运行而生发出来的一个政治价值观。在国家与社会的关系上，中国传统政治体制以国家为本，即以国家政权为本。在那里，社会、民众的价值地位，最好也只不过是“用”，即工具。比较开明的唐太宗把民众比之于水，认为“水可载舟，亦可覆舟”，就清楚地表明了这一点。国家为本、社会（民众）为用的政治体制和价值观，使中国古代的主政者无不集权于上，并以国家政权体系的权力（皇权）和利益（皇室、皇族及其政治和社会基础）最大化为取向，继而千方百计地限制和固化社会。中国的商品经济即市场经济历经多次繁荣而不能持续下来，并始终不能走近和跨越工业化的门槛，国家主义的集权和固化是一个基本原因。

这里，我们可以做一个简单的比较。处于公元 11 世纪的宋代是古代中国商品经济发展的一个高峰。在同时代的西欧，强大的基督教势力和国王、贵族官员、土地所有者都不信任商人，宗教人士甚至说“商人难以取悦上帝”。但是，在国家与社会的关系上，他们并没有因此走回头路。《中世纪欧洲经济社会史》[①] 介绍说，从 10 世纪到 13 世纪，在西欧城市经商是自由的。诸侯、驻节主教、市政管理者“都不曾在控制商业活动方面做过尝试”。政府和地方王侯都保护商人。“商人就像基督教香客一样，受到他们所经过地区诸侯的特殊保护”，设立路警，打击劫匪，以便把商人吸引到自己的统治地区。由此开始，西欧商业走上兴旺之路，并领全球之先发生工业革命，进入工业化时代。反观我们中国为什么没有与西欧同步前行呢？王安石变法是一个具有重要指标意义的历史事件。开始于宋熙宁三年的这次变法以富国强兵为目的，推出了均输法、青苗法、市易法、免役法、方田均税法和保甲法等十四大改革措施，致使朝廷财富大量增加，财政扭亏为盈，同时修建了可灌溉 36 万亩农田的水利设施 10000 多处。但这次变法加剧了社会矛盾和朝廷内斗，搞得举国上下风雨飘摇，几近崩溃。之所以如此，是因为这次变法与西欧社会变革的路向相反，走的是更加强悍的国家主义路线，“依靠加重集权和政府包办的方法解决财政困境，不可抑制地走上了剥夺民间财富的路径，大大加重了民众的负担”[②]。中国古代的国家主义对社会的束缚和剥夺已经相当严酷。王安石改革团队不思为社会减压，反而把国家主义推向峰巅，其历史意义是倒退的，其失败是必然的。发生于 19 世纪后期的洋务运动，虽开近代中国对外开放和引进之先河，但因为它走的还是国家主义路线，官办官营，没前途和半路夭折是必然的。

到了 20 世纪初，以孙中山先生为代表的革命志士提出了人民主

---

① ［比利时］皮朗：《中世纪欧洲经济社会史》，上海人民出版社，2014 年。

② 马立诚：《历史的拐点：中国历朝改革变法实录》，浙江人民出版社，2008 年 1 月。

权的理念。这应当是一个对国家主义具有颠覆意义的思想主张。但中国的国家主义文化积累实在过于厚重，以致人民主权思想的产生并没有阻断国家主义的延续。混乱的民国时期自不必说，即使到了新中国，以全心全意为人民服务为宗旨的中国共产党执政也未能跳出国家主义的窠臼。高度国家化的经济和政治体制就是一个国家主义产物。党领导下的政权体系全心全意地为人民服务，人民心悦诚服地被国家服务，在服务与被服务中，人民的历史主体地位被消解了。这样一个强大的国家主义传统，当然不能在改革开放中自然地销声匿迹。它一定要以各种形式千方百计地表达和实现自己。

第一，热衷于国家包揽。以为人民服务为宗旨，让中共及其领导下的国家政权体系拥有无限责任 。而国家主义的强大影响则把这种无限责任变成国家无所不包、无所不揽。在国家主义的思维定式下，社会发展的所有事情都是国家的事情，都需要由政府来办。特别是国家对各种经济资源实施垄断式管理，地方政府甚至直接配置资源，倾主要力量抓投资、上项目。国家和政府有高度的责任感，这当然不是坏事。我国能够成功崛起，得益于国家责任和政府责任的强大推动。但国家不能替代社会，国家也远非万能。国家大包大揽，必定要排挤社会和民众的主体地位，压制市场机制的发育和成长，损害社会活力和市场调节、民众积极性和创造性，束缚市场功能的有效发挥。目前我国经济结构的严重倾斜、产能的严重过剩即是由政府直接配置资源造成的。吴晓波的《激荡三十年》记述了中国民营企业成长发展的艰难历程，也记述了中国政府转变职能的艰难转型历程。在这个过程中，国家主义作为国家和政府的精神包袱，驱动着国家和政府管了许多应该交由市场去“管”的事。国家和政府的委屈只能从“去国家主义”的改革过程中得到解脱。

第二，热衷于高筑行政“堤坝”。从改革开始，到国务院正式启动行政审批制度改革这 20 多年的时间里，从中央到地方，各级政府共设置了多少行政审批事项呢？在国家层面，各部门设置的行政审批至少在 2000 项左右；在地方，省级政府及其部门设置的行政审批大约在 2000 ~ 3000 项，甚至更多。按照国家《行政许可法》，这些行政审批有的是必须设置的，但其中的大部分是可以取消或下放基层政府或委托地方政府、中介机构实施的。虽然中央和国务院在积极倡导和推动这项改革，但我们看到，一些地方、一些部门、一些公务人员仍然对这些行政“堤坝”“死看死守”，不到万不得已决不放弃。有的地方甚至行政审批项目“越清理越多”“越下放越多”。这显然是国家主义政治文化传统和积习在作祟。他们不信任民营企业，也不信任市场，因而担心市场之水一旦泛滥可怎么办。当然，这种“死看死守”也是对一种利益的坚守。如同历史上那些官吏一样，他们把国家对社会超常力度和方式的管制作为自己利益的源泉。过多过滥设限，阉割市场，市场功能就永远健全不了、健康不了，市场经济就会永远是一种病态。

第三，热衷于国营官营。我们既要藏富于民，也要集富于国。国有是国家整体力量的集中表现，也是表达全民利益和意志的重要物质基础，所以国有不能否定。但国内外千年经济史反复证明国营官营是一个非常低效的经营方式。对国家的经营性资产实施委托经营，由民营企业按照市场经济规则去运营，是国企改革的正确思路。不能把国有作为国营的由头，也不能借口维护工人阶级的主人翁地位（这是政治制度问题，后面将论及）拒绝国企改革，维护国营和官营。但持有国家主义思维的人总是视国有企业为嫡系、以国营官营为正宗，认为国有企业才是国家自己的企业，国营才是经济发展的正途。他们甚至认为民有民营是异端异类，发展民营经济是权宜之计。现在我们这样评论，似乎让人感到有些匪夷所思，但在改革开放前和改革开放初期，许多人确实作如是之想。所以，当国家政策放开，民营经济如火如荼地发展的时候，不少人还是对民营企业冷眼相向，并一心想着做大做强国有企业，给国有企业特殊待遇和政策，对民营企业放手不管。这种情况，在东北地区更为突出。一些政府官员和国企干部不屑于借鉴民企的灵活机制从体制上机制上把国企搞活，顽固坚持传统的国营机制，醉心于从资金、技术、项目上去做大国企。他们这样做的结果，一方面让实际上蒙受歧视的民营企业举步维艰，另一方面就是让国有企业越来越在市场经济的大环境中水土不服，从而导致国企和国有经济的问题越来越大。这就是东北老工业基础坍陷和落伍的基本缘由。在国有企业已无路可走的情况下，大量国有企业的仓促改制，又让东北地区尚存的国有资产存量优势荡然无存。就全国而言，国有企业仍然是改革相对滞后的领域。国家主义思维在保护国有企业和国营模式，让以市场化为取向的改革屯兵于高山与坚城之下难以施展。

大政府主义即国家主义还有一个很长期并至今犹存的表现，就是重农主义。

从齐桓公开始，直到秦始皇，再到明太祖及其后来者，历代君王都一以贯之地打击商人、限制商业，一个很重要的原因，就是他们都有一个重农主义的经济观。在他们看来，农业是“天下”的命脉和根本。农田荒芜，就会导致饥荒和动乱，危及社稷稳定。只有农业兴旺，才能四海清平，天下安定，这本来不错。但这种经济观却极其错误地把农业与商业对立起来，视商为“末”，严酷地限制和打击商业，同时也必然地单纯以国家的强制力来巩固和稳定农业即“固本”。这样一个重农主义千方百计地把农民强制性地固定在小块土地上。到朱元璋时期，弃农经商已是严重的违法行为，必须逮捕法办。

重农主义的经济观和政治观，肯定有其经济合理性和政治合理性。在他们生活的那个时代，农业的根本性产业地位是不可替代和不可动摇的。同时，低下的劳动生产率也需要通过农业劳动力在农田上的堆积来维持和支撑粮食产量的稳定。

但是，中国历史上的重农主义政策实在过分。他们对粮食生产安全的高度重视，以及由此而来的对商业及手工业的强大限制，把古代中国经济结构长久地固化了，也把低下的农业劳动生产率固化了。在重农主义的经济结构下，用以提高农业劳动生产率的新式农具、新耕作方式、新的种子技术都难于开发出来。于是，古代中国便陷入了一种循环：越是抑商和限制农业和社会分工，农业劳动生产率越是持续低下；农业劳动生产率越是持续低下，越需要王朝抑商和限制农业和社会分工。我认为，这个循环已经延续到20世纪70年代。那时，已经非常贫困的农民外出做一点儿小买卖都是不允许的。本人作为被组织派到农村生产队开展基本路线（以阶级斗争为纲）教育的工作人员，就曾参与过与所谓“投机倒把分子”的谈话。可见，中国的重农主义传统之重，即使历时千年都不能放弃。

现代重农主义与传统重农主义的共同特点是，对粮食安全风险有着超乎实际的警惕，对化解粮食安全风险习惯于绕开市场调节单纯依靠国家的强制力来实施。所不同的是，现代重农主义有着工业化和全球化的视野，对粮食安全风险的警惕和恐惧更多元、更复杂。于是，我们看到了一些体制性的返古现象。

第一，农民再次被固化在小块土地上。改革开放即向市场经济体制转轨，赋予农民以在市场上流动并自主择业、自主发展的权利，农民既有继续务农的自由，亦有外出经商和进城务工的自由。这个体制改革极大地促进了中国农业劳动生产率的提高和城市化的高速推进。但出于对粮食安全的担忧，国家开始将大量财政资金投放到耕地上，实施免税和农业补贴。这虽然增加了农民的收入，但却把已经从农村走出去的农民再次从城镇拉回来，重新务农。不回来的农民，实际成了“地主”，坐收土地收益。在这项政策的实施中，国家投入巨大，但并没有促进粮食增产，缓解所谓的粮食安全风险。我们不妨设想，如果把这笔资金投入到粮食生产上，就会直接使实际从事农业生产的农民增加农业投入，提高粮食产量。如果国家制定和实施这项政策的目的就是为了增加农民收入，那么，完全可以从产业化扶持和济贫两个方向着力。这样至少可以不与市场化、城市化的改革大趋势相背离。

第二，大量粮食在市场外沉淀陈化。在我们这样一个大国，对粮食安全问题的关注一日不可懈怠。但绕开市场调节，单纯由国家以行政力量保障粮食安全，必然重蹈历史上重农主义的覆辙。自

2008年以来，国家为了粮食安全，实施了玉米等大宗粮食品种的仓储补贴政策，从设施建设到收储入库，从收购到销售，都由国家定价和补贴。这项政策再由国家粮食专储企业系统执行，就完全排除了市场的调节作用，形成粮食的市场外堆积。各类粮食仓储企业竞相争夺仓储指标，争夺国家补贴，把专储政策演变为市场外的利益争夺，有的地方甚至演变为腐败大餐。由于国家定价过高，甚至每吨已高于国际市场1000元人民币，加工企业不愿意高价买入，国家为了不赔钱又不愿意低价出售，致使库存粮食居高不下。据了解，各主要粮食主产区省份的库存粮食都超过了1000亿公斤。这不仅造成了财政资金和粮食资源的巨大浪费，而且造就了一个以吸食国家粮食补贴为生的企业群体。一旦国家调整粮食安全政策，这又是一个巨大的社会问题。

第三，粮食市场进一步扭曲萎缩。主要品种的粮食大量地经国家粮食专储公司及受它们委托的企业仓储和流通，并高存量地滞留，必定会造成主要品种的粮食市场萧索，流量不足，生意惨淡。目前，一些粮食现货市场和期货市场或关门停业，或伺机转移。相对而言，粮食市场比较正常和繁荣的是国家放开的小品种市场。国家放开，不仅没有导致小品种粮食的短缺即不安全，反而由于流通顺畅，没有发生大的浪费。两相比较进一步证明，以排斥市场为基本特征的重农主义，不是好办法，大政府主义没有前途。

3. 大政府主义的内驱力

在我们今天的政治制度下，大政府主义在本质上与过去有很大的不同，为人民服务，为人民做事，加快国家现代化建设是许多大政府主义者的真实情怀。但从动力上看，今日的大政府主义与过去相比亦有一些相同之处。

（1）责任驱动。在历史上，国家之所以被创造出来，既是阶级统治的需要，也是拯救社会的需要。既然社会不能自理，也不能有效地抵制外患和自然灾害，那么，就一定要通过国家和政府去做社会所无法有效打理的事情。所以，无论是国家政权整体，还是坐在政府岗位上的精英大都有一个心理定式，那就是自己比社会、下层民众更有责任心、更高明，政府管理一定比社会和市场的自我约束、自我调节更有效。这种自我“高大上”驱动着政府总是习惯性地强化自己的意志，并把自己的意志强加给社会和市场。越是有责任感和使命感的政府，越容易张扬自己的意志，其大政府主义倾向就越强。在中国，以中共为核心的政权体系有着其他政权体系无可比拟的责任感和使命感，所以，大政府主义倾向也是很出众的。

（2）官员利益驱动。不论实行何种体制，政权体系都要由活生生的人组成。这些人的职业生涯、权力和利益就在政权的执政行为当中。他们可以宣示没有自己的特殊利益，但实际上他们是作为一个实实在在的利益集团而存在的。基于自身的利益，他们一定会在可能的情况下把政府的权力和权利做大，并利用政府权力把政府工作人员的待遇做优。这就是官员与他所供职的政府在利益上的共生性。历史上，大凡某个衙门权力旁落，在那里供职的官员都要生发出“门前冷落车马稀”的悲叹。所以，官员集团需要大政府和大政府主义，或者说，官员集团的利益是大政府主义的重要内驱力。历史上和当今时代的“廉价”政府、小政府不是那里的官员有什么特异之处，而是基于制度的制约。中国没有相应的制度，大政府主义就不可避免。中国政府大楼的豪华、气派与美国政府办公楼的相对寒酸，不是源于人的不同，而是源于体制不同。在中国，政府想建办公楼，就可以建，想建什么样就建什么样，这完全是政府自己的事情。而在美国，这是需要议会审议和批准的。

（3）腐败驱动。在大政府主义汹涌的时期，许多身在第一线的官员一点也感觉不到投资过度、产能过剩正在加剧的严重危机吗？比如说，在今天的收入水平下，城市人均住房面积充其量也就是40～50平方米吧。再考虑到每年城市新增就业人口，一个城市对房产的基本需求到底有多大，其增长率有多高，也应该大体清楚吧。但是，许多城市房市的供给已超过了20%、30%，甚至50%，政府的相关职能部门和官员们却还在那里推波助澜。为什么会出现这种不可思议的现象？这不外乎国家主义集权于上，责任亦集中于上。这种体制给予官员的一个惯性思维就是不负责任，天塌下来有上面顶着，而他们自己却可以收获其中的好处。比如说，在古代，有上谕要征讨匈奴、要修长城、要修运河，这就需要逐户摊派军饷和工程费。于是，地方一些官员就借机中饱私囊。在今天，只要有报批之类的行为，就一定不同程度地存在权钱交易，一定有多多少少的灰色利益。

情况证明，大政府主义越是高发，行政权力就越是泛滥，腐败的问题就越普遍和越严重，并形成作为行政权势吞食腐败利益的权贵集团。在政府债台日益高企的同时，已经有巨额黑色利益和灰色利益进入腐败者和他们同伙的腰包。反过来，腐败势力和权贵集团也需要大政府主义和国家主义为自己提供获取权力寻租的机会和便利，大政府主义是他们的温床和鸦片。所以，改革以来，大政府主义的每一次发作都成了腐败势力和权贵集团的一次盛宴。任由腐败势力和权贵集团影响国家决策，大政府主义就不会休息。

（4）官僚主义驱动。许多政府官员们不懂市场经济，对市场经济甚至心存畏惧。所以，他们对深化市场取向改革、建立比较完善的市场经济体制有着莫名的反感，回归大政府主义便成了他们的本能。他们习惯于依仗权力，更非常热爱权力，热衷于使用权力并享受其中的快乐。所以，在思想理论上他们总是夸大政府“有形之手”的作用。张维迎教授在《市场的逻辑》[①]一书中所列举的“当前中国社会的反市场现象”，就有对他们的表演的描述。

因此，大政府主义虽然很堂皇，但并不美丽。在一些层面，不但不美丽而且很脏。

4. 大政府主义不可继续

大政府主义制造了严重的产能过剩和经济困难已经成为一个不

① 张维迎：《市场的逻辑》，上海人民出版社，2010年。

争事实。但有人以为，是否可以减弱一下大政府主义的力度，甚至可以让大政府主义理性化一点呢？

一部当代中国经济史证明，大政府主义作为国家主义在市场经济环境下的体制表现，同时作为一种病态的经济发展方式，一旦生成就会按照自己的内在机理和规律去运行。它不会因上面的指导和外在的劝诫有所改变。能够改变和制止它的，一是它自己，正如我们现在所看到的，汲取和动员资源的能力严重衰竭，同时市场空间不能提供继续支持，它就玩不转了；二是釜底抽薪，也就是我们现在所看到的，通过改革和强力反腐，减少权力设置和改变权力运行规则。

2002 年，第十六届中央委员会开始工作不久，就提出了科学发展观。科学发展观的要义之一，就是坚持协调发展。然而，正是在这一时期，大政府主义把中国经济拉上了严重不协调的轨道，让“可持续发展”变得难以持续。因为科学发展观强调“协调”，于是，一些部门和官员就为了“协调”大量设限和插手，在科学发展观的名义下与科学发展观反向而行，“贯彻”的是科学发展观，破坏的也是科学发展观。任何改进经济运行质量和效益的政策，都会给大政府主义提供机会。所以，大政府主义同所有经济体制一样，固然有其可塑性，但其内在机理和运行规律是不可改变的。大政府主义一日不去，中国经济就难有一日健康。即使不发生严重产能过剩这种极端情况，它作为国家主义在市场经济环境下的一种体制也会严重压缩市场机制、破坏市场功能、束缚社会成长，把经济和社会发展低效化和低质化[①]。

当前的房地产市场是大政府主义不可持续的重要佐证。政府越是强势限价，投机冲动的积累越快，从而孕育着更疯狂的涨价。每一轮限价与放开都是在作这样一个循环，从而推助房价节节上升。如果政府能够把房产定价权完全交给市场，即不以行政管制的方式

① 郎毅怀：《从国家主义到民本主义：中国政治的体制与价值观》，中国发展出版社，2014 年。

为市场投机“制造”空间，那么，房价上涨是很难疯起来的。所以，与其由政府限价，还不如政府以重税的方法抑制房市投机。从政策上管住了大资本投机的疯狂性，也就稳住了房市。

大政府主义不但解决不好经济问题，也解决不好社会问题。拥有数十名工作人员的乡镇（城市街道）政府和拥有数百名工作人员的县（市、旗）政府为什么不能对群众的上访诉求进行认真的梳理，并对能够解决的问题予以切实解决、对应该解决但囿于权限和资源解决不了的问题积极主动地向上级汇报争取解决，以至于让群众不得不集体超级上访呢？一些不错的基层政府也这样做了，但上级政府的官僚主义又使这条依靠党政领导和管理系统上下沟通、协调处理的工作机制走不通。于是，我们看到，越级集体上访屡禁不绝，以至于每逢重要会议举行之际都要调集大批警力维持秩序，如临大敌般地紧张。现在的农村已用不着干部们像过去那样催种催收，也用不着全体干部全员出动救灾赈灾和抓计划生育。我们真不明白基层干部不投入时间和精力帮助群众解决问题，还有什么可做的？他们在大量的工作时间里都在忙啥？

所以，一定不能让大政府主义继续下去了！

我们现在要做的，就是彻底铲除大政府主义赖以生存的“理论”基础。英国剑桥大学教授彼得·诺兰在《处在十字路口的中国》中认为，中国走的是“第三条道路”，而且2000多年来一直在走。在这条道路上，国家与市场是一种“共生关系”。在他看来，中国的探索作为对美国主导的全球自由市场原教旨主义的一种替代选择，将促进全球生存和可持续发展。按照他的说法，当代中国不是在改革，而是在固执地延续自己的历史；当代中国不是站在现代化的维度上重构国家与市场的关系，而是沿用传统的国家主义管束市场经济；当代中国的体制与美国为代表的西方市场经济体制是一种完全对立的两极关系。我们不妨想想看，他所理解的中国道路是什么样的道路？显然是国家主义，是大政府主义，甚至是比大政府主义还要旧的国家计划经济。他在这里帮助我们总结的并不是中国改革的基本经验，他的结论也没有真正反映真实的中国崛起的“真经”。他所讴歌的，还是置市场机制于不顾的强势政府。

非常遗憾的是，我们许多人接受了此类误导，更加相信强势政府的魅力，寄希望于大政府主义完成中国崛起。所以，我们中的许多人在继续发展的路径选择中陷入了迷惘。

大政府主义体制固然有很高的效率，可以集中力量做我们要做的事情。但有大政府主义在，就不会有健康的市场机制，没有一个健康的市场机制，国民经济的健康、协调和可持续都是不可能的，已经显现的经济繁荣也不可能有远大的前途。所以，现在很需要进一步为市场经济体制“正名”。

经济繁荣唯市场道路可走

1. 市场经济绕不开、跨不过

纵观整个世界史，我们不难发现，任何民族和国家都有过商品经济的历史，或者说，所有国家无不从商品经济或市场经济的历史中走来。同时，无论它们的历史有多么曲折，其文化传统有多么独特，在越来越高度化的全球化的影响和推动下，为了各自的生存和提高国际竞争力，无不在一定程度上接受市场经济文明，走市场经济道路。在这样一个大趋势中，较早接受市场经济体制的国家一般都发达于较晚接受市场经济体制的国家，主动接受市场经济体制的国家一般都发达于被动接受市场经济体制的国家，接受市场经济体制程度较高的国家一般都发达于接受市场经济体制程度较低的国家。这其中的机理在于，经济活动是人的活动，而市场经济恰恰是适应和依照人的本性打造出来的。人具有生存和发展的内在需要。人要获取生存和发展所需要的物质和文化资料，就必须向外索取，这是生存和发展的需要赋予人类的本性和本能。如果把这种本性和本能概括为“自私”，那么，人越是靠近生存底线、贴近生存危机，人就会越“自私”。在现代社会，人的素质已经有了很大提升，但由于竞争的加剧，生存资料和发展资料的获取越来越远离天赋性，人的“自私”正变得越来越强烈。市场经济体制充分尊重人的这种“自私”性，并为其“搭建”了得以实行和实现的平台，从而就把人的“自私”、把人的各种欲望转化为社会生活中最宝贵的资源，即发展动力。

第一，市场经济具有强烈的自主性和内生性，企业也好，经济人也好，都是一个利益主体和竞争主体，都有从事生产和竞争的利益冲动。在这里，经济发展的动力是内在的、“天然的”，无需政府号召和动员，只要竞争的环境是公平的，就没有必要担心人们懒惰。从这个意义上说，市场经济是活力经济、是自动经济。

第二，市场经济就其本性来说是开放和无边界的。市场经济可以像水、像空气一样渗透到每一个有人群生活的社会角落，把所有经济活动都纳入一个一体化的平台，实现资源最可能合理的流动、最可能好的组合、最大可能的节约和配置。在所有经济形态中，市场经济是比小农经济、贵族经济、地主经济、领主经济、官僚经济等都阳光、都公平、都有效率的经济。

第三，市场经济具有强大的竞争性和选择性，无需政府组织、评判和奖励，资源和财富会自动向强者流动。由此形成的竞争压力无时无刻不在促进创新，让弱者走向强者，也让强者更强。所以，市场经济就其本性来说，它是创新型的经济，也是持续升级型经济、后劲充沛的经济。

第四，现代市场经济并不排斥合乎经济规律的计划。一般地说，市场经济具有自发性特点。但随着经济规模的扩大，经济主体文化素质和经济活动科技含量的提高，市场经济运行也越来越揉入科学理性和计划性的元素。国民经济的中长期计划和企业的年度计划，只要遵循价值规律、接受市场信号的引导，就都属于市场经济的范畴。

由此，我们可以说，在人类文明的全部成就中，市场经济体制是一个最基本、最重要的成果。它能够把社会中蕴藏的巨大创造力激发出来，是社会经济发展和繁荣的永不枯竭的源泉。一个民族国家要实现经济繁荣、走向强盛，离开市场经济体制是不可思议的。那些企图绕过或跨越市场经济的社会发展理论都无异于痴人说梦。

当然，市场信息也会失真，市场经济秩序也会倾斜，市场竞争的链条也会断裂，市场信号也会混沌，市场调节也会失效。在我国这样一个发展很不平衡的大国，市场经济体本身是倾斜的，市场的自我调节机制的成长和运行具有小经济体所不具有的艰难性，因而需要国家和政府的管理和规范。但从古而今，一直没有什么别的经济体制具有它所具备的基本优点，因而也没有什么别的体制可以取代它作为基本经济体制的地位。

2. 市场经济中断导致发展徘徊

在中国历史上，多次出现过市场经济带来的繁荣。“贞观之治”是一个国家主义的说法。这个说法是从国家政权对社会实施治理的角度来表达经济繁荣的。但如果从社会发展的角度来表达，我们可以将其称之为“贞观景象”。唐贞观时期，太宗李世民主政。由于直接目睹了隋末盗寇如麻的景象，并直接参加了隋末争战，李世民对国家政权与社会的关系有着比一般君王深刻的政治洞见。他说，“君依于国，国依于民。刻民以奉君，犹割肉以充腹，腹饱而身毙，君富而国亡”。由此，他提出了“为君之道，必须先存百姓”的予民休养政策，从而为商品经济即市场经济让出了很大空间。到贞观四年，全国农业大丰收，土地大量荒芜、农民大量“亡命山泽”的局面不复存在，出现了“商旅野次，无复盗贼”，“牛马布野，外户不闭”等“古昔未有”之景象[①]。

中国古代另一个繁荣时期是宋朝。清末学者王国维认为，“天水一朝人智之活动与文化之多方面，前之汉唐，后之元明，皆所不逮

① ［唐］吴兢:《贞观政要》，北京联合出版公司，2015 年。

也”[①]。当代国学大师陈寅恪也说，“华夏民族之文化，历数千载之演进，造极于南宋之世”[②]。两位大师对宋代高度评价的根据当首推“四大发明”中三项——指南针、火药、印刷术皆产生于宋代。据《中国科学技术史》[③]介绍，宋代的数学、天文学、冶炼和造船技术、兵器技术在当时都处在世界一流水准上。宋人甚至还懂得用活塞运动制造气流，并据此发明了风箱。这一技术传到欧洲，英国人才发明了蒸汽机。宋代企业规模之大，达到了历史的峰巅。当时的冶铁中心徐州有 36 个基地，5000 ~ 6000 名工人。据经济史学者哈特韦尔计算，公元 1080 年前后，中国的铁产量可能超过了 700 年之后欧洲（不包括俄罗斯）所有地区的总产量[④]。宋代的繁荣，很重要的一个原因，就是因为宋太祖赵匡胤等主政者与李世民一样都是明白人。他们知道，为君当国，不可竭泽而渔。宋代的经济政策是中国古代最宽松的，市场是最发达的。南宋吴自牧所著《梦粱录》记载，当时的粮食流通领域已有了精细的社会分工，从货物收购、运输、接货、定价、批发、搬运、零售，直到结算和支付货款，都有专人负责，形成了成龙配套、井井有条的严密组织系统。史学界的公论是，以民营工商业的整体而言，宋代已达到历史的最高峰。资本所有权与经营权的分离，股份制合作公司的产生、纸币的出现、定金制度的应用、职业经理阶层的萌芽等都发生在宋代。

如果说，唐宋之繁荣是因为主政者开明而不自觉地为市场经济让出了一定空间，那么，明万历和民国时期则由于专制强权的颓废而导致市场经济的短期繁荣。明万历时期，国家职能严重涣散、专制体制至为松弛。神宗皇帝 20 年不上朝，国家机构严重缺员，职能近于瘫痪。万历三十五年（公元 1607 年）在中央六部，尚书、侍郎即部长和副部长加起来只有 4 人。礼部没有尚书，户部只有一个侍郎，工部尚书、侍郎都没有，只有几个郎中（相当于今天的司局级

---

① 王国维：《宋代之金石学》。

② 陈寅恪：《邓广铭〈宋史职官志考证〉序》。

③ 李约瑟：《中国科学技术史》，科学出版社，1990 年。

④ 吴晓波：《激荡三十年》，中信出版社，2015 年。

干部）顶着。按照以往的制度，六部给事中（相当于中央派驻部门的监察干部）应该是50多人，都察院也应该有100多人。而这年六部给事中只有4个人，5个部没有给事中；都察院的十三道御史（当时全国13个省）只剩下5个人。至于地方，许多衙门没有官。因为专制职能严重废弛，国家对社会的控制大为弱化，农民和商人有了空前的自由，集市贸易迅速繁荣，资本主义经济发出了嫩芽。至于民国，那是一个国家对社会的统治相对薄弱、市场空间相对广大的时期。袁世凯和北洋政府以及蒋介石政权都未能实现对社会的全面治理。相对宽松的环境，使民营工商业迅速扩大，到1914年，全国口岸城市地方商会发展到1000多个，拥有会员达20多万人，到1918年仅海关和邮政人员便达27000多人；原始资本加速积累，到1926年现代性质的银行已经由1914年的17家发展到102家；城市化加速推进，到1919年城市产业工人队伍发展到100万～150万人，到1924年则发展到500万人；国民经济快速增长，从1912年到1927年，中国工业增长率高达15%。而1927年—1937年则被称作经济增长的“黄金十年”。

与这些短暂的繁荣相比，中国历史上经济的萧索则是非常长期的。以皇权为核心的国家专制主义体系根本不给商品经济、市场经济成长和发展的空间。对市场经济的专制性压制突出和集中在对工商业及其从业者的打击上。

（1）限制商人社会地位。秦孝公和商鞅仇视商人，严禁商人买卖粮食，秦始皇和李斯亦复如此。刘邦及其臣僚继续对商人实行压制政策，严禁商人穿丝绸衣服乘坐豪华马车，并提高对商人的租税；汉文帝规定商人不得入仕当官；李渊和李世民父子更是紧闭商贾从政之门，将其逐出主流社会之外，规定商人不得与君子“并肩而立，同席而食”；到了明代，朱元璋及其子孙视商人为国贼，“若有不务耕种，专事末作者，是为游民，则逮捕之”[①]。

（2）对商人进行围歼式政治打击。继秦之后，汉高祖刘邦把10

① 出自《明太祖实录》。

多万户富商与六国贵族后裔统统迁徙到关中地区集中监管；明太祖朱元璋于洪武初年把江南14万以富商居多的民众迁移到他的老家安徽凤阳。那些以商发家的巨姓大户离开故土后顿成离水之鱼，资产全数流失，数年之内或死或迁，无一存者[①]。定都南京后，朱元璋又先后两次把各地6.73万户富豪迁居南京，“大家富民多以逾其制亡其宗”[②]。这种强制迁徙和集中监管不仅一次次地把商贾阶级打入社会底层，而且一次次地打断了商业资本积累和发展的历史进程。

（3）垄断资源压缩经营空间。从齐桓公、管仲治下的齐国开始历代王朝都实行了寓价于税的办法，税收藏匿在商品里边，让人们看不见、摸不着，不知不觉就纳了税。其具体办法就是“唯官山海为可尔”，把山和海的资源垄断起来，实行盐铁专卖。这种国家专卖制度，虽然大大地增加了国家的财源，但严重地挤占了商人的经营空间和利益空间。汉武帝时，王朝又把酿酒业和流通业纳入国家垄断，形成国家经营体系。从此，民间商路大幅度地收窄，并一直延续下去几无更改。

（4）向有产者征收资产税。公元前119年，汉将卫青、霍去病率军再次与匈奴主力决战。同时，太行山以东地区发生大洪水，70多万灾民无以为生，四处流亡。在军费大增和紧急救灾的双重压力下，汉武帝设立资产税，是为“算缗”。“算缗令”规定，凡属工商业主、高利贷者、囤积商等，无论有无市籍，均需如实向政府报告财产数据，并纳税。凡2缗（1缗为1000钱）抽1算（200文），税率为10%；凡小手工业者，每4缗抽1算，税率为5%。为了排除对算缗令的抵制，王朝鼓励举报，凡敢于告发拒不执行算缗令的人，政府从没收拒令者财产中拿出一半作为奖励。此政策执行三年，国库大饱，但“商贾中家以上大率破”，民间资本大比率破产。

（5）滥立名目巧取豪夺。汉武帝征收资产税，是为抗击匈奴和赈灾，算得上“师出有名”。但在多数情况下，王朝增加对社会的剥

---

① 出自《清江贝先生文集》。

② 明代方孝孺评语。

夺，是为了应对皇族和官僚体系的浩大消费。所以，每朝每代都有许多巧取豪夺的名目。唐德宗时，王朝增设两个新税种，一是“间架税”，二是“除陌钱”。前者规定每栋房屋以两根横梁间的宽度为一间，上等房每间征税 2000 钱，中等房每间征税 1000 钱，下等房每间征税 500 钱，违者刑杖 60，罚钱 50 贯。后者规定，无论公私馈赠，还是商业收入，每贯征收 50 钱，相当于 5% 的税率。隐瞒 100 钱者杖 60，罚钱 2000[①]。这两项新税种弄得民众怨声载道，有的弃家出走，有的上吊自杀。

这个经济史也明白地告诉我们，专制皇权与市场经济、国家与社会的对立是贯穿中国古代史的一个基本矛盾。商品经济、市场经济就是在国家持续抑商的专制下艰难生存和延续下来的。专制皇权、官僚、军阀以及世族地主比西方贵族、王权、领主和封建行会更强大的破坏力反复地压制、阉割和摧毁着市场经济，使在汉唐之际就已经占世界经济总量三分之一的中国经济一次次地盛而复衰，徘徊不前，一直未能在西方之前进入工业化的门槛。从公元 1300 年到公元 1820 年，在这 500 多年的时间里，中国人均国内生产总值增长率一直为零，经济总量的增加全部来自人口的倍增。而这一时期，欧美列国相继实现了对中国的超越。从公元 1700 年到公元 1820 年，全世界经济增长率为 6%。其中，美国增长 72%，欧洲增长 14%。以皇权为核心的专制统治让中国这个智慧、勤劳且善于商道的民族在近代沦落为西方列强宰割的对象。可以说，反市场的专制体制误了中国。在这里，国家与市场之间呈现着一种尖锐的此强彼弱的替代关系，两者绝没有什么“共生”性。彼得·诺兰教授如果不是成心忽悠中国人，那么，他就是对中国古代史太无知了。

3. 取消市场体制南辕北辙

1949 年，新中国成立。依靠人民大众支持取得政权的中国共产党真心实意地想设计一套好的制度让中国尽快地赶上世界发达国家，

---

① 出自《资治通鉴》。

同时让人民大众尽快地过上好日子。但在新中国最初的30年时间里，中国与整个世界、与发达国家之间的差距越拉越大，人民群众的生活水平还有一定程度的倒退。对此，我们可以找出许多根源。但最基本、最直接的原因是在政策上取消市场经济体制，从而造成理论和政策初衷与实际状况的南辕北辙。

马克思主义对资本主义经济体制的批判、苏联式社会主义体制的暂时成功，以及当时西方社会的困苦和矛盾，都促使中国共产党人在中国经济体制的创建上另辟蹊径。很不幸，我们独自开辟的新路，乃是一条消灭和排斥市场机制的非正常发展道路。

当时人们理解，新民主主义作为一个可以容许资本主义因素存在的发展阶段，对于以共产主义为最高纲领、以社会主义为最低纲领的中共来说，只是一个过渡阶段。向社会主义阶段过渡只是一个时间问题；而所谓“社会主义”，作为一个高于新民主主义也高于资本主义的阶段和制度，是要取消商品经济的。于是，1952年下半年随着土地改革和恢复国民经济任务的完成，中共开始放弃“全面实行新民主主义的方针”和“再用10年或更长时间才向社会主义过渡”的设想，主张“从现在逐步过渡到社会主义去”，并形成了以“一化三改”为内容的“过渡时期总路线”。1953年过渡时期总路线开始实施，中国的经济体制由此背离市场经济这条人类经济发展的共同大道，经历了30年曲折时期。

（1）经济组织国家化——市场主体不再。国家对个体农业进行“合作化改造”，其实就是把农业和农民组织到国家体系中来。从1953年到1956年，经过短短三四年的时间，我国就从互助合作社、初级社过渡到高级合作社。到1956年年底，占全国农户总数96.3%的1.17亿农户加入合作社，其中加入高级社的占87.8%。但仅仅过了一年，到了1958年，又开始了“工农商学兵五位一体”的人民公社化运动。经过两个月，全国27个省、自治区中有12个100%的农户加入人民公社，10个省、自治区85%的农户加入人民公社。人民公社把农民集体经济组织与国家基层政权合为一体，由国家政权直接支配和组织集体经济的生产、经营和分配，管理集体经济的人、财、物和产、供、销。在这种体制下，集体经济组织没有自主权，实际上被国家化，成了国家的附属物。人民公社实行“一大二公”和行政化管理，它已经是一个“准国家经济组织”。农民加入了人民公社，就成了“国家的人”。与此同时，从 1953 年开始的“对资本主义工商业的社会主义改造”经过初级形式的国家资本主义阶段、个别企业公私合营阶段和全行业公私合营阶段，到 1956 年底全国私营工业企业的 99%、私营商业企业的 82.2% 实现了公私合营，成为实际上的国有企业和由国家直接经营、管理的经济组织。此外，占全国工业总产值 13% 的个体手工业也从 1953 年开始进行“社会主义改造”，经过手工业生产合作小组、手工业供销合作社和手工业生产合作社，到 1956 年底全国 91.7% 的城乡手工业者加入合作社。这些合作社即后来的集体所有制企业，被称作“二国企”，实际上也是一个“准国家经济组织”。

（2）经济活动计划化——市场空间不再。1952 年国家计划委员会成立，随后中央各部门、地方省级政府和县级政府、企业都成立了计划机构，形成了全国性的由上而下的计划管理体系。国家对国有企业和公私合营企业实行直接计划管理，由国家下达指令性指标；对合作社和私营企业实行间接计划即计划指导，通过经济合同、经济政策和经济立法把它们的活动纳入计划管理。“一化三改”完成后，国家计划范围越来越大，直接的指令性计划成为主要和基本的计划方式。这其中，粮食、棉花和油料作为主要农产品的生产，也由国家计划来安排。在此基础上，凡国家重点建设项目，都由国家集中管理，基本建设投资由财政部直接拨款，中央各有关部门从人、财、物的调度到设计施工、生产准备的安排一抓到底。地方基本建设项目，也由中央部门指定，设计施工任务由国家下达。在工业管理方面，先是由大区管理，大区撤销后分别由中央主管部门直接管理。到 1957 年，中央直接管理的工业企业多达 9700 多家。与这种“大计划”体制和条条管理相适应，从 1953 年开始在全国实行建设物资统一分配制度，关系国计民生的通用物资由国家计委统一分配，专用物资由主管部门平衡分配，统配和总管物资多达532种。在民用商品方面，实行了以计划为主的商业流通体制。从上到下建立的国营和供销合作商业体系，以国营为主渠道。对外贸易实行国家统制政策，进出口业务均由国家各级外贸公司负责。

（3）劳动管理统一化——市场激励不再。新中国成立之初，为了解决严重失业问题，国家实行多渠道、多形式的劳动就业制度。从“一五”开始，为了与高度计划的经济管理体制相适应，国家逐步扩大了统一分配就业的范围，对干部、工人、复员退伍军人、大中专和高校毕业生都实行国家统一分配工作，自行就业、自谋出路逐渐被统一分配所取代。由于国家规定对多余正式职工和学徒工不得裁减，统包统配和能进不能出的“铁饭碗”劳动体制随即形成。1956年国务院工资改革方案颁布，全国党政机关工作人员实行统一的等级职务工资制，事业单位实行统一的职务、职称等级工资制，国营企业按行业和企业规模分别制定各类职工的工资等级表，工人实行五级或八级的等级工资制。职工的定级、升级都按国家统一规定执行，地方和企业均无权处置。

这样，在新中国成立之初，本来已经欠缺发育的市场经济体制被彻底摧毁，致使社会生产力遭受严重破坏，工农业都以30%左右的速度减产，出现了工业用品和粮棉油全面奇缺，不得不凭票证供应。到1960年，城乡人均粮食消费量由1957年的203公斤下降到163.5公斤，减少了19.4%。其中，农村人均消费量减少了23%；人均植物油消费量由2.4公斤下降到1.85公斤，下降23%；猪肉人均消费量由5.1公斤下降到1.55公斤，下降70%。由于严重饥饿、营养不良，全国许多地区相当普遍地发生水肿病，死亡人口大量增加，仅1959年到1960年全国人口净减少即达1000万人[①]。在这长达二三十年的艰辛跋涉中，中共和人民政府已经尽了全力，对国民

---

① 王博、孙东海主编:《中华人民共和国经济发展全史》，中国经济文献出版社，2006年。

经济进行了反复的调整和整顿，力图改善经济运行，克服持续加剧的困难。但一切艰苦的努力只是暂时缓解了困难，并没有解决困难。实践证明，排斥市场经济体制，即使在共产党领导下也会遭遇经济规律和历史规律的严重报复。脱离市场经济体制这个通向经济繁荣的人间正道，中国持续贫困是不可避免的，富强和崛起是不可能的。

市场体制力推中国经济崛起

中国回归于市场经济的人间正道是通过中国共产党领导下的改革开放实现的。最初的改革纲领就是“放开搞活”。“放开”，就是收缩政府管制，为市场经济腾出空间，让市场经济迅速成长，让市场机制更多地发挥激励和调节作用；“搞活”，就是改变乃至破除僵化的计划管理体制，增强经济活力。于是，市场经济体制在全国的范围内以前所未有的力度成长起来。这是改革造就的体制上的最大变化，也是中国经济进入崛起轨道的根本原因。从此，中国一改沉寂面貌开始生动并快速发展起来。

1. 市场体制唤起人的积极性

与计划经济体制根本不同的是，市场经济体制一经启动，就以自己的开放性给了中国所有有公民权的成年人和青少年以自我选择权和广阔的创造空间；而其强大的利益驱动机制则强烈地刺激着人们的经济神经，几乎把所有人都动员到自主创业和市场竞争中来，让人们最大限度地发挥自己的才智，积极谋求更多的收入和更好的社会地位。市场经济的这种动员和驱动作用是计划经济时期的政府无论如何也做不到的。所以，我们看到，尽管当时的市场经济在体制上具有很强的草创性和初级性，但很快就把体制外和处于计划体制边缘的人群和力量动员起来。农民们再次把劳动经营作为自己的事业，让低产的农田焕发出高水平的产能；城镇闲散人员和虽有职业但实际待业人员或拿出家底，或向亲友拆借，用有限的资金做起了属于自己的生意；许多体制内人员亦禁不住市场的利益诱惑纷纷“下海”，一展在体制内岗位上无从发挥的才能；不少海外华侨和侨胞也带着资金回母国创业；一些外国企业也鉴于中国市场的巨大潜力来华投资、发展。由此形成的中国非国有经济，到今天已超过国有经济成为中国 GDP、财政收入和就业岗位的主要提供者。其中一些佼佼者已走向世界，成为跨国企业。没有市场经济体制，就没有这个强大生产力群体的生长和发展。2013 年，中国非国有国营企业已达到 220 万户。

非国有经济的崛起，让中国的市场经济显现无穷活力，从而也让中国的国有经济在机制和效率上更加相形见绌，体制内的懒惰和悠闲再也不能继续下去了。于是，对国有企业进行市场化改革便成为市场经济救中国的“攻坚”战役。在今天看来，这场攻坚战并不彻底，其中的问题可能不少，但通过改制、改组，整个国有经济体系的运营质量和效率明显提升，市场经济体制让冗员充斥、效率低下的国有经济开始焕发青春，先前那些生活在体制内的人们同样开始面对市场竞争，并重塑自己。约占全国企业总数十分之一的 20000 户国有企业仍不失为中国民族经济的脊梁。

中国作为一个大国，最基本、最重要的国情是人口众多，最大的生产力和创造力是人的生产力和创造力。市场经济体制激活了人和企业，也就是激活了整个中国。经过 30 多年时间，中国已成为全球最具活力的经济体，经济增长速度多年居全球之冠，经济总量增长了 20 多倍，占全球经济的比重从大约 3% 增加到 12% 左右，提高了约 10 个百分点。进入 21 世纪以来，在全球经济增长低迷的背景下，中国经济仍然保持了 7.7% ~ 7.4% 的增长率。2015 年上半年，中国国内生产总值 296868 亿元，按可比价格计算同比增长了 7%。以目前的增长活力，中国从全球第二大经济体超过美国成为第一大经济体只是一个时间问题。

有人认为，市场体制并非中国经济繁荣的唯一道路。其重要依据主要是华西（江苏）、大寨（山西）、周家庄（江苏）、官桥（湖北）、南岭（广东）、航民（浙江）、洪林（湖北）、兴十四（黑龙江）、阳山（陕西）、南街（河南）这十个很富裕的村庄。这些村庄在改革开放中没有随波逐浪地搞包产到户，而是坚持走集体化的经营道路。30 多年走过来，这些村庄的经济实力迅速增强，群众生活富裕多彩，社会关系也比较和谐。在当下中国，它们的发展成就十分耀眼，甚至让西方人士都至为惊叹。但是，它们能够为市场体制作为中国经济繁荣唯一通道提供有力的反证吗？恰恰相反，没有改革开放即市场经济体制的创建，就没有今天的华西、今天的大寨、今天的南街……它们没有包产到户、把一个统一的集体经济分解为一个个分散的家庭经济，是因为那里有一个很强的领导，能够把村民团结和凝聚在一起。如果说，家庭经济是一条小舢板，那么，在改革中重新凝聚起来的集体经济就是一条有点儿规模的船。一般地说，与小舢板相比，船在航速、抗风浪等方面都有其优越性。但华西、大寨们能够把理论上的优越性变成现实的优越性，成为一条稳健的“快船”“快艇”，市场经济的体制环境是一个最重要的条件。

第一，市场经济体制给了它们强大的生存压力和致富动力。市场经济体制明确地告诉那里的村民们，这里没有永远的“大锅饭”，只有永远的竞争，靠吃“返销粮”过日子终究不是办法。依赖上级政府特殊照顾，装面子、作典型、当红旗，不会有出息。要吃饭只能靠自己，要富裕更得靠自己。环境变化产生的忧患，让村民们以前所未有的清醒和理智立足于自我发展，以发展求生存、求自强、求自尊。

第二，市场经济体制再造了它们的经营机制和管理机制。改革前这些村庄作为人民公社内部的基层组织是按照党和政府的行政指令运行并受着党和政府保护的，其运行机制具有很强的行政化特点。它们在改革中从人民公社体制中脱离出来，成为一个经济上独立的组织之后，面临着一次真正的“适者生存”选择。市场经济体制的大环境迫使它们不得不向经营性转变，向企业化和集团化转变，向以发展和效益为中心转变。

第三，市场经济体制强化了它们的抱团意识和内在凝聚力。“华西们”民风相对良好，又有能人挑头，具有坚持集体化道路的人文条件。激烈的市场竞争则把它们的内在凝聚力提升到以合力强实力，以实力求生存、求发展这样一个更高的层次上。所以，与改革前和改革初相比，这些村庄的“和”与“合”已经发生了质的跃升。由于没有了政府直接干预，所以，这里“和”“合”起来的村民们是一个真正意义上的市场竞争主体，其机制的灵活性是一般国有企业和集体企业所无法比拟的。这就是说，没有包产到户非但没有妨碍村民们成为真正的市场经济主体，反而由于“和”与“合”，使它们作为市场竞争主体表现得更紧密、更强悍、更有竞争力。它们的产品能够进入国际市场正是这种新竞争力的重要表征。

这就是说，市场经济体制让这些“珍珠”真正地亮丽起来。

当然，他们的一切成就也不全是市场体制赋予他们的。市场经济体制只是一条道路，一个机制，一个平台。在这样的道路或平台上，他们还有另一些不为人道的资源和经验及问题。比如，他们有自己可以支配的土地资源，通过土地的作价和溢价，就足以让他们大发其财。

2. 市场体制拉升资源配置效率

比较而言，在计划经济时期，中国经济增长率也不低。但由于效率低下，浪费严重，经济运行处于艰难维持状态，物资严重匮乏，被国际学者议论为“短缺经济”。最困难的时候，老百姓“用脚投票”，大量向港澳出逃。这就是说，经济效率低下已造成部分民众生活安全危机和国家政权信任危机。这种形势的真正改变始于改革开放即市场经济体制的创建。

（1）市场机制让资源配置变得灵便。改革前，一切资源开发都由国家和政府组织，一切生产要素和产品都要由国家和政府计划调拨，其中重要物资都要经中央政府统一调拨，一切经济活动都按照政府的行政指令进行，资源配置只有政府“一只手”。由于条条间壁垒分明、块块间彼此分割，经济信息通过封闭渠道层层上报和逐层下达，决策过于集中，资源配置程序死板、流程漫长，大量时间浪费在申报和待批过程当中，效率低下在所难免。因为各类重要资源都由不同的中央部门统管，不经过国家计划，任何部门都无权向生产企业供应资源。生产企业所需资源，只能通过主管部门的渠道由国家调拨来获取，生产企业不可能按照效率原则就近采购。至于调拨资源的供货地在哪里，也不是按效率原则确定，而是由统属关系决定，舍近就远的现象司空见惯。

一般地说，市场配置资源的基本优势，恰恰就是没有壁垒，没有歧视，一切都是开放、自主和平等的。资源作为商品可以跨地域、跨部门、跨行业地自由流动，信息不再以“红头文件”进行，可以横向传递和扩散，具有透明性和无界性，一切生产企业和营销企业均可以根据获取的信息，按照效率原则选择交易与合作对象，选择中意的资源和货物，并直接进行交易与合作。在非行政审批领域，这个过程不需要层层上报和行政审批，只是两个利益主体之间的事，因而是灵便和高效的。

（2）市场机制让资源节约普遍化。在计划经济体制下，国家是一个单一的利益主体，除了国家特别是中央政府要考虑资源的节约和配置效率之外，恐怕再很少有人作如是之想了。因为企业没有节约的内在机制和利益要求，所以大量废旧部件和原材料被遗弃。新中国成立初期的劳模孟泰和他的“孟泰仓库”，清楚地反映了那时企业浪费问题之严重。但最大的不节约，恐怕还不是物资上的。最大的不节约是人力资源的浪费。每个企业都大量地养着“闲人”。所以，要在整个经济运行中实现资源节约，只能靠党和政府的行政动员了。1952 年—1978 年，中国生产和技术效率（TFP）在人均 GDP 增长 2.97% 中的贡献率是 –1.07，在人均产出增长（假定为 100）中的贡献率是 –72.03[①]。这就是说，在计划经济时期，生产和技术效率比较过去是退步的。

① 张军扩等:《追赶接力：从数量扩张到质量提升》，中国发展出版社，2014 年。

市场经济体制的建立让企业从国家的附属物转变为独立的利益主体，利益的涨落和多寡、经营前景的优劣和兴衰都是企业自己的事情，企业要完全地对自己的行为负责。为了企业的效益，为了打造竞争力和长久地生存，企业必须精打细算，控制成本。这样，市场经济体制就把资源节约的动力机制普遍化，也最大化了。只要是真正的面向市场竞争的企业都不再养闲人，办闲事。更重要的是，利益驱动让所有企业都在持续地追求技术创新和管理创新，实现企业技术升级和规模化生产，尽可能减少人力、物力和财力的投入，并优化投入产出比。从1978年—2007年，生产和技术效率对中国人均GDP增长（8.12%）的贡献大幅度上升，达到了3.16，贡献率约为40%，对人均产出增长（假定为100）的贡献同时达到了77.89[①]。

（3）市场机制也提高了资源配置的结构性效率。完整意义上的资源配置效率不仅体现在经济运行质量和微观经济活动中的效率与节约，而且体现在经济结构上的合理与节约。

在计划经济时期以及资源配置方式转变的初期，由于政府直接配置资源，市场机制没有生成，或市场不能充分发挥优胜劣汰的作用，国民经济在结构上严重扭曲。特别是实行财政“分灶吃饭”后地方政府以强大的利益冲动抓项目、上投资，资源不能按照效益流动，产业空间布局服从行政区划，产业组织结构出现严重松散化倾向，生产能力大量“重复建设”，形成严重的过剩产能。有些落后和过剩产能，甚至直接受着地方政府的强大保护。虽然我们通过出口部分消化了国内产业结构的扭曲，但由此产生的资源浪费仍是巨大的。同时，由政府直接配置资源，企业不能有效地参与国际分工，不能在国际平台上很好地扬长避短，也损害了我们的国际竞争力。

随着经济市场化水平的提高，市场机制的调节作用增强，中国经济的结构正在持续优化，由此有效地带动了资源配置效率的重大改观。人才、资金和技术等经济资源越来越向发达地区、优势产业和优秀企业流动和聚集，大量高污染、高能耗企业退出市场，过剩

① 张军扩等:《追赶接力：从数量扩张到质量提升》，中国发展出版社，2014年。

的生产能力正在行业间流动和重组，优势生产能力和品牌正在走出去进入世界市场。

3. 市场体制培育经济增长后劲

许多人都知道，改革前几年，社会上曾经长期流行“读书无用论”这样一种思潮。为什么在中国这样一个很崇尚读书、很有读书传统的民族会有如此鄙视读书、厌恶学习的怪现象？显然，它既是“极左”路线的产物，也是计划经济体制的必然后果。一切都由国家和政府统管和包办，有知识、有学问、有技术、有潜力的人才未必得到重用。当时的“名言”是“高贵者最卑贱，卑贱者最聪明”，“大老粗”都很是吃香。所以，有文化、有技术的人才闲置率很高，有的甚至受着歧视和打击。不能通过市场竞争取得相对优越的社会地位和相对好的收入，谁还愿意努力读书进行自我提升和开发？这种体制严重摧残了人类追求知识、提升自我的天性，让许多人不读书、不学习，甘于文盲无知和混混式的生活。这是我们这个优秀民族的局部沉沦和整体性悲哀。

到了改革开放以后，这种局面迅速改观。在每个家庭中，最关注的事情是孩子的学习，最大的支出是孩子的教育费用，最重要的期待是孩子学有所成。在整个社会，变化最快、最大的行业就是教育。目前，我国每年有 600 万 ~ 700 万大学生毕业。尽管在研发人员比重、研发人员人均论文数量等方面，还低于发达国家当前和历史可比阶段的指标，但在专利申请量、学术论文发表数量和 R&D 投入的专利产出率等方面，都已经明显高于多数发达国家当前和历史可比阶段的水平[①]。职业教育也在快速发展，为产业创新提供着质量越来越好的劳动后备军。这表明，中国的崛起和中华民族的振兴正在积蓄着强大的后劲，市场经济体制不仅有力地支撑了中国 30 多年来经济的高速增长，而且正支持中国的长期发展。

应当说，这个巨大变化还是在我国的市场经济基本制度以及就

① 张军扩等:《追赶接力：从数量扩张到质量提升》，中国发展出版社，2014 年。

业体制，分配体制和科研、教育体制尚不完善的情况下出现的。随着市场经济体制及相关体制的完善，其对中国发展的支持将更强大、更持久。

4. 市场体制升华国民经济品质

20世纪70年代，意大利电影家安东尼奥尼在中国拍摄制作了电影《中国》，被我们中国人认为是在歪曲地报道中国，因而引起了我们的巨大愤怒。但平心而论，不管安东尼奥尼的动机如何，其作品的效果如何，其选取的场景是否典型，但电影中的那些画面的确是在中国拍的，确实是当时中国城乡面貌的真实记录。那时中国的城镇大量充斥着低矮的棚户区，泥泞的道路、衣衫褴褛的市民随处可见；在农村，到处是低矮、昏暗的茅草房，许多地方人畜杂处，卫生状况惨不忍睹。

但改革开放和市场经济的发展很快让城市棚户区和农村泥草房成为历史，代之以高楼大厦和用新型材料建起来的农家住宅。2000年，在发达的日本，全国高楼[①]为1700座，而在我国，仅当时的上海即有高楼2400座，重庆则多达3000座。到目前，中国京、沪、渝、穗的高楼都已突破4000座，一般二线城市的高楼都已突破1000座。城镇和乡村中的脏乱差虽然依稀可见，但总体上可以说，市场经济的发展已经让中国城乡面貌焕然一新，展现着崭新的风采。

至于交通通信，是中国最大的变化。客运航线已从改革前的寥寥几十条增加到上万条，现代化的机场和候机楼一个比一个漂亮。高速公路、高速铁路从无到有，连通全国。过去从长春到北京乘坐最快的铁路列车，也得23个小时，但现在只要6 ~ 7个小时就够了。改革前，一般家庭没有汽车、没有电话。但现在，城市家庭已普及电话、汽车，农村约有半数以上家庭有了汽车。中国的“堵车”现象为世界之最，说明中国早已经进入汽车时代。不论城乡，成年人和相当多的少年人已经人人拥有款式新颖的手机。以现代交通和通

① 标准为20层以上。

信工具为依托，当代中国人的生活节奏大约比过去快了两倍。

改革前，中国的文化总体上是萧索的，最萧索的时期，只有8部样板戏。群众没有或少有图书可读，没有影视作品可看，没有电视，许多时候只能收听宣传广播，看看少量的官办报纸。这种冷冷清清的局面直到改革开放以后才宣告结束。但真正的繁荣还是文化体制改革、文化作品的生产被纳入市场经济体制之后。短短10年，中国文化产品的生产达到了井喷式的程度。

这就是市场经济体制为中国带来的崭新景象。

但更重要的，是实质性的变化。

（1）从分散生产到社会化大生产。自民国以来，以机器工业为核心，以市场联系为纽带，中国的社会化生产有了相当发展。但经过20世纪50年代初期的“一化三改”和计划经济体制的实施，企业与企业之间、产业部门与产业部门之间、地区经济与地区经济之间的市场联系被割断，代之以统一计划下的平行关系，已经开始形成的社会化生产体系复归于分散化的生产；在农村，各个人民公社之间，以及同为人民公社基层组织的生产队与生产队之间，也没有社会化的产业分工，彼此间也是一种平行关系。至于城市与农村、城市工商业企业与农村经济组织之间，也没直接的经济联系。城乡间、产业部门间、企业间客观存在的交换关系，只有通过政府计划来实现。所以，在改革开放前，中国的生产关系是非常老旧的。这虽然不能与古代那种“鸡犬之声相闻，老死不相往来”的小农经济相提并论，但总体上还是“马铃薯经济”。

市场经济体制给中国带来的巨大变化之一，就是把分散化的生产提升为社会化大生产。我们已经看到，在区域经济结构中以大中城市为中心，在产业结构中以制造业为中心，在资源和商品流通中以市场为中心，除极端偏僻的农村地区外，中国几乎所有的经济活动都进入了社会化的生产体系。这其中，最能反映中国生产关系变化的，是农民的家庭经营。他们基本上不再为自己的消费而生产，而是为交换而生产，多数农户产品的商品率已达到90%以上。人们都在为交换、为社会而生产。

中国生产社会化的最高表现，就是日益深入地加入世界市场（WTO）和全球产业分工体系，使中国经济越来越成为全球经济不可或缺的有机组成部分。中国加入全球产业分工首先是通过外贸进出口来实现的。中国进口自己生产能力不足、不高的产品，同时出口自己有竞争力的产品，并重点采取“引进来”的战略，从而推进了中国与境外地区和国家生产能力的结构性互补和生产体系的国际嫁接。到 1999 年中国国际贸易进出口总额达 3600 亿美元，依存度已接近 40%，在被统计的 256 个行业中外资进入已达 91%，经济的国际化程度为 21% ~ 25%[①]。同时，为了充分发挥低成本制造优势，深入地打开国际市场，中国企业开始投资收购外国企业品牌、资质和购销渠道，以建立出口产品售后服务体系，扩大海外市场。2000 年前后，随着中国经济进入重化工业阶段，中国企业对外投资以获取能源和矿产资源为主要目的，资源导向并购成为趋势，中国与外部世界的经济互补关系进一步凸显。2012 年以来，随着对过剩产能的治理，中国产业发展的重心开始从重化工业向技术密集型产业转移。于是，中国企业的海外并购也开始由“资源导向的并购”转向“立足全球整合的并购”，中国正在向全球产业分工体系的纵深和高端挺进。

（2）从低技术经济到高新技术经济。市场经济体制激活了中国，最重要的表现是激活了中国对技术的普遍的强烈需求，让中国经济开始了由低技术化向高新技术化的迈进。

从新中国成立到改革开放，中国经济基本上处于低技术阶段。在农业方面，农民进行种植、养殖、加工等生产和经营完全依赖传统技术。更确切地说，农业生产及其初加工基本上沿用着千百年来形成的经验。在工业方面，除国家一些重点研发领域，大都处于传统技术阶段。即使是技术含量最高的机械制造业，其技术水平大致停留于以蒸汽机和电力的使用为标志的第一次工业革命阶段，大量

① 赵海均:《什么在左右中国经济》，中国财政经济出版社，2000 年。

中小企业甚至停滞于半机械、半手工的技术阶段。

市场经济体制的复活，立即在整个中国掀起了技术进步和技术创新的浪潮。大量外资企业和商品进入中国，不仅带来了中国急需的资本，也带来了大量先进适用技术及样品，还带来了不曾被国人认为是技术的现代管理（技术）。被市场机制激活了的企业和研究机构立即抓住了这样一个历史性的学习和技术升级机遇，大量先进技术和适用技术迅速在中国普及。从20世纪80年代初开始，到90年代末，中国的大企业基本上追平了第二次工业革命以来逐渐形成的巨大技术性差距，实现了装备水平和经济技术的一次重大飞跃。与此同时，市场经济体制也让中国企业、科研机构以及广大农户紧紧抓住了以信息技术为核心的新的科技革命的机遇，信息技术、生物技术、新能源和新材料技术开始装备国民经济和国民生活，中国在技术上尚未完成工业化的同时，已进入后工业化时代，对以网络世界与物理世界相结合为特征的第三次工业革命进行了卓有成效的跟进。虽然我们现在还不能说中国已是一个高新技术国家，但中国经济的骨干企业肯定已进入了高新技术时代。随着“建设创新型国家”的推进，中国经济整体的高新技术化已为时不远。

从1979年算起到2015年，仅仅30几年的时间，中国经济技术发生了翻天覆地的变化，已进入和部分实现了现代化，这是中国人民通过市场经济体制创造的奇迹。

（3）从农村生活方式到城市生活方式。改革开放前，中国约为10亿人口，其中80%居住在农村。20%的中国人虽然生活在城市，但他们的生活方式并非完全是城市化的。许多城镇设施严重落后和不足，没有普及自来水，缺乏公共卫生设施，交通能力不足，道路泥泞不堪。包括上海在内的一些大城市，许多家庭没有城市卫生设备。所以，就生活方式而论，当时的中国城市人口只能算是享受着“半城市化”的生活方式。至于农民，那是100%地过着农村化的生活。这样，改革前中国虽然有了不少中心城市和大大小小的城镇，但人的生活方式在总体上还是农村化的。

目前的情况正好相反，完成了一次历史性的“大翻转”。依照正式公布的城市化率，2015 年中国城镇人口可接近 55%。由于城镇基础设施建设水平显著提高，这 55% 人口不论是否真正地在城镇就业，其真实的生活方式还是城市化或接近城市化的。同时，每年进城务工经商的农民及其家属大约还有 1000 万人，约占全国人口的 10%。他们的生活质量和生活方式同有户籍的城市人口相比，肯定要差一些，但基本上是“像城里人一样”生活的。此外，在农村一些发达地区，许多农民家庭已经通过自己的发展和建设，或者在政府的帮助下，实现了与城市生活方式无差异化。企业化、专业化的生产和经营，现代化的生活设施，以车代步的出行方式，都使他们与城市人相比明显地有过之而无不及。这部分的人口在全国的比例有多大呢？应当在 10% 左右或更高一点。普通农村地区，也不再像原来那样过着典型的农村生活。这就是说，在今天，实实在在地享受城镇化生活方式的中国人口可达 65% 左右，在其余 35% 左右的人口中，多数是一种半城市化生活方式。

（4）从人治秩序到法治秩序。市场经济体制提升中国，绝不限于经济和社会方面。属于政治范畴的法制建设也是一个受益于市场经济体制创建而快速启动并成长的领域。

在计划经济体制下，一切经济和社会活动都由国家、政府组织包办。显然，那是一个高度人治化的秩序。或者说，那是一个几乎完全由行政权力控制和主导的秩序。在那种体制下，为了实现主政者所期望的秩序，法制也是必要的。但这种所谓的“必要”，实际上是对人治的补充，或者说是支持人治。作为对人治的补充，这种“法制”所能实施的空间很小，因而必要性也不大。更为重要的是，在计划经济体制下，城乡二元，“城里人”与“乡下人”身份不同，在国有国营单位与在非国有国营单位体制待遇悬殊，在同一体制内，干部与工人之间不能流动，同时行政壁垒高筑，人没有自主活动的权利，资源没有自由流动的空间，建立统一而富有效率的法制的可能性是不存在的。

新中国的人治秩序到体制转型时期开始逐渐终结。到2011年，我国已经正式宣布“建成了比较健全的社会主义法制体系”。由此我们也可以说，中国的法治秩序至此也已经基本形成。在短短30年时间里，我国能够从高度人治跨越到基本法治，固然得益于执政党和国家权力机关的强大推动，以及法律专家和法制工作者的执着努力，但其不可抑制的基础动力则还是来自市场经济体制。市场经济体制给了所有的有公民权的自然人和法人以自由，就一定要通过法制保障这种自由、规范这种自由，就一定要通过法制来为自由立规矩、设边界，使每个人的自由都不侵害国家主权和整个社会的利益，并按照权利平等的原则来运行。市场经济体制就是这样一种只有在法制保障下才能正常运行的体制，法治是它的一个内在特征。法治只有从市场经济的运行中才能获得生命。所以，我们看到，我国的政策愈是放开，体制改革愈是深入，法制建设愈是紧锣密鼓。

今后，中国法制建设的推进仍然有赖于市场经济及其体制的给力。只要市场经济体制还不完善，市场经济运行还有矛盾，法制建设就必定要继续推进，永远在路上。

市场体制通达中国经济未来

在我国已经进入崛起第二阶段即品质提升阶段的今天，还要不要继续市场取向改革以完善市场经济体制呢？这个问题作为一个重大的路向选择，关系着中国的未来和持续崛起的成败。

这里，我们重点讨论一下市场经济在我国现实条件下的生命力和历史使命。

1. 市场经济赖以存在的缘由依旧

自人类进入文明时代以来，整个世界已经发生了翻天覆地式的巨大变化。但从人本身的发展这个视角看，这种变化虽然很深刻却不根本。之所以如是说，是因为人与社会的本性、社会发展的深层次机理都没有改变。当今的人类社会依旧并将长期处于功利主义阶段，人还是经济动物，人类社会发展的活力源泉还是人的逐利性，社会还远远没有达到超越自利和无私奉献的阶段。因此，市场经济还如同它产生、发育时一样依旧具有无与匹敌的天然合理性和适用性，人类与市场经济之间还具有无法割断和远远望不到尽头的“血缘”联系。

就我国来说，经过 30 多年的艰辛努力，经济发展已经取得了过去几千年都不曾取得的成就。但任务远远没有完结，发展依旧是当今和未来中国永远的主题。而要发展，要更快更好地发展，靠什么？从来就没有什么救世主，只能靠社会自己，靠人民大众本身的积极性和创造性。而能够最广泛地发掘和利用人的积极性、创造性的机制，就是市场经济体制。市场的开放性和可能的公平竞争，使人的逐利心有了表达和实现的现实可能，也使社会有了生生不息的内在活力和发展、前进的动力，资源配置也有了比较节约和有效的方式。这一特征是任何其他经济体制都无可比拟的。譬如说，在新的科技革命的背景下，计划经济体制可以获得越来越有效的技术手段，以实现无所不包的经济计划，但这种体制无论如何都无法解决社会经济持久发展所需要的活力和动力问题，因而也无法实现市场竞争所创造的资源动员效率和配置效率。

这就是说，当初支持中国选择市场经济体制的理由到今天一直没有变，不论这些理由是科学的还是政治的，是真实的还是虚构的，是可靠的还是不可靠的。抛开那些表层的理由，归根结底，只要社会还不能无偿和充分地向人们提供生存和发展所需要的全部资料，人就必定是自利的；只要人是自利性的，市场经济体制就是最适用和最有效的体制。市场经济体制的怀疑论者和不信任论者无论是拿中国的发展成就说事，还是拿“主义”问题说事，都是没有意义的。

2. 结构性矛盾呼唤健全的市场体制

当然，在意识形态层面讨论市场经济体制的优劣和去留已经不是人们关注的焦点。如何评价当前国民经济增长困难增加、下行压力增大，以及如何走出困境，才是当前检验市场经济体制的中心议题之所在。

深入分析改革以来我国经济结构性矛盾的生成和演变，我们不难发现，严重的结构性矛盾的产生与积累的源头不在市场，或者说与市场经济的内在属性和特征无关。正如前面所说，恰恰是由于强势政府干预过多和直接配置资源的大政府主义，才造成了市场调节功能萎缩、调节功能乏力，并致使经济增长中结构性矛盾的过快积累和严重化。结构性矛盾非但不能证明市场调节的无效或失效，反而证明了背离市场调节的政府作为是不可取的。

（1）政府直接配置资源造成了生产能力平行式和平铺式大量增长和堆积。我国的政府是非常负责任的政府，也是非常有作为的政府。在分税制和以经济增长作为主要政绩的干部考核制度下，地方政府的发展冲动一直十分旺盛。只要是中央政府鼓励发展的，或者是市场前景看好的，地方政府都千方百计地拉投资、上项目。我国的产能之所以上得这样快、增长势头这样猛，是与地方政府的这种积极性有着高度关联性的，以至于一些学者把政府积极有为作为“成功”的“中国模式”的基本要素。虽然中央政府一直在进行规划指导，但地方政府的这种高亢的平行推进，既有效地促进了产业能力的高速增长，也造成了市场的“过度性准入”和重复性建设。特别是对地方经济拉动作用强大的项目，进入的过度性和重复性尤其强烈。在一般情况下，过度准入和重复建设必定会造成过度激烈的市场竞争，把大量低效项目和企业挤出市场。但由于许多企业的项目都是政府直接促成并爱之如子的项目，地方政府便格外地加以保护。这样，市场竞争不能充分发挥过滤器作用，优胜劣汰不能充分展开，新企业的进入不能导致低效或无效企业的退出，市场陷入拥堵，物质资源、劳动资源和技术资源都被大量浪费。当这种堆积性增长发展到地方政府无力保护的程度并必须进行调整以消化大量过剩产能时，熊彼特所说的“创造性破坏”（1934 年）在我们这里就特别剧烈了，大量浪费之后就是超乎寻常的破坏，让技术创新付出过高的代价。

（2）政府对经济运行的若干调控与市场调节逆向而行导致愈调愈“悖”。市场运行需要政府宏观调控。但从统一市场视角看，对市场运行进行调控原则上应当由中央政府来做，即体现调控目标、调控原则、手法的一元性。鉴于我国地域广大，市场差异大，地方政府不能不参与调控。为了保持市场的统一性和调控的一元性，地方政府只应作战术性配合，而不能有独立的调控行为。同时，政府的调控应顺势而为，而不能与市场调节相向而行，进行逆调节。但在实际上，“乱弹琴”和“乱戗汤”的问题是有目共睹的。最突出的表现是对房地产的调控。房价高并且高到了严重超出老百姓承受能力的程度，老百姓有怨言，政府也觉得离谱。于是，政府开始调控。办法之一是修建经济适用房，解决低收入群体的住房问题。这实际上是在竞争性的房屋市场中开出一块计划经济板块。政府的动机很好，但这个计划板块无疑是市场经济中的一个巨大梗阻，让市场运行不畅，让竞争机制部分失效，供给大量增加，房价却居高不下。同时，修建经济适用房也有“设租”性质，难免产生腐败。办法之二是限购限价。人们都知道，保护消费者利益，最好的途径是市场竞争。通过竞争淘汰劣品，压低价格。所以，由于限购实际是限制竞争，它的效果必定是在一定程度保护劣品、维护高价，让消费者进一步吃亏。至于限价，它只能对市场运行起冻结作用，损害市场本身的调节机能。我国房市在长时期火爆之后骤然萧索从而导致诸多相关产业骤然冷清，限价限购是重要致因。这两个办法说到底，都是对市场的逆调节，从保护消费者的愿望出发最后陷入了损害消费者利益的泥沼。其实，政府要保护消费者在房市中的利益，大可不必这样大费周章。向低收入家庭提供购房货币补贴，既有助于解决困难家庭住房问题，又支持了市场繁荣，比那种两面不讨好的做法好多了。由此可以说明，政府基于保护消费者利益的调控，应支持、顺应至少无害于市场调节和充分竞争，而不是相反；政府基于对经济持续增长的支持，应着力于打通市场运行中的梗阻，让市场运行更顺畅、竞争更充分，而不是设立“梗阻”。

（3）政府干预过多、干预失当限制了市场调节功能的发育。有人一定会说，房市那样疯狂，价格一路飙升，政府不去限制怎么行呢？但我们为什么不去探究一下房市疯狂后面的原因呢？大家都知道，房屋市场的后面是土地市场，土地市场托着房屋市场。房屋市场不健康的源头在很大程度上是土地市场。但我们现在还没有真正意义的土地市场。土地买卖由政府控制。政府以很便宜的价格征用农地，然后以很不确定（因关系而异）的高价转给房产开发商。政府在这里做交易、搞批发，所以，这不是真正的土地市场，竞争机制在这里不起作用，因此地价和房价都不跟着供求关系的变化而涨落。如果实行自由的土地产权制度，并且供求双方直接见面，我国房价就不会涨这么快、这么高，房产开发领域的腐败问题也不至于这么严重。其他市场，如劳动市场、资本市场、技术市场，以及汽车等产业开发市场都存在政府干预过多、干预失当致使市场发育不足、调节功能欠缺的问题。先是政府审批，然后是政府政策限制，让这些市场迟迟不能强健起来。许多企业、许多民众都有许多若隐若现的身份限制和政策歧视，在市场准入、融资、资源获得等方面阻碍重重，全民创业、创新束缚多多。还有各种行政收费使市场中政府服务价格过高，从而拉升了生产成本，使我国制造业的成本比较优势过快地丧失。对我国当下经济运行中的困难，政府的干预行为是难辞其咎的。当然，这不是否定政府对市场经济运行实施管理和干预的必要性。搞无政府主义，取消政府的管理和监控，市场经济秩序一定全面瓦解，整个中国的发展势必倒退百年。在市场运行的管理上，最需要政府做的是法制和法治建设，一方面取消各种管制和审批，把资源配置权交给市场、交给竞争，另一方面实施全面立法，并监督法律的实行。如果需要政府进行具体干预，那也必须是顺势而为，支持和强化市场调节。

上述分析共同说明，我国当前经济发展的困难在很大程度上源于市场机制发育不足，市场竞争的调节功能未能得到有效发挥。克服困难，走出增长低谷作为一个战略性和全局性的需要，正在呼唤着进一步的改革，呼唤着健全的市场经济体制的成长。而这个问题的实质，就是通过改革来进一步构建服务型政府。中国的责任政府是伟大的、功勋卓著的。围绕让市场对资源配置起决定作用，把政府改革好建设好，对资源配置更好地发挥作用，中国的政府将更加伟大、功耀千秋。

3. 创新发展有赖于市场体制的完善

如果说，坚持完善市场经济体制是当下中国发展和崛起所必需的战略选择，那么，品质提升阶段的中国发展和崛起将更加需要市场经济体制的支持。技术革命一波接一波地接踵而至，生产力要素结构的持续变革和升级，经济运行方式的持续改变和发展，对市场经济体制提出了新的、更加灵活的要求。面向未来，我国的市场经济体制不但不能倒退，不能返古，而且必须继续改革、完善，使其对资源配置真正发挥决定性作用。只有建设起这样一个体制，政府在资源配置中更好地发挥作用才有可靠的基础。

中国经济正在以梯度秩序进入创新发展，新的工业革命的攻坚战已经开始。正如前面所说，计算机芯片处理技术、数据存储技术、网络通信技术计算技术的重大突破，再加上大数据、云计算、物联网和移动互联网，使得以信息技术深度和全面应用为特征的信息革命更加迅猛。它正在以无与伦比的广泛性与深刻性影响和改变着人的生产方式和生活方式，对经济体制提出了更加市场化的要求。

（1）生产过程的智能化极大地加强了企业的自主性和企业间竞争的技术含量，从而把市场竞争提升到更高的文明和科技层次。在这样一种新的竞争中，资本有机构成、技术特别是高技术型劳动以及智能化管理对企业生存和发展具有生命攸关的意义。因此，经济活动的自主性正在极大地增强，资源配置将进一步取决于企业的资本优势和技术优势，取决于企业的高文化含量的自主选择以及企业间的较量与连横。这使得行政命令和行政干预的经济空间进一步压缩，政府的经济职能将进一步转变到法制建设上来。

（2）生产组织的网络化将带动市场主体和整个市场体系的网络化。在以往的市场经济中，经济活动的体系化和网络化是通过生产协作和交易关系形成的，因而具有松散性和不稳定性。通过“网络世界与物理世界的结合”，生产关系将趋向于紧密和稳定，从而使市场经济成为一个更加有机的网络性体系，内在关联性、整体性和自组织能力、自我调整能力会愈来愈强，对资源配置的决定性作用变得愈来愈难以颠覆和取代。经济活动不仅更加自主化，而且更加自组织化。这使政府直接配置资源更难与社会生产体系接轨联通，因而更难被市场所接纳。

（3）加工制造的个性化使整个社会的生产活动变得越来越从集中化转向分散化、从规模化转向灵便化，由第一、二次工业革命开启的产业空间结构升级走向被颠覆。这样，由政府组织建设“产业基地”或“制造中心”、打造世界这个城那个城之类所谓经济工作“大手笔”，已经不合时宜。取而代之的将是生产者与消费者在网上网下的广泛联通，发展“私人定制”，经济活动越来越成为当事者之间的事情。市场标价将成为一种经济参数，产品实际交易价格将越来越由当事者协商作决定。因此，社会经济活动以越来越分散化的方式提高着市场化的程度，与行政权力渐行渐远，与计划经济的运行方式渐行渐远。

（4）交易活动隔空化让整个社会空间都变成市场，市场无形，但市场无所不在，无远弗届。网上市场越来越取代实体市场，商业中心可能不再是中心。这样一个以网络为主要载体、以资本市场为核心、以整个社会为空间的市场触角更广阔，更灵敏，对资源的配置能力更强大。政府直接干预、限制它的运行已没有可能。政府所能做的，就是运用“大数据”技术对市场进行动态观测和宏观指导，重在加强以法制和基础设施为核心的发展环境建设。

走理性的市场经济道路

我们批评大政府主义，并非否定政府在经济发展中的重要作用，事实上责任政府是中国的一个体制优势，中国经济在一定意义上的成功绝非是单纯市场主义或市场原教旨主义的成功。我们主张坚定市场取向改革，建设完善的市场经济体制，绝不是张扬市场原教旨主义。我们主张的市场经济是理性的市场经济。

“理性市场经济”，就是通过责任政府把经济理性加诸于市场主体，使市场运行更趋健康的经济形态。市场主体即企业并非毫无理性。但由于信息具有不对称性和知识普及的有限性，企业家和广大经营者们的经济理性总是有限的，其投资和经营行为也总会带有一定的盲目性。发挥责任政府的理性优势和责任优势，提高企业家和广大经营者的经济理性，市场供给会更理性，市场竞争会有更高的质量，资源配置会更有效率。

1. 高效市场与责任政府

当我们谈论市场经济的体制优越性时，人们一定会想到，由苏联分离出来的一些东欧国家与中国几乎同时向市场经济转型，为什么中国开始崛起，而东欧尚在徘徊呢？印度作为一个发展中大国，与中国国情相近，并早于中国实行市场经济体制，但为什么中国快速崛起，而印度却落在了后面呢？这里的道理很简单。这就是中国有一个稳定的执政党和责任政府，并通过执政党和政府有效地维护了政治稳定，从而为市场机制提供了一个得以有效发挥作用的良好环境，同时也保证了生产要素的有效供给，而东欧诸国则没有，印度也没有。30多年来中国经济实现了其他国家通常要在100多年的时间里才能实现的跨越。仅就此而言，责任政府对于一个健康、高效的市场经济也是必不可少的。

这里的启示是，自由的市场，企业可以平等并充分竞争的市场，能够有效配置资源的市场，只有在政府的保护和支持之下，才能真正建构起来。

责任政府对高效市场之必需，首先在于市场并非万能。在市场运行中，发生交易的企业之间也许比较了解，但企业对整个行业以及本行业总体供需关系，并不了解，甚至很不了解。于是，企业的市场行为就会有严重的盲目性。从信息供给方面说，信息的传递并不总是直接的，并且常常以模糊、朦胧和多元的形式出现。待到信息明晰化，市场主体的行为可能已经滞后于市场运行的实际。这会造成企业虽在市场之中却对市场逆势而作。所以，在缺乏政府有效宏观调控的情况下，一个有限的投资市场总会有过度超量的资本投入；一个已经饱和的商品市场还会有更多的投资继续盲目投入。在我国这个地域广大的国家，市场经济具有很大的区域性，市场信息的流通可能更复杂、路线更冗长。在资本比较充裕，又没有政府帮助的情况下，每一个被看好的产业和产品都会被大量过度投资，从而形成过度的产能和形成恶性竞争，导致资源的巨额浪费。另一方面，在新的产业技术刚刚出现、新兴产业行将崛起时，市场并不能给出完整而明晰的信息，从而使这些非常需要投资的领域无人投资或缺少投资。这些都需要政府出手。当市场很盲目时，政府要以自己的前瞻性通过发布信息等方式予以指导；当市场严重倾斜、结构性矛盾加剧时，政府必须运用政策手段加以校正；当市场风险大量积累如流动性过剩时，政府要运用调控手段为市场减压。

至于公平的市场秩序，反对垄断、打击犯罪，更是需要政府来做的。

2. 责任政府的责任在市场之上

理性的市场经济体制与大政府主义的市场经济的根本区别在于政府职能作用及方式的不同。大政府主义体制下的政府直接进入和插手配置资源过程，越俎代庖，甚至大包大揽，专断而行。而理性市场经济体制下的政府则站在市场和资源配置过程之上引导和服务于市场，让企业充分竞争，让竞争对资源配置发力。这完全是一个上层建筑角色。我们把这样的政府职能概括为以下五个方面：第一，规划指导，制定中长期经济和社会发展规划，引导企业和市场的中长期行为。第二，信息支持，定期或不定期地发布宏观经济信息，帮助企业了解国内宏观经济形势和世界经济形势，把握可能发生的市场波动和经济风险，引导企业未雨绸缪。第三，要素支持，建立大教育体系，为企业和市场培养高素质的专业人才和劳动者；按照发展规划，有序地把国有资源推向资源市场；对企业家进行培训。第四，环境支持，推动基础设施建设和公平的法制环境建设；实施恰当的金融政策，为市场创造适度的流动性；开辟和拓展国际合作空间；建立全覆盖的社会保障体系、救助体系和卫生、保健体系。第五，安全管理，对市场实施全方位、全过程的监测，对可能发生的市场风险进行预警，必要时动用一切必要的手段把重大隐患消灭在萌芽状态。

鉴于前一时期市场运行的病态，政府必须积极出手。

（1）消除市场化过度。一个时期以来，泛市场原教旨主义已开始影响我国经济体制建设。这个东西在思想观念上表现为市场崇拜，在实践上的重要表现是市场化过度。在经济体制改革的实际进程中，我们赋予了市场过多的职能，或者说没有把市场限定在其可行可为的范围之内，形成了明显的市场化过度，扭曲了市场经济体制，也在一定程度上伤害了社会发展。

如果我所知不错的话，把市场机制引入社会公共安全领域首开市场化过度之风，然后是在“产业化”风潮中把教育和医疗事业部分地拖入市场，从而形成各种市场性的收费，名堂五花八门、标准越收越高、应由政府提供的公共产品反倒成了压在民众头上的“大山”。政府公安部门设立企业化的保安公司，财政部门设立企业化的投资公司，发展改革管理部门设立企业化的工程咨询公司，研究部门设立企业化的咨询公司等都是市场化过度的表现。把教育特别是义务教育产业化，则是市场化过度的极致。其内在的动力机制是利益。凡政府想做，但苦于财力不足做不了，就把“责任”交给市场。

这样，政府减轻甚至摆脱了压力，但苦了老百姓。一些政府部门设立经营公司既与社会企业“抢活”，又是做官商勾结搞腐败。本该由政府无偿提供或低价提供的服务，却要由消费者花高价购买，老百姓的许多怨气都出在这里。

如果说，以上这些都是政府主观的市场化过度，即泛市场主义，那么，市场经济规则大范围过度地侵入公共服务领域，则是因为政府疏于管理或管理不到位造成的。我们可以称之为“非政府主观的市场化过度”。把市场交换机制引入公共服务领域，把公共权力和公共服务产品个人化、商品化，进而以权力谋私，以公共服务权利谋私，是泛市场主义最恶劣的表现。公共服务领域的市场化到底“化”到了什么程度，我们可以从已经形成的“交易性”潜规则窥见其大致。“给钱好办事”“不给钱不办事”，说明权钱交易有一定的普遍性。人们曾经愤怒地谴责“商品交换原则”对社会生活的侵入，进而罪及整个市场经济。其实商品交换原则一点不错，很平等啊！把公共服务市场化、交易化错在人们把公共权力和公共服务权利这些公器变成私人所有。拿走公物，化公为私无论是否用于交换，都是盗窃行为。

这就是说，在市场经济所不能提供供给的领域，在市场无法实施调节的领域，我们就不能依靠市场。假如我们一定要把市场做不了、做不好的事情交给市场，其后果一定会使社会经济发展和大众利益遭殃。所以，市场经济也是一种有边际的体制，这就要求在市场与政府和社会之间有一个大体分工。凡是只能由政府做的，市场就不要进入；凡是只能由市场自行调节的，政府亦不要进入。这就需要政府把教育和公共安全之类公共产品生产领域的责任很好地承担起来。

（2）克服市场化不足。30 多年的市场化改革，我国总体上已经是一个市场经济国家。但从局部上看，市场化亦有很大的不足。凡是市场化不足的领域都是政府管制过多、大政府主义痕迹较重的地方。

国有经济是市场化不足的突出领域。建设简约政府，必须对国有企业进行认真的改革和规范。在市场中，包括国有企业在内的一切企业都具有不可剥夺的自由权利。这种权利也包括做大做强的权利。但是，因为大而强，并得到政府特殊支持，就垄断和操纵市场，直接颠覆了权利平等的市场原则，破坏了公平竞争的市场秩序，这样的企业无论其对市场份额的贡献有多大，它都是市场内的“梗阻”，都会伤害健康的市场经济秩序。多年来，政府大量投资国有企业，做大了一批国字号企业，并在一定程度上支持它们在行业内进行垄断经营。不是靠企业自身实力做大，而是靠政府输血做大，并赋予垄断地位，这是很荒唐的。这些行业巨无霸对市场调节视而不见，有的甚至参与了对股市的操纵从而酿成股市灾难。其后果是，市场中难于公平，致使鱼龙混杂、良莠齐长，不能优胜劣汰，同时大量过剩产能和产品堆积于场外，形成严重浪费。为建设理性而健康的市场经济，应采取进一步的政策措施开放垄断行业，同时尽快出台反垄断和市场操纵法。已有垄断性大企业，必须走出去，实施跨国经营。

从区域上看，市场化不足突出反映在东北等欠发展地区。东北曾经是新中国的工业重镇。正因为它是工业重镇，所以，它也是计划经济的重镇。当计划经济走不下去的时候，它便成了计划经济体制的重灾区。它有很牢固的计划经济体制和老旧的经济结构，以及与之相适应的深厚计划经济观念。在这样一个环境下，它虽然也在努力改革开放，但外资进入少，民间资本成长难，东北基本上没有产生出多少新的生产能力、出现新的生产关系，它仍然在消耗着计划经济时代留下并在改革中放大了的资产。由于国有经济占主导的格局没有打破，国有企业是它安身立命的根本，所以，老旧的国有经济思维和大政府主义在东北地区更为适宜，因而得到了更多的保留。振兴东北，首先是观念的更新和体制的创新。

（3）培育企业家理性。市场经济作为人的活动，作为社会的自组织行为，它是有理性和灵魂的。市场的理性化程度越高，其盲目性就越弱，运行中的矛盾和资源浪费就越小。让市场更好地发挥资源配置的决定性作用，政府就必须通过自己的引导切实推动市场机制的理性化建设。

市场机制的理性就是市场主体的理性，主要是企业家和经营者们对经济环境、经济发展规律、经济发展前景的科学感知，对市场竞争、企业权利关系、企业损益的冷静判断，对企业价值特别是自身的社会价值、历史价值的追求。这也就是人们通常说的企业家精神。这种精神即理性，是企业最重要的资源，也是市场经济最重要的资源。所谓成熟的市场，就是这种资源比较富裕的市场，也就是理性化程度比较高的市场。市场有了比较高的理性，就有了灵魂，就有了灵气，就能对经济信息作出灵敏的反应，市场运行就会较少地走极端，就可以避免“盲人骑瞎马”式地胡走乱闯，就可以让市场远离危境。

市场理性建设作为一个文化发展过程，固然依赖于企业经营者队伍的成长，但政府的作用不可或缺。甚至可以说，政府的作用更重要。政府依托自己的政治站位优势和科学文化优势可以对宏观经济发展有着更全面、更系统的了解，更深刻、更有前瞻性的洞见和理性把握。而这些正是企业经营者必须知晓而又难于知晓的东西。政府制定中长期经济和社会发展规划，政府发布年度经济和社会发展情况报告，政府有针对性地发布宏观经济信息和分析报告，都具有增强市场理性、改善市场运行、提高市场安全性和有效性的重大意义。我认为，中共和中国政府在这方面做得是比较出色的。今后，应加强对企业家的培训，像重视党政领导干部培训那样重视企业家培训，让企业家更深刻地了解宏观经济和市场运行，更珍重自身的社会价值和历史价值，也更有社会担当和科学理性。

2015 年 10 月召开的中共十八届五中全会提出的制定我国第十三个五年经济和社会发展规划的建议以及据此出台的正式规划是中国在经济发展的转折时期建设理性化市场，并向第三次工业革命和世界经济强国冲击的纲领性文件。“建议”提出的“创新、协调、绿色、开放、包容”五大发展理念反映了中国经济发展的内在要求和世界经济发展的大趋势。把这五大理念注入市场作为企业家和经营者们市场选择和决策的历史大坐标，中国的市场经济将有新的优秀表现。

培育企业家理性，很重要的是不可滥用自由。市场经济作为一种开放型经济，具有自由的特征。或者说，市场在本质上是自由经济。在这里，投资者、劳动者、消费者和企业、家庭都要自主选择、自主决策。张扬自由，倡导自主，是市场取向改革必须做的事情。我们在改革中讲自由，就是要拆除体制上的行政壁垒和一切官僚主义的行政限制，让市场更快地发育和健康运行。但企业家和经营者不能由此就把健康的市场经济归结为自由主义。自由主义把自由的价值推向极致，导致自由的滥用。没有法制边界和道德底线的自由会反过来破坏自由，也破坏平等。因此，以放纵自由为特征的自由主义，会对健康的市场经济体制造成很大的伤害。

（4）匡正市场关系倾斜。自改革开放始，由于选择了市场经济体制，我国就不仅在理论上而且在实际发展上都成了一个资本奇缺的国家。为了发展，招商引资成了各级政府的重要工作。于是，政策上惠商，甚至纵容，成了我国一道耀眼的经济景观。由此产生的市场关系倾斜，是市场本身不能自我校正的，必须由政府去逐步修复和匡正。

在现代市场经济中，由于各种使用价值即生产要素都毫无例外地通过货币实现流通和表达价值，致使金融成为现代经济的核心，资本成为所有生产要素的核心，成为市场配置资源的核心。劳动力、技术和土地及其他资源都在资本的吸纳和转换下进入聚合与配置过程，形成现实生产力。这个以资本为核心的资源配置就是资本主义的资源配置方式。资本的核心地位同时决定了资本所有者在要素所有者中的核心地位，并在企业中形成资本权利为核心的权利结构。如同一切权利都有扩大走强的内在张力一样，资本权利不仅有扩大走强的内在冲动，而且还有恃强凌弱、扩大权利不平等的内在冲动。如果没有严格的制度和法律规范，或者说如果政府不能提供一套有效的制度安排，资本力量就会把自己的权利强势扩张到最大化的程度。资本权利的每一点扩张，都是对劳动权利的压缩和剥夺，都会加剧企业和社会的内在紧张，损害全要素劳动生产率，从而把市场经济推向日益危险的境地。马克思在《资本论》中所描述的资本的血腥和肮脏，就是早期资本主义社会的现实。

在当代，发达的市场经济国家都已成为法治国家，资本权利已不再有无限的自由。虽然其资本强势犹在，国家在本质上具有无可否认的资本主义性质，但无论是在企业内部，还是在社会上都已建立了劳动权利的保障制度，劳动权利与资本权利之间的冲突已得到了有效的控制和弱化。同时，政治过程的开放，也使这两大阶级的政治相容性有了很大增强。他们的管理实践告诉我们，只要政府积极有为，通过改革建立起有效的制度体系，市场经济体内的权利矛盾和权利倾斜是可以控制的，权利关系是可以匡正的，我们既可以利用资本的核心作用把经济增长的动力持续化、长久化，把市场对资源的配置高效化，同时又可以把资本权利驯服为非欺压性、非统治性的权利。

然而，多年来为了加快发展，政府在规范资本权利方面作为不多。在民营企业中，老板是任性的；在国有企业中，经营者假国有资本之威也是任性的。收入差别巨大是明显表现之一。种种社会事态表明，政府应该尽快把修复和匡正市场权利关系的工作提到日程上来。

（5）防范国际资本掠夺。在中国的市场经济高歌猛进的同时，西方倡导的新自由主义思潮开始风靡全球。平心而论，这种思潮有为全球化助力，也为发展中国家市场化改革助力的功效。但作为世界市场的狩猎者和国际竞争者，西方国家高唱自由主义之调，显然具有拆解中国等发展中国家市场经济国际安全壁垒的目的。他们的目的，就是要我们打开一切屏蔽，包括一切必要的安全屏蔽，让广大发展中国家的市场成为他们的自由市场，以便于他们自己从这里获得更多更大的利益。

人们都知道，在西方自由主义思潮强大迅猛、对中国思想界冲击力最大的20世纪80年代，中国的市场还是一个刚刚发育的市场。作为市场的主体，中国的企业也在发育成长过程当中。他们还很弱小，还没有强大的抗冲击力。完全打开屏蔽，对中国的企业、中国的民族经济、中国的民生将可能是灾难性的。所以，不设防的自由主义市场经济体制不适合于当时的中国，也不适于尚未强大起来的中国。虽说中国加入WTO之后并未发生自由主义经济灾难，中国经济依旧持续高速增长，但并不能证明自由主义对我们的市场经济体制没有伤害。一些信奉西方自由主义的知识分子与境外自由主义人士相呼应还是给中国的体制建设和市场运行造成了不小的冲击和干扰。它作为一种“右”的压力和引力，让那些对市场经济体制本来就持有怀疑态度的人对市场取向改革更加疑虑重重。我们的改革取向数度在市场化与强化政府管制之间徘徊不定，显然与此不无关系。后来的事实进一步证明，西方政治家对我们高喊自由主义确实对中国市场经济具有明显的攻略性质。当中国进一步开放、更深地进入和融入全球经济体系之后，在西方国家市场上所遭遇的不是自由主义，而是贸易保护主义和接踵而至的“反倾销”。自由主义这个曾经批评中国市场的利器，转变成保护西方特权利益的盾牌。在保护本土企业自由的名义下，西方自由主义以保护西方国家特权利益为目的开始实施对中国企业的阻击。因此，我们在真诚地热爱和拥抱自由的同时，必须对国际自由主义保持必要的警觉。

在这里，认真总结我们的外资政策已经很必要了。中国的高端电子、电脑和数码产品市场几乎全部被美、日、欧和韩国资本垄断。“中国企业以世界上最廉价的劳动力、消耗着大量资源、承受着严重的环境污染，而掌握核心技术的外国人只需签署一纸合同，就可以抽走其中大半血汗钱。”早在十几年前，中国出口一台售价79美元的国产MP3，国外要拿走45美元的专利费，扣除制造成本32.5美元，企业所获利润只有1.5美元；中国出口一台售价32美元的DVD，交外国人专利费18美元，扣除成本13美元，企业利润只有1美元。

中国固然需要技术，但这种高消耗、低收入的经济增长方式还要在多大范围内持续多久？这的确是需要政府认真研究并加以管理的。

还有，我们为什么要如此执意地拿国家和人民的钱去购买美国"房地美"和"房利美"公司的债券呢？现在"两房"已基本破产，我国投资"两房"的3763亿美元有无收回的可能？这些都是需要深刻反思和改进管理的。

3. 建设简约的责任政府

李克强总理说，大道至简。政府改革和建设，必须重在一个"简"字。在经济管理体制的建构中政府作用既不可无，亦不可弱，但更不可过强；政府职能既不可缺，亦不可偏，但更不可繁。这种"简约政府与大市场的组合"，就是理性的市场经济体制。这应当是中国经济千年徘徊和改革开放以来的经验教训所共同凝结成的符合中国实际的经济运行体制，也是中国经济发展、繁荣和崛起的正道，这也应当成为我们"体制自信"的基本支撑点。

为克服和防止大政府主义，规范政府行为，形成理性的市场经济体制，应当把建设服务型国家和简约政府的任务提到日程上来。各级党委应突出思想和政治上的领导，离开具体的经济工作，更要离开资源配置过程；各级政府也应突出对经济和社会发展的服务和管理，发挥指导和监督作用，不能再直接插手项目建设。当年，面对阶级斗争理论和观念对经济建设的严重冲击和干扰，党中央提出"把党和国家工作重心转移到经济建设上来"，这是完全正确、十分必要的。今天，国家政治和经济生活已回归正常轨道，经济建设已经被牢固地被摆在国家和社会生活的中心位置，法治局面正在开始形成。在这种情况下，执政党、国家和政府都应回归上层建筑，并以上层建筑的特有方式，领导和管理全社会继续坚持"以经济建设为中心"，对"一心一意谋发展"等大政府主义时期的一些指导思想，要进行改革和完善，切实还政于民，要从体制上消除隐患，不给大政府主义留有方便之门。

第四章 消除沉疴万里春

与经济持续繁荣并迅猛崛起同时发生的是大范围的严重腐败和社会腐烂。它从价值观的低俗化开始，在公共领域扩大，并导致整个社会的部分劣质化。但这并非源于决策失误，而是生成于放任性的发展机制。以政府为主导、以市场经济为平台、以发展为最高价值的发展机制在诸多历史因素和现实因素的作用下，表现出由“硬道理”开辟的广大经济活动空间、由为人民服务的神圣性开辟的巨大权力运作空间、由体制转换开辟的巨大法制空间等“三大空间”，形成了以自由主义和自利主义为强劲动力的经济活动的泛滥、围绕政府权力展开的设租和寻租行为的泛滥和以聚义伦理为支撑的“好人主义”利益链泛滥等“三大泛滥”，进而形成事实上的对腐败现象的“三大放纵”。在这里，权力的设立和配置失当是问题的核心。没有约束和缺少阳光的权力是摧毁一切美德和良心的海洛因。一个人、一个组织，一旦拥有缺乏约束的权力，即使有过天使的情怀也会走向堕落。为继续推进中国崛起，必须在进一步改革经济体制的同时切实进行政治体制改革，清除发展机制中的国家主义病毒，实现发展机制的升级，建立高效而健康的发展机制。但不能把调整变成调头，变成后退；不能把改革变成改道，走西方的道路；不能把祛腐变成祛活，窒息发展活力。发展机制升级要从强力反腐、重振法制权威和中央权威、强化国家治理能力开始，进而完善中央集权制度，改革国家领导体系、管理体系和安全体系。应在军事和国防体制改革之后，及时推出党政体系改革，减少层次、撤并机构、精简人员，并依法治政，同时建立激励机制，让有为者荣、有功者显。要发展党内民主、大力度简政放权，减少行政审批，发展民主监督，以落实人民主体性。要建立阳光权力制度，让权力运作透明化。为此，要打破权力与权利的粘连，要进一步把国有资源商品化、市场化，把机会开放化，发展公平竞争。概而言之，这是我们在政治体制上进一步告别国家主义并继续向民本主义推进的过程。

尽管发展过程波澜起伏，但中国经济还是在快速繁荣和崛起，并将其积极影响扩大到整个世界，这是中国历史的新阶段、新高度、新境界。中国成为强国的道路已经日渐明晰，正在以前所未有的力度创造属于自己的辉煌。这说明，理性的市场经济体制和社会主义道路是比较有利于解放社会生产力的。从这个意义上说，中国人有理由建立自己的战略自信。

然而，我们不得不承认，“在通往未来的道路上，在这个正在生成的崭新世界里，也许最好的尚未来临，也许繁荣生成的时候，腐烂已经开始”[①]。我们在收获经济繁荣的同时，曾经遭遇了前所未有的腐败；我们在经济崛起的同时，也饱尝了经济结构严重失衡的痛苦以及精神沉沦和社会塌陷的折磨；我们在享受辉煌荣光的同时，也曾经历了可能万劫不复的危险。

实践证明，体制问题不仅鲜明地见于经济领域，而且突出地见于政治领域。我们的市场经济体制、政治体制乃至整个基本制度还很不完善。如果作一个综合表达，就是说，中国的发展机制即所谓的“中国模式”还不完善。它并不完美，而且带着沉疴，面临着艰巨的改革和升级任务。我们必须保持高度的清醒，必须坚定地推进改革，用改革和创新消除沉疴，才能化险为夷，延续崛起的繁荣之路。

---

① 吴晓波:《激荡三十年》，中信出版社，2015 年。

经济繁荣下的腐败和塌陷

实践是检验真理的唯一标准，也是检验体制、制度和发展机制的唯一标准。把“中国模式”完美化、绝对化的人自然同我们一样为中国经济的繁荣与崛起而欢欣鼓舞。但他们没有清楚地看到与经济繁荣同时发生的日益严重的权力腐败和社会塌陷，更没有看到腐败和塌陷其实就是“中国模式”的产物。

以权力腐败为突出表现的腐烂作为对社会主义价值的反叛和对人类文明的亵渎，它不仅严重地消耗和损坏了改革发展的成果，而且严重地伤害了中国继续崛起的基础和力量；不仅让我们中国人自己在精神上饱受苦痛，也损害了中国的国际形象，在世界上蒙羞。

曾经的腐败、尚未得到医治的腐烂和塌陷，正在让中国崛起陷入中道沉沦的危险。

1. 思想观念的大幅度滑落

精神滑落和塌陷是腐败的开始，也是腐败的重要表现。

人的社会行为是其价值观的反映。社会行为的腐败始于价值观的堕落。价值观的堕落即精神塌陷既可以是个体性也可以是群体性的。我在这里所说的精神塌陷具有比较广泛的社会性。

（1）极端功利主义泛滥。作为一个社会的转型过程，我国从计划经济体制向市场经济体制的转轨剧烈地冲击了既存的价值体系，同时也提出了创建新的价值体系的任务。但实践中，在很长一段时期内，这个过程相当盲目。当一些左翼人士还在痴迷地为捍卫传统的社会主义制度而呼号，普罗大众还沉湎于传统价值观念或彷徨犹疑之际，那些深谙世道变幻、明晰地预感到“社会主义计划经济”以及与之相适应的道德体系行将瓦解之类的“识时务者们”已经转向极端经济功利主义和拜金主义，直接或间接“下海”淘金。在体制转轨的当口，他们“一切向钱看”的高论和利用价格双轨机会大赚其钱的行为，产生了强烈的示范效应，很快在全国掀起了经济功利主义和拜金主义的狂潮。

在当代中国，获取经济利益和金钱的机会确实稀缺。一般地说，人们追求成功、金钱，是合乎情理、合乎法律，也合乎道德的。中国市场经济活力的积累和喷发、中国经济的高速增长都依赖和得益于这样的追求。没有这样强烈的追求，中国经济的迅猛崛起是不可能实现的。从这个意义上说，这样一个转变不是坏事。它是中国人思想解放的一个必要过程。如果把这个变化放在中国几千年“耻言利”的历史和文化背景下来评估，其革命意义更是巨大的。一个“耻言利”让中国人不能长期名正言顺、大大方方地表达利欲，追求利益。这个传统和悲哀不能再继续下去了。

但是，逐利作为经济行为应该有经济规范，作为社会行为应该有社会规范。尤其对于高级干部和社会精英而言，他们对功利的追求不应局限或停滞于一己之私，更不能将个人的功利追求置于社会功利、人民功利和国家功利之上。国家干部所以为国家干部，精英们之所以是精英，是因为他们被赋予了普通百姓所没有的国家责任和社会责任，他们的内在素质同时也赋予了他们一些普通百姓所不能承担的较大的社会义务。国家干部和精英们必须具有超越世俗的思想境界和责任担当，不能埋头于狭隘功利，更不能沉湎于个人和家庭功利。然而恰恰在这个问题上，我们的一些高级干部和精英没有守住这个底线。他们走向了经济功利和拜金主义，观念变得庸俗化了。一些人对功利、金钱的追求基本没有原则、边界、尺度和规范。作为价值进入人心的功利、金钱已经在事实上变成了绝对的东西、最高的东西，从功利到功利，从金钱到金钱。经过这个过程，人们的价值观在相当程度上普遍地陷入低俗化、庸俗化。这是一个由观念和文化变革而引发的精神滑落和塌陷。

（2）极端实用主义泛滥。作为哲学的实用主义，杜威的学说曾经来到中国，但这并没有对中国产生多大影响。我们这里所说的实用主义是中国土生土长的思想观念。

也许是因为当时的中国经济与西方相比，很落后，明智之士认为中国必须切实发展经济，而且为了尽快实现经济发展，可以不必过多地思考发展手段。邓小平关于“不管白猫黑猫，捉住耗子就是好猫”的论述以典型的中国语言代表了这种思潮。在民间，老百姓也许是因为穷怕了，对“猫论”更是心领神会，推崇备至。经过上与下的思想交融，这个东西演变成一种中国哲学和中国性格。

一般地说，这种实用主义注重实用，虽然偏执于功利价值，但总比那些轻浮的虚假好。这也是中国的现代思想和文化改革对儒家文化传统的一种反拨，一种纠偏。可是，在我们注重实用价值的时候，真的可以放弃其他所有价值吗？比如诚信、规则。这两者都是现代市场经济和社会得以存续和稳定运行的基础。没有普遍的诚信，社会就会乱套；没有共同遵守的规则，社会就会无序。然而在共同接受和实践实用主义的时候，很大一部分人恰恰把这两个东西丢掉了。这又是一种由于思想和文化改革而发生的精神滑落。

于是，我们看到极端实用主义开始在中国泛滥，到处都是极端实用主义的“风采”。例如，企业不讲技术标准，不考虑产品的卫生性和安全性，甚至不管它有毒无毒，只要能赚钱就是上上大吉的生产和营销；利用他国商业的高度诚信制度“借穿衣服”“买后索差”[①]之类的“聪明”行径。

（3）极端机会主义泛滥。几千年的中国基本上都是“静定不变”的，国人几乎没有机会概念和机遇意识。自辛亥革命以来，中国倒是开始了剧烈变化。但由于长期的主题都是救亡图存，国人更多的是忧患意识，机遇意识却依旧稀薄。所以，改革开放以来，党和国家立即从战略层面意识到机遇难得，必须让国民树立机遇意识，于是大力倡导机遇意识；站在社会底层的民众则从自身的角度强烈意识到发家致富的机遇难得，于是努力捕捉致富机遇。这是我们整个民族机遇意识的形成和普及的过程，同样具有解放思想的意义。但同极端功利主义和极端实用主义的生成一样，这种思想解放也没有按照理性的轨迹演进，因而成了一种精神滑落，机遇意识在相当广大

① 庄佩璋：《被宠坏的中国式聪明》，微信公众号“洞见”，2016 年 1 月 25 日。

的范围内成了机会主义，甚至极端机会主义。之所以如此，是因为我们保留下来的文化观念无论是儒家思想，还是革命思想抑或是传统社会主义观念都不能与机遇意识配套相接，并将其框定在一个适当的“度”上。机遇意识一旦变成无边无界的机会主义，便从民族智慧转变为社会精神公害。

这“三个极端”主义彻底冲决了中国传统文化编织的道德罗网，也搅乱了现实社会的发展秩序和生活秩序。好在在中共领导下，不论是官场还是社会都有一大批深具定力的人士。正是通过他们，我们的民族在总体上依旧在正走直行。

2. 公共领域的腐败

经济功利主义和拜金主义价值观的泛滥让平民百姓更加勤奋，他们寄希望于自己的诚实劳动发家致富，这是功利主义大潮的积极效应。极端实用主义和机会主义在平民社会都有一定的正面意义。

但对于手中握有公共资源的人来说，这个效应相当复杂。一些人手中的资源在不经意之间被“寻租”，更有一些人主动地把手中的公共资源向需求者“出租”。在社会的管理制度和规范体系未能对这类行为做出有力的制止和惩戒前，这类行为就在实际上得到了一定程度的默认。于是，以权力及权利谋私便成了人所共识的致富捷径，“权力（利）不用，过期作废”，“办事必须给好处”等，成了通行的潜规则，腐败开始在公共领域泛滥，形成政治性和社会性塌陷。

（1）官身腐败。在私人领域，人们有高尚的自由，也有自私的自由。但在公共领域，政治精英作为公共权力的承担者和行使者，其个人智慧和能力与公职绑在一起，因而具有公共性。以个人智慧和能力为基础的权力行为都必须是公共性和公益性的，即权力和能力只能为民所谋、为民所用。公权官身私用，不仅悖德，而且违法。这是一个很高的要求，也是一个基本的要求。凡志愿为官者，都应该有这样一个近于苛责自己的思想准备。所以，官员们的价值观一旦庸俗化，是一件很可怕的事情。私心侵蚀操守，个人的智慧和能力会变得不安分，职业行为就会堕落，这就是官身腐败。

在功利主义和拜金主义排天狂潮的裹挟下，已经发生了大面积的集体性腐败。许多领导机关、团体和领导干部、工作人员几乎都变得非常“现实”，非常功利。他们似乎忘记了自己的身份，忘记了应该遵从的职业规范，忘记了应该站在怎样的价值高点上，以怎样的作为和操守造福社会、为民众服务；他们也可能没有忘记这些，但他们已经视这些规范和操守为陈腐和无聊，把遵从应有的行为规范视作“呆”和“傻”。于是，他们热心于个人利益，甚至狂热地追求个人利益。其中的“规矩者”从集体逐利中谋取好处；“乖巧者”则抓住各种机会积极谋私，变得庸俗、功利、俗不可耐。在此种庸俗化的风气下，心系民众、精忠报国、认真工作的人越来越少，公心泯灭，一门心思谋利、谋权，再以权谋利的人越来越多。他们颠倒地认识自己与人民之间服务与被服务的关系，恃权而骄，高高在上，高视于下，官僚主义猖獗，把“尽职”变成敷衍，对民众的冷暖和诉求置若罔闻，麻木不仁。这种庸俗化趋势在一段时期内已成为一种潮流、一种时尚。洁身自好，则被看作是不识时务的呆人、怪人、庸人。

在这种庸俗化的风气下，许多人相信利益和金钱是万能的。他们没有底线，缺乏原则，用干部、组班子一味追求利益的平衡，处理矛盾和问题也一味用利益去“摆平”，把官场搞得肮脏不堪。同时，大量公款被侵占和挥霍，大量社会和企业利益被掠夺。他们利用手中的权力，建立特权基地，大搞特权福利；大建楼堂馆所，公款大吃大喝，尽享特权奢华；利用公款建造高档豪华公有私用住宅，享尽特权好处。用车追求更高档，办公室力求更阔绰，宴请讲究更体面，福利追求更“特供”。公务活动贪大求派，人员浩浩荡荡，甚至安排美女陪同。把大量时间用在打高尔夫球等高档娱乐上，热心于玩，精心于玩，醉心于玩。

其中最恶劣者，就是行为市侩化，把行使公共权力变成一门生意，政府权力部门化、部门权力个人化、个人权力利益化已经相当普遍。权力行为和权利行为一定要连带着灰色收入，使之成为潜规则，不给好处不办事，给了好处还乱办事。大贪者则恃权横行，或以权直接谋私，或运用权势上下其手干预公共权力的运作，为自己和亲友谋取利益，把公共权力和权利变成最有效的敛财工具。权力的腐败反过来极大地抬升了权力的市场价值，权力被空前地看好和追捧，许多人拼命要官、争官、跑官甚至买官。官职被标价，明码“拍卖”，实为官场黑暗之最。这些通过权力关系联系在一起的人越来越向着集团化演变，彼此封官许愿，拉拉扯扯，结帮搭伙，自垒山头，彼此借重，权权交易。他们甚至野心膨胀，挑战和觊觎党和国家的最高权力。这种极为严重的腐败，已渗透到党和国家的权力中枢，可见以权谋私的面有多大，有多普遍，多么令人触目惊心。

官员腐败、官场腐烂已经将国家和人民置于非常危险的境地。官员腐败和官场腐烂到这个程度，不少人的政治身份和职能已经质变，国家利益、民族大义、社会正义都会被他们抛在脑后，只有利益才是他们的至爱。苏联解体时，由国家圈养的高官们很少有人站出来保护国家，因为他们的思想和身份都已经完全腐烂。我国当代公共权力的严重腐败和腐烂，让国家的发展面临危局。

（2）老板腐烂。企业是另一个公共领域，这里亦有腐烂发生。

在当代我国，社会资本力量的生成，从城乡“放开搞活”开始。那些以少量资金或零资金起家的个体工商户们利用国家的优惠政策，做生意、搞加工，或者利用国企转制的机会形成个人或合伙所有的资产和生产力。经过艰苦打拼，他们中的一些人完成了原始资本积累，形成了我国新一代老板阶级和资本力量。他们的资本经济生涯也就由此开始。他们用自己的创业实践和发展实践证明了他们是中国经济高速增长的重要力量，也是中国崛起不可或缺的重要力量。随着国有企业改制和转制以及境外资本的进入，中国的老板阶级形成国有资本、民间资本和外来资本的三大板块。他们的共同经验证明，资本力量、资本主义的资源配置方式不是坏的、恶的丑东西，而是民族、国家和社会的重要财富。他们不断地积累资本，不断地扩大社会再生产，拉动了社会就业，并把民众带进消费中来，带动了经济的增长和社会财富的增加，改善着国计民生，具有马克思所说的“令人尊敬的历史价值”。

同时，我们看到，我国的老板阶级和资本力量的整体素质不高。他们已部分腐烂并腐蚀着其他社会肌体，并催生着更大范围的腐烂。

为了充分发挥资本所有者令人尊敬的“历史价值”，加快经济发展，我国在很大范围和很长时期内实行了惠商政策，政府对投资者在获得生产要素、立项审批、市场准入和税收等方面给予了许多照顾。以政策方式惠商，会产生寻租行为，当然不如法制惠商，但有政策总比没政策强。在企业权利结构制度和资本权利对国家权力运作的参与制度上，国家对资本权利网开一面，是相当支持甚至是比较放任的。老板及其代理者们大量被吸收到人大和政协等国家组织或准国家组织中去，参与国家和地方政治权力的运作。在由国营企业转制而来的民营企业中，曾经设置但并未发挥实质作用的职工代表会议、工会在改制中被撤销；在比较有规模的民营企业中，基本上没有建立工会组织，资本权利成了没有制衡的绝对权利和权力；尚保留工会组织或新设立工会组织的，大都为老板所倡议。这样的工会组织，当然不是资本权利的制衡力量，而是资本权利的附属力量。它的职能是为老板管理企业作工具性服务。由于没有制衡机制，资本权利成为企业的绝对权利和权力，资本权利的腐败堕落随即大量发生。劳工的工作条件、工资和去留都是由老板“一句话”作决定，基本上“没商量”。一些老板为了提高资本利润率，更多地赚钱，大幅度压低工资，经常拖欠工资，时而延长劳动时间，加大劳动强度，在职工工作条件和生活条件方面不作投入、少作投入，甚至侵犯职工的人身权利和自由权利，加剧着社会权利关系的不平等。

资本权利腐败和腐烂还表现在经营行为上。历史上的商人一旦发达了，无不交通权贵，与权力结盟，一方面寻求权力保护，另一方面仗权行商，获取高额利润。为了持久地获取高额利润，有的甚至以钱铺路，钻营为官，直接占有权力，由民商而官商，即所谓

“高贵比封君，奇货通宰卿”。到了今天，由于政府权力设置过多、过滥和较多地采取政策方式惠商，强大的法制并没有割断中国的老板们与政府权力之间千丝万缕的紧密联系，政商结合、官商勾结比比皆是。官商之间有的是一次性的相互利用，狼狈为奸，有的是牢固的长期同盟，互利互惠。公共权力与资本结盟，不仅把许多企业变成了公共权力私有化和变现化的平台，也把公共权力变成了资本的工具。在这里，资本腐烂连带着公共权力腐败。这是社会基础与上层建筑的同时腐烂。资本一旦靠上权力，便更加没有底线和胆大妄为。从汉唐到明清，许多商人发达并有了权力的保护之后，都回头去当地主。他们兼并和囤积土地，囤积钱币，并“厚利放贷，损陷饥贫”，制造社会混乱。相较之下，现今的老板有过之而无不及。他们或者特立独行，或者建立攻守同盟，囤积稀缺资源，推动市场大起大落，从中获取暴利。有的甚至恶意做空股市，对冲市场调节和政府调控。有的置天理良心于不顾制造和销售假冒伪劣产品，特别是置人民生命安全于不顾生产和销售假药和有毒食品。这种只要快快发财，哪管它洪水滔天的黑心行为，把我国资本权利的部分堕落和腐烂推到极端。

资本权利的腐烂突出反映在生活方式上。司马迁在《史记·货殖列传》中，记载了西汉初期的21位富豪。他们发达之后，都首先把大量资金投入消费，表现出极度的奢侈性。他们“衣必文采，食必粱肉，奢靡无度”，“享乐可比王君”。晚唐时期，许多商人“恣其乘骑，雕鞍银镫，装饰焕烂，从以童骑，骋以康庄”。比起历史上商人们的奢侈，我们现在的一些老板除了“奴婢千群”“转役成兵”不能与古代一比之外，其他方面同样有过之而无不及，已经达到了穷奢极欲的程度，疯狂消费及其大肆张扬无所不至。在这种奢侈和疯狂中，他们的“历史价值”已经大量流失。这些人作为先富起来的“一部分人”中的一部分人，为社会作了一个腐烂的示范。

（3）公益腐臭。公益服务是另一个公共领域。这里，已不再是文明的净土。公益事业、公共产品紧紧地关联着民生，广泛地联系着群众利益。在庸俗化、功利化浪潮的冲击下，公益服务在一定程度上被搞成市场买卖，有的地方甚至臭气熏天。

教育滥收费、高收费让老百姓苦不堪言。许多人作为“人类灵魂的工程师”，利欲熏心，义务教育变成市场化服务，有的甚至公然向学生及家长索要好处，已不能为人师表。在他们的言传身教之下，学生们正在被培养成“精致的利己主义者”，学术论文作假成风，国家未来堪忧。

“白衣天使”救死扶伤，是人类爱心的使者。但也有些医院却成了“宰人”的场所，医生成为唯利是图的俗人，为拜金主义所俘虏，“白衣黑心”现象令人恶心。

一些新闻媒体也在努力向钱看，甚至一些由国家出资建设的电视台为了赚钱也在为假冒伪劣产品播放广告，台上台下形成产业链条，有偿新闻屡禁不止。

学术和科研机构也被功利主义和拜金主义浪潮所裹挟，许多人假科研之名行捞钱之实，无实事求是之意，私窃滥抄，名家、大师遍地，学术成果无多；官本位，官僚化，装腔作势，弄权于科学殿堂，堕落得宛如社会混混。一位俄罗斯中国问题专家对中国社会科学领域现在的一些专家，表现出“极大的不屑”，认为中国的专家就是“开会、旅游和吃喝”。在研究工作中，中国专家学者基本上是“诠释型或技能型的工具”，没有独立的批判精神。

其他方面的公益也在一定程度上发生着腐败和腐烂。秦皇岛自来水公司的一名科长竟能贪污索贿过亿元，说明腐败的病毒已广泛蔓延。

3. 平民社会的塌陷

30 多年的市场化改革和工业化、城市化建设是一场浩大的民族文化洗礼，中国普通民众的知识水平、社会视野和整体素质有了很大提高，法制意识、社会责任意识以及对国家的认同感也都有了一定增强。但不容否认，公共领域的严重腐败严重破坏了党和国家政权以及我们的“社会主义社会”在群众中的信誉和形象，群众对国家政权的认同和依赖下降，有的甚至根本就不信任。公共领域的腐败同时又是一个巨大的污染源，给平民社会以一个很恶劣的示范和导向。在它的腐蚀下，群众的价值观混乱，爱心遭受伤害，公平和正义感减退，平民社会在一定程度上劣质化，一部分老百姓收入水平提高了，幸福感却少了，衣着光鲜了，内心却扭曲了。有人说，如果从平民中选出100人当官掌权，那么经过一段时间，这100人会百分之百地腐败。这意味着痛恨腐败的平民在思想上腐败得更甚。

我个人认为从整体上看，平民社会在一定程度上已经向痞赖、冷漠和政治逆反沉沦。

（1）痞赖。上有腐败，下必无赖。公共领域的腐败和腐烂让许多百姓更加扭曲地理解人生、认识社会。鉴于腐败者的暴富，他们转而极度重视关系同时轻视能力，极度重视机会轻视劳动，极端自私同时罔顾国家和社会，极度珍爱自己同时无视他人。他们对社会没有参与和建设性，只有索取和对立。他们仇富仇官甚至仇视知识精英。在他们心里，似乎整个国家和普天下的人都亏欠他的。其中严重者已经痞赖化。许多人由痞而刁，肆意冲撞社会规则和公共秩序，甚至到了胡搅蛮缠的程度。那些在房地产拆迁中漫天要价的“钉子户”，那些在公共生活中视公共利益如草芥，肆意妄为、蛮横不法者，都是由痞而刁的代表。

在他们的思想和行为中，有着浓厚的民粹主义成分。他们视自己的利益诉求为天然合理，没有法律和政策底线，也不需要法律和政策支持。他们没有理性和良知，只有无边无际的利益追求。

（2）冷漠。冷漠是对官员腐败和官场腐烂的反动，有其正义一面。但作为一种消极化的人格，它对国家和社会具有很大的危害性，也是一种精神沉沦。它表现为对社会、对民族共同体漠不关心，缺乏认同感和归属感；对国家建设和发展缺乏应有的热情和使命感；对与自己不熟识、不相干的人一概缺乏信任，甚至充满强烈的危险感和戒心。这些人对社会冷眼相向，没有同情心，没有责任感，没有道义担当。这种人只把热情和友谊给予亲人和友人，给予自己生活和交际的小圈子。随着世代交替，冷漠型人格正在快速普及，成为许多青年人的基本性格。在这个趋势下，我国社会正在进一步"熟人化""圈子化"、碎片化，普世性的道德亲和力和凝聚力正在弱化，社会公德止于熟人和一个个小圈子，道德链条正在断裂。这无疑是道德意义上的社会沉沦。

冷漠作为一种人格，其本质是人性的极度自私。凡冷漠之人，都特别在意和追求自我利益及感觉的满足。他们的幸福感只在于自利和自利欲的实现，利他无论如何都不是他们幸福感的源泉。他们的关心、爱心、信任、热情、柔情都是功利的和利己的。在他们看来，对社会、对外人释放关注和热爱是严重的资源浪费，明智的做法就是冷漠。因此，冷漠者的价值观和社会观是极端的个人主义和利己主义。从这个意义上说，冷漠是对社会价值的否定，也是对社会主义的逆反。冷漠愈是普及，社会愈是被撕裂，社会关系愈是会劣质化，社会主义事业愈是会遭遇软阻力。

（3）叛逆。冷漠人格发展到极处就是叛逆。冷漠者对社会、对国家、对党和政府、对政治精英从不信任开始而"冷"而"漠"，感情上已经是一种抵触和对立。所以，冷漠者对社会主流、对党和政府的意愿在心理上是逆反的。愈是党和政府倡导的、社会共同向往的，他们愈是持批判和反对立场。在他们的思想和行为中，有着浓厚的民粹主义成分。他们视自己的利益诉求为天然合理，没有法律和政策底线，也不需要法律和政策支持。他们没有理性和良知，只有无边无际的利益追求。在知识界，一些人视自己的国家为寇仇，幸灾乐祸，甚至希望国家发生灾难。美国和日本牵头初步达成的"跨太平洋合作伙伴经济协定"（TPP）也成了这些人咒骂自己国家的由头，无知得可悲，邪恶得可憎。在他们的搅动下，社会关系正愈发劣质化。这些人大都崇尚平民主义和"大民主"，主张绝对公平，政治上持激进立场。这种冷漠和逆反发展下去，将是政治上的叛逆，冷漠者将成为政治反对派的"啦啦队"甚至帮凶。

总之，腐败及其引发的社会塌陷是相当严重的。

腐败生成于发展机制的病态

这么严重的腐败和社会塌陷显然不是产生于个别的决策失误；同时，腐败和社会塌陷与国家经济繁荣和崛起同行有年，也不可能产生于某某政治人物存心“复辟”。严重腐败和社会塌陷的发生只能有一种解释，那就是我们的发展模式有问题。或者可以说，形成于改革过程中的“中国模式”是一种病态的发展模式。正是这种病态的模式，让严重的腐败与经济繁荣一同发生，且藕断丝连，共荣共损。也可能正是因为如此，从根本上反腐、治腐才是一场极其艰难的攻坚战。

1. 发展机制的形成及其放任特征

我们知道，当代中国的改革是以市场为取向的改革，中国选择了市场经济体制。表面上看，这个选择义无反顾，很坚决。但就执政党和我们整个民族的心理而言，这其实是一种有限的、有保留的选择。中共中央正式文件对中国市场经济的正式说法是“社会主义市场经济”。这里的“社会主义”就是一个限制，一种保留。其具体的重要体制含义就是政府主导，其背后所隐含的重要保留之一，就是对腐败和腐烂的警惕。而之所以做这样的选择和保留，走政府主导的市场经济道路，凡是了解当时情形的人都知道，这显然是一方面借鉴了亚洲“四小龙”经济崛起的经验，另一方面也是鉴于包括韩国在内的一些市场经济国家腐败和腐烂的教训。这后一方面，又恰恰与中国对资本主义腐朽性所持的强烈批判立场相契合。

所以，对于在改革开放和经济建设中可能发生的权力腐败和社会腐烂，中共一开始就是清醒的。早在改革开放之初，中央领导同志就反复告诫全党警惕腐败和打击经济犯罪，防止把社会风气搞坏，要做到“两手抓，两手都要硬”。

然而，我们所看到的真实情况是，对于腐败和腐烂现象还是有相当的宽容，中央迟迟没有使“硬”手、下重手。到党的十八大之前，反腐这“一手”一直没同经济建设这“一手”一样硬起来。为什么？因为按照党的基本路线，发展是中国最核心的价值取向，也是中共最核心的执政目标，具有压倒其他价值目标的优先性。当时中国所面临的主要矛盾是经济落后。因为经济落后，群众生活困难，从而引出了政权的合法性等一系列问题。这就迫使中共不能不把经济建设作为党和国家压倒一切的中心工作。所以，“发展是硬道理”。“硬道理”是什么道理？是刚性的道理，是不能变通和折中的道理，也是可以冲击一切道理的道理。在这样一个“硬道理”之下，反腐当然不能太“硬”。为了加快发展，政府一直努力为发展解禁，反对设限，强调“不管白猫黑猫，捉住耗子就是好猫”。“猫论”在当时不仅是发展观念，而且是政治观念，不仅是管理思想，而且成为社会政策。这样，反腐就被限定在“以经济建设为中心”的思想理论框架和政策框架之内，一直“硬”不起来。这就在事实上把经济发展导入一个具有相对放任的发展模式中去。正是在这种比较放任的发展模式中，经济活动很是有些有恃无恐。于是，不依法、不依规的行为大量滋生，经济发展过程和成果中也不可能没有扭曲和腐败。

与此同时，中共既基于经济效率考量，也基于反腐考量，领导国家选择了“政府主导”的市场经济体制，还有一个传统文化的因素在起作用。由于中国传统政治体制的威权特征，中共倡导和推动国家借鉴并采用政府主导的市场经济体制，显然是把中国既有的政治体制的存续作为前提，并希冀依托其威权特征把国民经济控制于政府的股掌之中。这既可以让市场机制为国民经济注入活力，又可以在政治上保持一定程度的连续性，操作起来比较便利，不致引发政治动荡。然而我们看到，恰恰是“政府主导”的体制设计，造成了权力过多、过滥的设置，政府对资源和机会的过强管制，才使经济活动表现为普遍的“寻租”，腐败现象得以大面积发生。

这就是说，中共在改革开放之初的体制选择和设计本身，就包含着巨大的内在矛盾。这个矛盾体，就是以政府为主导、以经济建设为中心、以市场经济为平台的具有一定放任性的发展模式。历史先于人的选择。历史为当时的决策提供了这些条件、要素，人们只能在历史设定的边界内进行“组装”。人们既没有力量另行生产体制“部件”，也没有力量超越历史提供的逻辑别出心裁地“组装”发展机制。

此后，以市场为基础平台、以政府为主导、比较放任的发展模式得到了很好地坚持和继续。江泽民强调反腐，却也通过“三个代表”的论述更高调地坚持中共以经济建设为中心的路线不动摇；胡锦涛强调反腐，却更明确地讲“集中精力谋发展，一心一意搞建设”。他们主张坚决反腐，誓言“不论什么人，一经腐败就要坚决查处”，是真诚的。但在他们的思想深处都毫无疑问地存在一个“投鼠忌器”式的顾虑，担心反腐可能冲击经济建设、影响经济发展。这样，发展作为硬道理一直在畅通无阻，任性而行。当时流行的那个“效率优先，兼顾公平”口号最清楚地表达了当时人们的结构性价值认知和选择。尽管国家经济状况持续好转，并在总量上连续超过一个个西方强国，但经济建设还是“第一要务”，党和国家的掌舵人还是都不愿意冒犯“发展”这个不可侵犯的“硬道理”。于是，反腐的硬话讲了许多，反腐实际工作的“硬手”一直到十八大之后才出现。

政府主导的比较放任的发展模式有效地支撑了中国经济的高速增长和崛起，功不可没。同时，它为权力腐败和社会腐烂提供了现实平台和机制。在这种模式中，只要有利于经济增长，有利于发展，都可以放手去干，并得到政府的支持。所以，在过去那些推动经济增长的大量建设项目中，有相当大的部分是没有规矩的，有规矩的也是没严格按照规矩做的。因为不规矩或不大规矩，腐败之手即有机会作为，这样的项目就一定不干净甚至很不干净。一些责任官员基于职责所在支持项目建设，但公心中往往夹带着个人的功利心，使他们对项目建设的支持更坚决、更积极，这也让项目变得更有速度、更有效率。有的项目甚至就是权钱交易、利益输送的产物，没有腐败，就没有这些项目。企业为了争取到建设项目，或者为了取得政府和官员对项目建设的支持，都要积极去做“工作”，按照潜规则上下打点，疏通关节，让各方皆大欢喜。即使没直接交易，“人情”上的事情是免不了的。因此，这里边程度不同的利益输送和交易是很普遍的。其中，最恶劣者是官员以项目“钓鱼”，引诱企业“上钩”；企业则赤裸裸大把花钱腐蚀拉拢官员，同时形成资本权利腐烂和经营行为腐烂。在国有经济领域，国有企业干部在享受国家干部待遇的同时还享有市场经济的巨大好处，所以，他们吃得起辛苦。他们风风火火地闯市场，为国企注入了强大活力。现在把他们按照国家干部标准严格地管起来，国有企业的活力立即不见。在目前经济增长下行压力增大的因素中，肯定有反腐的影响。过去央企做项目的积极性很高，在各省区都有他们积极跑动的身影。但现在，这个积极性低了、没了，可能设立的项目没有人推动设立，可以做成的项目没有人积极把它做成。显然，腐败和腐烂曾经是项目建设中的重要动力和“润滑剂”，发挥了强化项目建设经济动力、提高项目建设成功率的作用。如果大幅度降低对腐败和腐烂的容忍程度，甚至实施“零容忍”，有些项目是做不成的，我国前些年的经济增长速度肯定不是已经达到和实现的那个高速度。

因此，我们的发展模式是一种病态的模式。腐败和腐烂作为一个发展方式的问题，与经济活力和经济增长速度粘连在一起。从治本角度去看，对两者进行切割，不是一件容易的事情。不改革发展模式，腐败、腐烂就会永远与经济增长粘连在一起，就有滋生的条件和温床，让执政者难以真正“下重手”“下狠手”。

2. 发展机制的放纵空间和形态

上面所说的，还只是中央政府对“中国模式”的设计和操作。在实际上，中央设计的发展模式一旦被投放社会，就必定会与社会的历史因素和文化因素互动，并使它有所改变，功能被放大，效应更复杂。

（1）三大空间。在实际生活中运行的中国发展模式，首先可以被理解为一个由政治理论、政府权力和法律制度共同构成的社会经济活动空间。我把这个空间再分解为三个维度即三大空间。

第一大空间是由“硬道理”开辟的经济活动空间。在当时那种贫穷的状态下，一句“发展是硬道理”，就为中国民众和企业开辟了非常广大的经济活动空间。只要是致力于经济发展，并有利于发展社会生产力、有利于提高综合国力、有利于人民幸福，就是被允许、被鼓励的。这个“空间”不仅大大地跨越了过去“社会主义与资本主义两条道路之间的界线”，而且突破了一般威权体制国家普遍为经济活动设置的结构界线和技术界线。

第二大空间是由为人民服务的神圣性开辟的权力设置和运作空间。在中国，执政党和政府都把为人民服务作为自己的宗旨。为人民服务的神圣性赋予了政府所有的权力设置和权力运作以正当性和合法性。也就是说，政府可以随意设置和使用行政权力。作为一个在政治体制上国家主义传统十分厚重的国家，政府的这种自由，意味着大政府主义可能成为一种常态。尽管政府在实际的改革进程中不断地向市场和社会放权、还权，但政府一直享有高度的权力自由。

第三大空间是由体制转轨和社会转型开辟的法律空间。改革前的中国本质上是一个人治社会，法制很不健全。进入改革时期，整个法律体系都面临着改革和重建。改革作为法律体系的重建过程，法律建设相当滞后。即使已经建立的法律，大都是粗线条的，对经济行为者和行政行为者的约束和规范失之于粗和宽。同时，还存在以言代法、以权力干预司法的情况。所以，改革以来的法律空间很大，人们享有一般社会所享受不到的法律自由。

（2）三大泛滥。因为有“三大空间”，再加上诸多社会因素的推波助澜，就有“三大泛滥”。

第一大泛滥是以自由主义和自利主义为强大动力的经济活动泛滥。与“放开搞活”的改革政策相互呼应，文化领域出现了以《红高粱》为代表的大批张扬自由主义和人本主义的作品。文化与政策合流，共同把被长期禁锢的人的自由追求和利益追求呼唤出来。一时间，发家致富成为生活的主题，人们以“万元户”为目标纷纷投入商界，形成了浩大的“全民皆商”热潮，并由此在中国开启了一个新市场经济时代。这是人性的张扬和释放，也是一种经济的泛滥。

第二大泛滥是“设租”和“寻租”行为泛滥。刚刚从高度计划经济体制走出来的国度，虽有“放开搞活”的政策，对经济活动还是有许许多多的限制，资源和机会大量控制在政府官员手中。于是，狂热地追求致富的人开始托亲靠友找关系寻租，官员以权谋私也开始试水。由于经济活动泛滥，经济秩序失衡，同时思想界也变得狂放，便有了“反对资产阶级自由化”和“治理整顿”，改革后第一波大政府主义回潮。这时，已是市场经济环境，再度加强的政府管制已不单纯，一些官员已开始主动“设租”。此后，在“硬道理”的支持下，经济发展活动继续强劲推进；同时，政府管理也在坚持并不断调整，大政府主义时而强化。于是，“设租”与“寻租”之间相互激化。到实施“四万亿”计划时期，两者之间的勾连和博弈上升到了前所未有的强度和规模。

第三大泛滥是以聚义伦理为支撑的“好人主义”利益链泛滥。由于政府对资源和机会有太多的行政管制，人们不论是升学、就业、调转工作、就医，还是办企业、经商做买卖，都得求人，于是已延续千年的江湖聚义伦理再度强化起来，“哥们”关系泛滥。手里有资源的，互为“关系户”，是“铁哥们”；手里没有资源的，就栖身“大哥”翼下，做“小兄弟”；没有哥们的，只能凄凉自守。只要是哥们关系，而且彼此很“够哥们意思”，不能办、不可办，甚至办了违纪犯法的事，也要办、必须办而且要办好；不是哥们，可以公事公办的事也不能办，即使办，也不能痛快地办。所以，办任何事，包括犯法后的开脱，都要找哥们；没有接洽的哥们，就绕着弯子找哥们的哥们。所有的哥们都是“好人”。哥们泛滥，就是“好人主义”泛滥。由哥们“好人”联结起来的关系链是一个利益链。这个利益链能否维系下去，关键是彼此间利益输送能否到位，把有“难”（事）共担转换成“有福同享”。这里只有利益原则，没有政策原则。也可以说人人没有原则，许多人在出卖原则。这种心照不宣的“好人主义”把社会关系全面经济化和庸俗化。这种交易性的腐败和腐烂，是中国当代腐败的基本形式。

（3）三大问题。这“三大泛滥”几乎把整个社会都裹挟进来，让投机者如鱼得水，让苟且者随波逐流，让自清者悲凉无奈。于是，大泛滥造成事实上的大问题。

第一大问题是官员腐败、腐烂被放纵。置身这种“利益链条”之外的官员，自然不被利益所羁，但他们也没办法改变现实。那是一种时代性的狂潮，一个人的力量是微小的。许多贪腐官员也未必有多心黑，甚至其心本来不黑。但他们身在“设租、寻租”的浪潮中，在哥们关系的利益链条中，选择洁身自好就会得罪人，可谓“好人难做”；要反潮流更不容易，一般人也没有这个能耐，最后轻则灰头土脸，重则头破血流。所以，选择随波逐流，当个“好人”是上上之策。一个官员做如此选择，是他放纵了自己；许多官员都做如此之想，就产生了贪官这个群体。

第二大问题是公职知识精英的腐败被放纵。教育、科研、医疗等领域是知识精英密集的领域。这里的知识精英对国家、对社会比较有责任担当，也有较强的正义感。但长期的儒家文化影响和政治体制的封闭性，让他们的责任担当基本上流于空谈。在“三大泛滥”的裹挟下，他们当中的许多人或出于无奈、或基于自己的功利心都成了“识时务者”。这些人一方面激烈地批评着官场腐败，另一方面又在追赶着腐败，苦心经营着自己的职业权利。但谁来监督和纠正他们的腐败呢？在党和政府主导的体制下，其政府主管部门自然有责任。但在人人都站在“水”里的时代，除了纪检委还有哪个部门、哪个官员会坚决得“眼睛里揉不进沙子”？所以，基本的防范机制就是“先进性教育”等“自查自纠”。

第三大问题是刁民横行被放纵。“三大泛滥”加剧着分配不公和社会矛盾，一方面让民粹主义思潮有了更多与社会冲撞的理由，另一方面也让管理机关严重丧失了政治自信和道义自信。由此，管理机关对闹事者大都采取怀柔和安抚的方式。这反过来，又让一些人变得有恃无恐。

因此，我们称改革中的发展模式是“放任式的发展模式”。

3. 放任性发展机制的主要病灶

放任性发展机制谁之过？

我认为，放任性发展模式的产生，是当代中国的宿命。

放任性发展模式的生成，固然起始于“硬道理论”和“猫论”。但这些理论作为对当时中国大势的理性回应和科学把握，也只是对这一发展模式发挥了基本的“设计”作用。在这种设计的背后以及这种模式开始运行之后，中国的国情即各种复杂的历史和现实因素都在发挥着自己的影响。所以，比较放任的发展模式归根到底是由历史提供“部件”，并由现实力量“组装”。而现实又是从历史中来，还是历史在作“决定”。

历史对当代中国发展模式的最大影响，是传统的政治体制及其价值观。我国现行的政治体制创建于新中国成立之时。它是按照主权在民的民本主义精神设计出来的，在本质上是一个比较先进的体制。但在文化上即它的软件系统却脱胎于民国时代，并在一定程度上保留着皇权专制时代的印记。中国现行的政治体制就是一个杂糅着传统体制和文化的系统。它所携带的病毒、沉疴和新疾都带有历史和传统的深厚印记。这个病毒主要是国家主义，它在过去是皇权专制主义，在现在则是大政府主义。

作为价值观，国家主义以政权为本、以官为本，相信自己远甚于相信社会；作为治理方式，国家主义集资源和发展机会于政府之手，相信政府“有形之手”远甚于相信市场的“无形之手”，置市场关系于不顾，习惯于包揽和独断专行。如果是在非市场经济环境下，国家主义可以通过强权以低效率为代价管住社会运行，那么在市场经济条件下，它的大政府主义行为方式势必与市场调节发生严重冲突，造成超乎寻常的结构性矛盾。不仅如此，国家主义还会因为政府对资源和机会管制太多，使政府被搅入市场运行成为“寻租”对象，并堕落为交易式腐败的源泉。如果说，在改革开放的初期，囿于市场机制刚刚发育，为了争取较快的发展速度，国家主义自然有其存在的历史合理性，那么，在市场机制已经比较成熟并有能力决定资源配置的今天，以大政府主义为形式的国家主义已经越来越变得不合时宜。

为了推进改革，把国家主义的病毒从发展模式中清理出去，以消除其病灶，我们还必须对大政府主义作些批评。

（1）苍白无力的国家主义教化管理。如果我们把中国发展模式的硬件系统（市场环境、大政府、尚不健全的法制）放在西方发达国家，也许不会出现“三大泛滥”和“三大放纵”。这里的主要问题是国民性。比如，在日本，按规定，一个家庭要买汽车，需要先有车库或车位。这条规定对日本全国汽车的保有量是一个有效的限制。日本国土狭小，人口密度为世界之最，但路上却不堵车，这是一个重要原因。但这样的规定对中国人有用吗？没用的。中国人会用许多“方法”解决车库或车位问题——限制不了。所以，中国经济发展模式的病态化，首先涉及的是国民诚实守信的程度问题。

在放任式发展中，官员、企业经营者和其他具有公职权利的人都是有一定选择空间的。但究竟怎么做，是清廉有为，还是庸俗贪渎，全凭个人修为。那么，我们看到的是一种什么景象呢？任性庸俗并下“水”者众，清心守正并有为者寡。正是那些庸俗任性下“水”者中的“实权派”构成了腐烂的主力军。为什么一些政治精英和知识精英的道德操守和自律能力、自制能力如此之差甚至连许多高官都那样爱钱？为什么有人竟然为了钱而甘冒失去自由和尊严的风险？为什么中国人对致富的机会那样重视，以致为了得到赚钱的机会而不择手段？这就是国家主义式的管理和教化的后果。

中国基本上是一个非宗教国家。这决定了中国人的性格相对来说，更务实、更功利，也更缺少内在自律。同时，小农生产方式的长久保持，也让我们的先民们过于长久地生活在家庭、家族即血缘关系中，而不是生活在社会中。作为一种感情和文化积淀，中国先民的价值认同都在家庭和家族里，因而是比较狭隘的。由此形成了以血缘关系为基础的价值系统。由于国是家的延伸，家国同构，中国先民爱国，基本没超越爱家的范式。同时，国家主义政治体制作为一个封闭系统，把平民排斥在外。只有极少数平民能经过科举考试，进入政治体制之内成为“国家的人”。所以，在很长时期内，古代先民缺少国家认同感，公民本来应该具有的爱国主义情操成为让人难以企及的“高觉悟”。这一特点给当国者的国家管理提出了一个难题：从意识形态上把“臣民们”纳入既定秩序，要比宗教国家难得多。自西汉以来，当国者按照国家主义的思路所采取的办法就是尊儒和教化，这也是国家主义的教育方式。史学家顾颉刚说秦始皇为统一国民思想，不让人们读书，汉武帝为了同一目的让人们只读一本书。汉武帝要人们读的一本书，就是儒学，就是《论语》。儒学和《论语》的基本内容是倡导“礼”，即西周之礼。这样一个意识形态制度作为国家主义政治体制的一个组成部分，也就是一个以西周之礼教化人的制度。“文人用之以施教，官吏用之以宣传”，目标就是克己复礼，回归君君臣臣、父父子子，上尊下卑、君贤臣忠、父慈子孝的西周秩序。

按照孟德斯鸠在《论法的精神》中的理解，礼教是法律、风俗、礼仪和道德“四者的箴规”。其中，“道德更具有主导性和代表意义”。由于“礼”所倡导的是尊卑秩序，所以“已被道德渗透了的法律不大有正义、平等、自由的内涵，有的只是刑与罚的意义”，“即一部分人对另一部分人的专政”。“具有典型意义的是所谓‘大逆罪’，任何人对皇帝不敬都要处死刑。”这种礼即是法，强迫人们格外重视人与人的关系，强迫人们对人以礼相待，强迫人们把自己人之为人的自私甚至邪恶的一面隐蔽起来，以避免遭受惩罚。这就造成了古代中国人一个人格上的内在矛盾：为了生存，人们不能没有占有欲；面对专制王朝和地主豪强的剥夺，人们又不可能不心怀不满。这就是说，一个正常的人无论如何都不能完全脱离魔鬼性，成为完全的“天使”。既然是“魔鬼”，就在一定程度上保留着“魔鬼”的品性，同时必须以礼即“天使”形象出现，人们就不得不“装”。在长官面前装，旨在逃避刑罚；在熟人面前装，旨在回避道德谴责。只有在生人面前，人才可能呈现人之为人的真实。所以，教化式的意识形态管理走的是“存天理，灭人欲”的路线，与人性及其运行规律完全相悖。

正因为这样，历史上的治国者虽然倾注全力推行礼教，以至于让礼教无所不至，但收获的，却是虚伪。在虚伪的表象下，人的品格变得更加功利和势利，良知和正义都只剩下虚伪的道德外观。当八国联军打来的时候，过度的自私和虚伪让国人很少能够挺身而出，主动站出来担负起拯救国家和民族于危亡的大义和责任。上至王公下至平民的整体表现证明，以礼教化的意识形态管理制度是完全失败的。

新中国成立后，当年激烈批判儒学和礼教的革命家们开始主导治国。其中，以毛泽东同志为代表的“继续革命论”者甚至把这个批判持续到20世纪70年代。这个持续一个多甲子的批判，让“礼”继续崩坍而实用主义泛滥 。但与此同时，我国在意识形态管理上并没有走出教化模式，模式依旧，所不同的是把以“礼”教化转变为以共产主义理想教化[①]。共产主义作为由马克思揭示出来的人类社会的最终归宿，当然可以作为我们的崇高理想；共产主义品格当然可以为作为我们的人格理想。所以，共产主义也可以作为我们的“天理”。但这个“天理”能够与现实的“人欲”相衔接，解决人的生活矛盾和思想矛盾吗？与尊卑有序的西周礼制相比，共产主义固然不啻为最美好的未来，具有自由、平等、幸福的价值，但同样严重脱离实际，严重脱离人的现实需求，严重脱离人的现实觉悟。正如邓小平同志所言，共产主义风格对少数人讲可以，但对多数人不行。把共产主义强行塞给大多数人，如同历史上以礼为法一样，势必造

① 改革开放后则以社会主义、爱国主义教化。

成人格上的矛盾：人们口头上一定要信仰共产主义，宣扬共产主义，但在现实生活中却要为生存而挣扎。这就是说，清苦的生活条件已经把人的欲望限制在最低层次上，他们只能在生存意义上关怀着自我，自我价值的实现乃是一件遥不可期的事情。所以，共产主义已在这种矛盾中变成了“高调”，人的价值观也在这种高调下变得更功利、更实际、更实用。从以礼教化到以共产主义教化，作为一个未完成的政治飞跃，给我们民族留下的还是面子上热衷于“装”，而内在却极端自利的扭曲人格。

教化式的意识形态管理的这样一个效果，在改革开放后以非常露骨的方式显现出来。当市场经济体制开始生成并发挥作用的时候，长期积蓄于人们内心的自利主义冲动立刻找到了释放的渠道。中国人的功利主义、自利主义和拜金主义表现是那样的轻车熟路和淋漓尽致！观念极端自利，又没有宗教观念约束，既不怕上帝谴责，又不怕死后下地狱或来生做牛马，除了现实利益还有什么可顾忌的？有人惊呼，改革开放让中国人道德沦丧。其实，这里没有什么沦丧，只是因为国家主义的意识形态管制被打破，用以装潢的“外衣”被剥掉。人们以张扬的自利主义真实地表达和实现着自己，这是中国人精神成长和崛起所必须经历的一个痛苦的革命过程。所以，当下的民族精神沉沦可能就是一个低谷。跨越低谷，就是精神高原。

国家主义的教化式的意识形态管理，还有一个非常值得警惕和注意的问题。为了引导民众热爱我们的国家和民族，对我们国家和民族的历史习惯于采取褒扬甚至粉饰的态度。不能严肃地直面历史、批判地对待历史，就会浪费历史资源，损害民族文化发展和升华的机会。不能把历史的真相全面地、如实地告诉人民，那些历史就会以伪形的方式回过头来找我们的麻烦。譬如对“文化大革命”。为维护党和领袖的尊严，在中央已有正式结论之后，似乎没有再“折腾”它的必要了。然而，随着对腐败、分配不公等现实问题展开批判的泛起，一些“70后”的青年人就望文生义地认为，“文革”是中国“五四运动”和法国大革命那样的革命。这是一个非常荒唐和麻烦的问题。这样认识“文革”直接把改革开放和现代化建设置于不义的境地。这就逼迫我们必须再度“折腾”“文革”，把历史的真相再次告诉青年人。所以，与其反复，不如全面“开放”历史，为褒扬而矫饰没有必要。

（2）过多、过滥的国家主义权力设置。与国家主义的意识形态管理同时存在的是国家主义的资源和机会管理。这种管理造成了机会稀缺和财富贫乏，并形成长久和强烈的机会和财富饥渴。蓄之既久，其发必速。所以，改革作为机会的开放过程，立即让中国人惊喜和发狂。人们的致富热情如春潮浩荡，没有边界，没有止境，没有套路，没有规则。这个情况大概是中国改革的总设计师邓小平和当时中国其他领导人无论如何也想不到的。

大量的腐败案件和违规案件共同证明，权力配置畸形化，官员手中权力过多、过大、过滥是放任式发展的必要条件，也是腐败发生的必要条件。权力设置密度越大、权力与经济利益相关度越大，发生腐败的风险和概率越高；政府项目规模大、集中度高的时期，也是腐败最猖狂的时期。

权力之所以被过多、过滥地设置，一是因为传统。正如前面所说，中国传统政治体制是一种国家本位主义即国家主义体制。在这种体制下，国家即政权体系过多地甚至独立地占有权力，在国家和社会之间形成片面化和畸形化的权力分配关系；在权力配置片面化和畸形化之下，权利的分配当然也必然是片面的，皇族、官僚、地主豪强甚至衙门中的“公人”都拥有很大的特权，而平民百姓只有基本的生存权和从事简单再生产的权利。这种畸形化的权力和权利结构历时千年，已成为一种文化和传统。二是基于为人民服务的正义性和高尚性。到了新中国，执政的共产党把全心全意为人民服务作为执政理念。为人民服务的正义性和高尚性，使国家机器更多地承担着责任，也更多地增加了权力，权力的增设也任性得无须走法律程序。这样，公共权力畸形化地归属于国家政权体系和干部队伍的情况不仅没减弱，反而更趋明显。大量行政审批和许许多多不是审批的“审批”，就这样日复一日地增多起来。三是中国是一个幅员辽阔的发展中大国，发展不平衡。这种国情要求国家和政府承担更多的责任，因而也需要赋予它更多的权力。所以，尽管30多年来改革没有停顿，国家主义体制遗存和权力增设的势头犹在，以至于中央和各级地方政府不得不一再努力推进职能转变和行政审批制度改革，大量下放和取消行政审批事项。

这些大量设置并相对集中的权力，为官员们谋划和推动经济发展提供了极大的便利。只要党和政府下了决心，并不懈去努力，几乎没有办不成的事。这是发展模式比较放任、发展行为能够任性的体制根源。全世界所共同羡慕的高增长的“中国奇迹”以及严重的产能过剩和经济结构倾斜，都是在这样的权力结构支撑下发生的。同时，权力的这种过多和比较集中的设置还是腐败的体制根源。只要掌权者有意愿，就完全有可能、有机会借助公共权力获得巨额利益。这是因为，权力的畸形配置在政权体系内部形成上下级官员个人之间完全垂直的权力结构和权力制约关系。在这种权力结构中，监督仅仅来自上面。这一方面可以使掌权者轻而易举地影响下级权力的运作，另一方面也造成了权力行为的任性。只要当权者把对上关系管理和经营好，权力行为就是比较安全和自由的，因而是可以相对任性的。

在市场经济环境下，权力任性和腐败主要发生在权力机关与企业发生关系时。权力设置过多、过滥，必然严重压缩企业行为空间，让企业经营活动重重受阻。在这种情况下，企业要发展，就要求助于政府，甚至向政府“寻租”。有的企业甚至把政府作为狩猎对象，以赚取高额利润。这就是说，有市场环境在，过多、过滥的政府权力就有市场，权力就可能被交易，成为腐败的筹码。所以，越是改革滞后，行政权力设置过多、过滥的地方和部门，企业经营越不景气，经济活动就越任性，腐败越高发。这几乎是一个定律。从揭露出来的问题看，腐败的重灾区，多集中在经济权力较多、较大的政府部门，政府转型滞后、权力设置偏多的地区，以及掌握国家巨量资源和巨额资本的国有经济部门和企业；腐败大鳄无一不是权力巨大同时又被资本力量频频攻关甚至被俘获的高官以及大大小小的“实权派”。

在权力畸形化的现实配置中，省级政府权力设置较多，但与市场、项目建设和企业行为距离相对较“远”，权力任性和腐败的风险较小；比较而言，县一级政府权力设置较少，但权力集中度高。许多县市的第一把手权力高度集中，讲话“一言堂”，决策一言九鼎，书记个人的权力已深入到县直各个部门和所有乡镇，没有书记“点头”，没有可以办成的事。特别是项目建设，书记个人的权力已经管到审查、审批的各个环节。在很多地方，不首先与书记疏通，连正常的申报和受理都是不可能的。把权力运用到这个程度，书记早已不再是人民的“公仆”和“秘书”①，其权力任性和腐败的风险是很高的。拥有这样绝对权力的县委书记是想干干净净地往上走，还是先充分享受“权力福利”把自己的腰包揣满再说，抑或是高官与暴富兼得，完全由他自己来选择。所以，县一级党政主官应是防止权力腐败的一个重点。

所幸，许多县委书记的政治素质是很高的；同时，县域资本进入少，“寻租”空间小，严重腐败的土壤不厚。最需要防范的层面还是中心城市的政府。这里既有海量权力，又有海量资本，还有海量的机会。城市的急剧扩张，把城市周边的许多村落及其土地都席卷进来，也让政府、房地产商、镇长村长共同进入发展合作和利益博弈。这里，不论是过去还是现在，都有权力任性和滥用的广大空间，因而都是经济增长和权力腐败的重要生长点。

但要进一步分析的是，在我们这样一个国家，公共权力的任性和腐败是见不得阳光的。心地不善的官员即使手握重权也未必腐败得了。权力腐败的疯狂生长，说到底还是利用了国家主义体制所造成的权力封闭半封闭的运作环境以及程序的低制度化。

我们知道，中国传统政治体制在运行上具有很强的人治特征和

---

① 我国的“书记”职务从苏联引进。在俄语中，书记与秘书是同一个单词。

封闭特征，信息的传递、利益的博弈与平衡、决策的形成与实施一概没有开放性的要求。即使需要开放，那么开放到什么程度，或者说要封闭到什么程度，一切以“人”的意志为转移。改革开放以来，我国政治生活的封闭性持续走弱，开放性持续增强。但由于国家主义政治体制的残余还明显存在，公共权力的运行还远远没有达到高度的透明化和制度化。特别是那些关系到利益分配的权力行为更是很少公开进行的。在许多情况下，愈是各方面热切关注的，就愈是在保密状态下进行。许多事情，包括一些重大事情，就是几个人商量商量就定了，甚至主官一个人就定了，大都没有公开性。近些年，政府和国有企业设立的投资项目、政府资产的拍卖项目、产业政策支持项目等开始实行公开的招投标制度。但在实际上很多项目并没公开招标；走招投标程序的，公开出来的往往是形式和过场，幕后的博弈和交易才是决定性的。没有必要的公开，当然就谈不上依法依制，滥用权力就难以避免。这种不依严格程序的权力行为方式虽然很有效率，却很容易出问题。

因此，如果说权力设置过多、过滥会造成过大的权力任性和滥用风险，那么，权力运行缺少阳光更可怕。如同一切生物一样，没有阳光或缺少阳光，人也会发霉、朽烂，甚至变质。在无约束权力的腐蚀下，没有或缺少阳光，人会快速发霉、腐烂。人，特别是具有一定社会地位的政治精英和知识精英都有强烈的尊严需要。阳光会让他们自律从而更文明、更干净。离开了阳光，脱离了党组织和大众的炯炯目光，人的心理会趋向阴暗，私欲会萌生，行为便易于苟且。已经大量发生的“黑色任性”——腐败都是在不开放、不透明的状态下发生的。权力设置多、“寻租”的多，运作上又不透明，于是一己之私、家族之私、朋友之私、部门之私、利益集团之私都会侵入到公共权力的运作过程中来。

从社会心理层面上看，权力设置过多过滥、权力运作缺乏公开、透明，也把掌握权力的官员与普罗大众区隔为两个彼此隔绝的世界。权力世界高高在上，决定着利益的流向和分配，每日每时滋生着官僚主义，甚至腐败。站在这个世界下面的普罗大众自然会对政权、对官场、对官员产生严重的疏离感、不信任感甚至对立感。当权力世界的贪腐问题越来越多地被揭露和曝光之后，大众也很容易把权力世界中的人都看成是贪官。于是，许多人仇官骂官，甚至对政府产生越来越强烈的对立情绪和逆反心理。特别是那些个人诉求得不到政府积极回应的人，这种情绪和心结尤甚。这就是当前官民关系不够和谐的重要体制原因，也是平民社会塌陷的重要体制原因。

（3）孤独无助的国家主义监督体系。法制和执政党的纪律是发展模式的重要构造。法律守护着经济和社会活动正当与非正当的界线，对官员、企业和经济人及其他行为者发挥着最基本的也是强制性的规范作用。执政党的纪律则对行为者（中共党员和国家干部）是更高、更严的规范。两者从不同层次对尚未腐烂者起着警示作用，对正在腐烂者起着阻吓作用，对已经腐烂者起着淘汰作用。所以，它们对发展行为及其任性具有规范和匡正作用，是发展模式的重要安全系统。

但在放任性发展模式的实际运行中，法纪并没把权力的“任性”和滥用完全管住。许多该立案的没有立案，该查处的没有查处，该执行纪律的没有严格执行，该法办的没有法办。它们的警示、阻吓和淘汰作用还很有限。这当然不是这个系统本身的问题。我们不妨想想，在我们这样一个大国，所有党的纪检和国家监察机关加起来才有多少双眼睛？仅仅靠这些眼睛看住所有党员和干部，保证他们不出问题，那是不可能的。这就是说，我们现在这个监督体系是孤独的，因而监督的覆盖面还比较狭窄。这样的设计和运行方式也源于传统的国家主义体制的影响。

国家主义体制的重要特征之一是“全纵向运行”和单纯“以上驭下”。这种运行特征反映在政治管理上，就是单纯依靠自上而下的监督。中国历朝历代都在中央设立御史大夫和都察院，就是要做这件事。到了明代，王朝中央在御史和都察院之外，再设东厂和西厂，实施特务统治，也是要做这件事。搞特务统治虽然很阴险，但仍然合乎国家主义政治体制的基本特征。在那个时代，不论是官场还是社会在横向上都是“鸡犬之声相闻，老死不相往来”，横向关系是很贫乏。所谓“关系”其实就是从皇权到官府再到平民的上下关系。面对这样的监督客体，从上到下的纵向监督是可行的也是可以有效的。但到了现时代，作为监督的客体已经借助于市场经济成为一个横向关系很发达的体系，横向关系甚至已经取代纵向关系成为关系网络的主体。面对这样的监督客体，单纯的纵向监督难有必要的覆盖面，因而难以管住任性和滥用权力的人。

当然，我们党的纪检机关和国家检察系统在功能上绝非历史上的都察院之类的机构可以比拟。它们的监察能力比历史上的都察院发达得多、强大得多。但由于它们的“眼睛”毕竟有限，并且只是“从上向下看”，与网络化的监督客体极不对称，所以，它们的监督大都是事后惩戒，不能制止权力、权利任性和腐败于始发之时和干部违纪、犯罪于未遂之时。在这样的监督之下，国家和社会代价不能不付出巨大的代价。这就需要走出国家主义体制格局，引入社会的民主化的监督机制，以纪检和监察机关监督作用为核心，建立和形成一个立体化、广覆盖的监督体系。

关于民主监督，虽然讲了多年，但所做的实在有限。我们为什么不能充分启用新闻监督、社团监督和群众监督，并使它们在党和国家监督系统的主导下参与对权力和权利的监督和制约呢？这就是国家主义文化传统的力量在起作用。这种传统让我们只相信国家和领导机关，并习惯单纯依靠国家的力量，而对社会和民间力量尚缺乏必要的信任，甚至总是半信半疑的。

（4）变动不居的国家主义政治生态。发展模式栖生于一定的政治生态，并反过来给政治生态以巨大影响。其中，作为发展模式的负面产品，政治和知识精英大量腐败，权力和权利的部分腐烂严重地毒化和破坏了社会的政治生态，并通过政治生态的劣化加剧了发展模式的病态。

自古以来，我国的国家主义政治生态就呈现着三个基本特点和文化效应。第一个是政府实施资源和经营机会垄断，各种经营活动无不高度受制于政府管制。这使整个社会必须仰仗政治权力的庇护，由此形成普遍的政府依赖。这种依赖又反过来催生了官员们的老爷心态。做官当老爷是一个非常悠久且根深蒂固的心理习惯。第二个是放与收、乱与治的周期性的反复。面对经济凋敝、民穷国危的困局，王朝一定要实行开明政策，“放开搞活”，予民休养生息；一俟经济活跃，社会显露富象，原有的秩序和平衡被打破，王朝就转而实行“收”的政策，强化管制，实施严厉统治。收和治带来萧条，于是，再重启“放开搞活”，重复前一个周期。从秦汉到唐宋元明清，历朝历代大抵都是在这种“放—收”交替、“乱—治”反复中度过的，生存和发展机会时多时少，涨落不定，强烈的机会主义便成为传统。第三个是差异化管理。在收放反复的同时，在同一时期对社会采取不同的管理政策。在古代，王朝治理体系直接管理着世族大户，对底层社会则依靠家族治理，政策上比较放任。自晚清洋务运动开始到民国时期，中国有了诸多规模化工商企业，政府的企业管理政策也显现差异化，官办工商业享有许多特权，民营工商业则凄凄惶惶，朝不保夕。到了新中国，则是城乡隔离、国营企业与集体企业待遇殊异。在国有、国营企业中工作，具有非国有、国营企业不可能得到的工资、福利待遇和荣耀。因此，国营职工的身份同城市户籍一样都是一种特权。在体制内，干部与工人的社会地位又很不一样。这样，许多人都有强烈的“跳龙门”的欲望。

在当代的改革开放中，国家主义的生态特征正在淡化。但在一些方面依旧在重复着“昨天的故事”。过多的资源和机会垄断犹在；对于企业经营的行政管理，一度十分放开，但不知从何时起，各种检查又渐渐多了起来，并增设行政审批，再次重复先放后收，反复放收的轨迹；差异化管理依旧，政策上的“抓大放小”，造成了企业间权利的不平等；不同所有制企业实行不同的政策，在资产形成、市场准入、资源获得、进出口许可、财政支持和融资等方面实行不同的待遇。官员“设租”和权力腐败更是破坏了发展环境和政治生态的开放性和公平性，给人们一种很坏的导向。这些不仅是经济生态的倾斜和扭曲，也是政治生态的倾斜和扭曲，从而也把历史上“当官做老爷”的官僚主义心态、机会主义和极度不平的心理挣扎相当程度地延续和保存下来。生态如此，我们还能指望所有企业和企业家都能依法、依规经营吗？我们还能指望人人都能洁身自爱、迎风挺立、出淤泥而不染吗？

人人都在诅咒腐败和腐烂，却很少有人能拒绝腐败和腐烂。于是，精英阶层世俗化和低俗化，许多人放弃了曾经十分执着的专业理想，有的甚至加入腐烂的洪流。站在政治舞台下面的平民大众，许多人本来就有边缘感和不平感。他们目睹官场腐败和精英腐烂，开始痛恨腐败官员，进而痛恨整个官场，仇视所有官员，仇视那些大款大腕，进而仇视所有富人。这些民族心理的积淀和现实心理的不平都加剧了发展活动中的权力和权利任性，推助着“泛滥”和“放纵”。

在当代中国的政治生态中，最恶劣的东西就是“权贵资本主义”。它是经济学家吴敬琏先生提出的一个新概念。从现象上看，权贵资本主义不仅像国家主义一样排斥和阉割市场机制，限制和破坏市场调节功能，而且对市场实施疯狂掠夺。权贵资本主义者滥用权力，对市场经济体制造成了抄底性的伤害。中共十八大以来被各级纪检监察机关查处的腐败案件已上万件，仅已经挽回的经济损失即达数百亿元，可谓触目惊心。在党中央严厉反腐的政治生态下，腐败奢靡之风依旧猖獗。2015 年上半年被查处的违反中央八项规定的问题高达 13920 件。其中，公款出国、出境旅游问题增长了 592%，受处分的地厅级干部数量同比增长了 156%。中央正在强力反腐，他们还要这么干，这说明权贵腐败势力已经形成比较顽固的体制基础和文化心理定势。可以说权贵资本主义是腐败的国家主义。

权贵资本主义是政治生态和病态的发展机制的产物，反过来它又作为政治生态中最恶劣、最败坏的组成部分把政治生态进一步劣质化，从而加剧了发展机制的病态化。

第一，以权力分配资源让市场化的用人机制瘫痪。改革之初，为了加快发展，党和国家积极选贤任能充实各级、各类领导机构。但那时还没有现在这样比较完备的干部选拔任用制度，选人用人几乎完全依靠领导干部个人的直接熟悉和赏识。于是，大量领导干部的子女、亲属和身边的人便获得了“入仕”的优先权。一些行业权力家族化，就是从这里开始的。如果说，这种权力分配方式最初有些无奈，并且也比较单纯，那么，在日益汹涌澎湃的极端功利主义和拜金主义的侵蚀下，这种分配方式越来越带有权力私相授受与利益交换的功利性质，并且一发难收，造成用人机制的扭曲。人们把权力理解为利益，不同的权力也就有了不同的价格，权力越大越“实”价格越高，授受双方都彼此心照不宣，从而形成干部任用中的潜规则。“说你行你就行，不行也行；说不行就不行，行也不行”，“又跑又送提拔重用，不跑不送原地不动”之说，虽然有些片面，但亦是不能完全否认的事实。由于有了这样一个潜规则，人才的选拔任用陷入混乱，一些优秀干部被远离权力，一些劣质干部占据要津。那些带着“成本”上岗或带着利益预期上岗的干部一定要对手中的权力进行非规则和反规则操作，以收回成本或满足利益预期。如此循环更替，权力对市场的非规则介入和搅动在所难免，变形化、扭曲化的市场交易司空见惯。

第二，权力私有和变质让市场运行遭遇“恶权力”。权力即公共权力，具有鲜明的公共性质，它来源于人民委托，只属于执政党、国家和国家机构，而不属于掌权者个人及其家庭。窃权即窃公、窃国，窃权者即是大盗。但由于法制不彰，以特权和利益为媒介和杠杆再分配权力，权力便被赋予了私有的实质，随时可能被用来谋私，“公器”只是它的外观形式。同时，由于一些权力的运作具有很强的综合性和专业性要求，所以，它们事实上往往被决策机构的“一把手”和某些专业干部所垄断。“综合性”造成了非一把手不能决策；“专业性”则让非专业机构和非专业干部难以发表意见影响决策。前些年所谓“国家权力部门化，部门权力个人化”，反映的就是这后一种情况。这样，制度上、名义上必须由领导集体或行政机关集体行使的权力就被领导干部个人所控制、专属。在这种配置下，如果当事者缺乏公心，就很容易在直接影响利益分配的问题上把公共权力变成私器，以权谋利、谋权、谋色。在所有揭露出来的领导干部腐败案件中，手伸得过长、自我扩权者占一定比例，但大都始于权力掌控的专属性，继而在事实上把权力私有化。被私有化的权力不仅包括政权组织的管理权力、行政权力，而且包括社会职业的公益权力。由于权力可以在事实上私有化，事实上私有化的权力又可以用来谋取私利，于是，要官、买官、求升官者比比皆是。国有企业是权力私有化的重灾区。私有化的权力是一种"恶权力"。它不再有为人民为社会服务的属性。作为谋私的工具，它让政府施政行为不端、让国有企业的市场行为不端。该公开的不公开，该走程序的不走程序，该民主测评的不民主测评，该集体决议的不集体决议，该征询意见的不征询意见，如此等等。"恶权力"让市场倾斜无序、丧失公平，更让市场效率流失。

第三，权力滥用式的消费让市场经济成果成为"唐僧肉"。公共权力部分私有化，甚至大面积私有化，所必然导致的权力滥用，已经成为市场经济和公共利益的"黑洞"。某些有权力和有条件有能力影响权力运作的人士争先恐后地巧取豪夺，形成对市场经济成果掠夺式的分割和分享。有的产业因政治权力介入而受控于家族；一些国有企业业绩连年高速增长，账面上却不见效益。机关和事业团体大量套取财政资金，私设"小金库"，滥发红包和福利。巨大的"三公"消费更为社会所诟病。这在整个社会形成了这样一种格局：越是掌握权力或是与权力关系靠近的人群、阶层、行业，实际收入水平越高；反之，实际收入水平越低。公共权力对市场经济成果掠夺式的索取和消费，严重败坏了市场经济的声誉，让市场的激励和导向机制失灵。面对这种利益"分配"，人们更相信权力、身份和机会，对劳动和公平的市场竞争愈发失去信心。

打造高效和清洁的发展机制

1. 出路在发展机制的改革和升级

显然，遏制腐败和腐烂，继续和更好地推进中国崛起的历史进程，出路在于对发展模式进行改革和升级。所谓改革和升级，就是清理和消除发展模式中的国家主义体制和文化病毒，进而建立高效而干净的发展模式。这可能是迄今为止中国历史上寓经济、政治和文化于一体的最复杂的工程。

如同我们走过的每一段道路一样，困难和挑战当前，大家意见纷纭，主东争西。这当然是正常的，但其中有的意见是很离谱的，因而大有加以讨论和澄清的必要。

（1）不能变调整为调头。严重的腐败和腐烂已经把国家发展模式升级，即前进路线的调整非常紧迫地提到日程上来，但调整不是调头。

当代中国是在快速轨道上高速前进的列车，不仅不可能后退和调头，连急刹车都是极其危险的。腐烂也罢，沉沦也好，都不能停下来。面对腐败和社会不公，有人发出呐喊："毛主席回来吧！"虽然这种呐喊还有不小的社会回声，但我以为，这不过是借重毛泽东的英名表达自己对当今中国改革和发展的不满，虽有一定正义感，却没有丝毫科学含量。让"毛主席回来"，也就是让我们回到毛泽东时代去。这个意见在理智上耸人听闻，在感情上却有相当大的代表性。

任何伟大的人物，无论他如何英明和睿智，最后都得服从历史前进的必然规律、走历史要走的必行道路。毛主席是否在世，毛主席是否回来，都只能影响中国于一时，却改变不了中国前进的历史大轨迹。中国从比较封闭的千年古国走出来，是必然的。她要发展，要与世界相融合是必然的，努力成为世界性大国、强国也是必然的。在这条长路上，我们承载着千年历史赋予我们的文化资源，同时背负着千年历史强加给我们的文化包袱，我们的体制、制度、经验、智慧、价值观、政治理想、心理结构都带有浓厚的老旧色彩和痕迹，而我们脚下的路却是全新的。我们因此踉踉跄跄，也因此喜忧交织、焦虑沮丧。我们前面所论述的那些导致腐烂和沉沦的体制因素就是历史强加给我们的东西。它是包括当代历史在内的千年历史的积淀。它在我们身边，亦在我们内心，是我们自己的一部分。我们即使想立刻扔掉它们也难于做到。所以，对于前进路上的苦难和波折，甚至沉沦，我们需要有历史的眼光和平和的心态。

当代中国的腐败和腐烂是繁荣和崛起下的腐败和腐烂，放任式发展中的问题，或者说是一个与发展共生的问题。“回到毛泽东时代”或者“让毛主席回来”，表面看讨伐和反对的是腐败和腐烂，同时也是放弃发展，回归于不发展历史，是把污水与婴孩一起倒掉，把“鼠”与“器”一同打碎。讲情绪话、发泄牢骚容易，但这既改变不了历史的走向，也解决不了当下存在的问题和困难。

相对于“回到毛泽东时代”的论调，还有更为离谱的说法。北京大学一位名教授放言，中国崛起的经验要从千年不变的“中华政治体制”或“中华政体”中“寻找”，并且其中“不变”的“中华政体中那些得以保存下来的东西一定对中国未来的发展也具有非常重要的参考作用”[①]。“30 年未变”“60 年未变”，甚至“千年未变”的“中华政体”并不存在。如果存在，那就是创立于秦皇、健全于汉武并以残余形态存在于民国和新中国的以皇权为核心、以国家主义为基本特征的传统政治体制。如果这个体制这么好，那么，在人类农业文明起步较早的中国，为什么长达两千多年徘徊不前，一直不能进入工业社会？如果这个体制这么好，为什么经济总量曾经占到人类三分之一的中国在帝国主义时代饱受西方列强的宰割而无还手之力？毋庸置疑的是，正是在这种体制受到颠覆性破坏之后，中国才有了工业化时代的进步，才步入崛起之路。第一个破坏和进步，是始于辛亥革命的民国时期，中国开始了工业化，有了工业经济；第二个破坏和进步，是中国新民主主义革命及后来的 30 年建设，中国有

① 李悔之：《潘维的“中华政体”是啥货色？》，影响力中国网，2015 年 12 月 1 日。

了比较完整的工业体系和足以自卫的国防能力；第三个破坏和进步，是改革开放以来的30多年，中国开始崛起，成为全球第二大经济体和具有全球影响的重要国家。无论北大那位教授出于何种动机，他这样罔顾历史事实地褒扬秦皇开启的“中华政体”，已经把无数革命者流血牺牲换来的革命成果贬低得一文不值，把全球瞩目的中国改革开放贬得一文不值，已是无耻之甚！

（2）不能变改革为改道。面对权力腐败和社会腐烂等问题，社会上的民主思潮正在呈高涨之势。要民主，不仅无可厚非，而且有积极意义。通过提高民主水平，可以促进发展模式升级，有效地克服我国政治体制的封闭性，实行阳光政治，并治理腐败和腐烂。但在诸多扩大民主的意见中，过于追捧西方国家的民主政治制度的主张却是需要我们特别警惕的。我们一定不能把改革搞成改道。

从价值理想上说，民主即人民当家做主，尊重人民权利，集中大多数人的智慧，集思广益，当然是个好东西。但在技术操作层面，民主很复杂，是好是坏有很大的或然性。西方国家的民主制度产生于西方，生存环境和政治效力当然也是西方化的，满足不了中国发展模式升级的需要。

第一，西式民主治不了中国的腐败。许多人以为，西式民主能够让政治干净。这一点即使在西方也未得到充分的证明。比如说，官商勾结，这在美国是相当普遍的。著名的哈利伯顿公司、戴恩公司和黑水公司等大企业靠官方支持垄断军火生意，在伊拉克战争中获得了数十亿到几百亿美元收入，这是尽人皆知的。为了继续发财，它们还上下游说，鼓吹战争威胁，创造“战争市场”。这种腐败可能玩得比中国更制度化，因而显得高明些。《独裁者手册》[1] 向我们讲述了地处洛杉矶周边的贫困小镇贝尔市政经理与议员们相互勾结而严重腐败的“令人震惊”的故事。区区36600人的小镇，市政经理的工资竟然是美国总统年薪的两倍。而这个腐败收入却是在议员们

---

① ［美］布鲁斯·布鲁诺·德·梅斯奎塔、阿拉斯泰尔·史密斯：《独裁者手册》，江苏文艺出版社，2014年。

的民主批准和监督下实现的。如果我们把目光投向实行美国式民主的其他国家和地区，如泰国和中国台湾，我们可以看到更“令人震惊”的腐败。事实证明，西式民主的外向移植产生了许许多多“过度民主”“有缺欠的民主”和“民主赤字”，造成了严重的体制混乱，给腐败分子提供了更多的腐败机会。所以，治理中国的腐败和腐烂，西式民主的药方是不管用的，我们还得从中国的实际出发发展阳光政治，在发展模式的升级中逐步消除腐败、医治腐烂。

第二，西式民主与中国政治发展是两种完全不同的道路。民主作为一个制度运作，它首先有一个建设和完善过程，即从原始形态的粗糙的民主走向现代的比较精致的民主，从而使民主的实际弊端逐步减少、有益功能逐渐得以挖掘和实现。原始形态的民主，远的如法国皮埃尔·贝尔（1647—1706）笔下的雅典民主，“公民大会喧闹不已，派系撕裂城邦，演说家躁动城邦，暴烈而无知的群氓将最有智慧的公民判刑、流放甚至处以死刑。”“标榜自由的人民实际上是一小撮阴谋家的奴仆。那些擅长蛊惑人心的政客由着自己的性子一会儿指东，一会儿指西，就好像海浪随风起起落落一样”；近的如我国台湾或如乌克兰立法会上人人都争抢发言，人人都想做主，而发言席只有一个，于是就出现肢体冲突、大打出手。把这些乱七八糟的过程改造成有可接受秩序和功能有益的过程，就是民主的“无害化处理”。

西方民主的无害化处理是一种阶层化和阶级化的处理。法国大革命后，有产者阶级对民众力量心有余悸，咒骂“纯粹的民主制是世界上最无耻的东西”（柏克），选举权只能赋予那些不会推翻私有产权的人（大卫·李嘉图）。18 世纪末 19 世纪初的西方立宪运动的原因和目的就是要确保有产者的“现代自由”（贡斯当）或“消极自由”（柏林）不被民主大潮所吞噬，把民主“驯服”化。基于这类阶级性原因，直到 1976 年联合国《公民权利和正当权利国际公约》生效之前，包括美国在内的所有西方国家都对普选权实行苛刻的阶层性和阶级性限制，妇女、少数民族、无产者被明文规定不能享受选举权利，同时从纳税、文化程度（选举前的文化测验）等方面设置选举权门槛，对穷人和有色人种实行选举权限制。在美国，直到1995年克林顿总统签署了《全国选民登记法》，并于1997年正式生效后，穷人和黑人才有了可操作的选举权，普选权才回归到1870年的水平，但实际障碍仍然不少。同样是基于这个阶级性原因，西方把代议制作为解决“多数暴政”的利器（麦迪逊），由贵族和没有贵族头衔的有钱人作代表管理国家大事，把民主“驯服”化。在实行代议制的“典范”美国，立国制宪会议只有55人，签署宪法的只有39人，票决者只有区区2000人。多年后，人们发现美国存在一个若隐若现的“影子政府”，一群不是由选举产生的政治老板在那里操纵选举和政党活动。今日人们说美国实际上操纵在大约200个豪强家族手里，并非虚言。这是一条以资本主义为特征的政治发展道路。

中国政治发展的取向不能是资本主义，不能让老板们越来越方便、娴熟和有效地控制政治过程。同时，现在最需要着力防范的也不是“暴民政治”。中国政治发展的根本取向是民本主义，是人民当家做主。在政治发展的现实过程中，中国的民主不是太乱套、太不驯服，而是太驯服，驯服得没有活力，民众对政治过程介入太浅，甚至置身政治过程之外，官员独擅其权，以致出现了太多的腐败。对这样的民主进行无害化处理，就是要弱化官本，强化民本。所以，西式民主道路对中国不适用。中国民主“不能做抄功”，也就是中国民主的“无害化处理”不能抄西方。中国不能走西方的民主道路，也走不了西方的民主道路。中国只能按照自己的民本主义价值观作无害化处理，建设有中国特征和中国质量的民主。

第三，中国的政治发展有着自己特殊的国情和需要。中国与西方国家的最大不同，在于我们是发展中国家，因此，中国的政治发展与发达国家在基本需求上也有很大的区别。中国必须通过加快发展改善民生、提高国民素质，改变弱势的国际政治地位，这就需要政治权力的高效率运作和建设有为政府。这是一个效率要求，也是一个政治底线。不管中国民主发展到什么程度，政府和政治权力都不能残废，更不能瘫痪。在美、日等国家却是另一种状况。它们的经济已经成熟，市场机制已经很完善，政府和政治权力可以短时间和局部地瘫痪。如果照抄西方，等待我们的将是巨大的经济和政治灾难。

（3）不能变祛腐为祛活。中国的权力腐败和社会腐烂问题已经发展到了十分严重的程度。但同样危险的是，把祛腐变成祛活。发展的活力被窒息，中国崛起的势头就会被减缓和弱化，进而危及中国现代化整体战略的继续推进。

从经济动机上说，腐败、腐烂就是马克思所说的“恶劣的贪欲”。但同样如马克思所说，这种贪欲却充当了历史前进的重要动力，它激励人们去创业、去征伐、去索取。贪欲作为致富欲的极端，也比较极端地表达了人的内在欲望对于推动经济增长、实现国民经济快速发展是不可或缺的。我国30多年来市场经济和国民经济的蓬勃发展就是在包括贪欲在内的致富动机的推动下出现的。所以，升级发展方式和反腐不能从限制和扼杀人的经济动机上找出路。限制和扼杀人的经济动机即人的致富欲，就会扼杀和窒息经济发展的活力。重拾国家主义的计划经济手段，甚至通过严厉的政府管制以“存天理，灭人欲”，是断不可取的。升级发展模式必须兼顾发展与反对腐烂、维护社会公平两个价值维度，并努力把两者有机地统一起来。

实现反腐与发展的统一，只能走改革路线，而且一定要向前改，而不是向后退。要继续沿着市场化取向推进政治体制和经济体制改革，推进社会本位建设，落实人民主体性，进一步发展和做实社会主义，同时提升和增强国家和政府服务职能，从权力的性质和运用方式上逐步消除国家主义残余。要在保证社会和国家安全的前提下，尽可能多地削减政府权力设置，尽可能多地还权于社会、还权于民众，并发展社会自律。在此基础上加强法制建设，强化对权力和权利的规范和监督，尽快建立起发展活力旺盛，发展行为清洁、健康、和谐的发展模式。

2. 重振并提升国家治理能力

腐败和腐烂固然是国家主义体制残余造成的，但它却首先反映了国家治理能力的系统性疲软。管不住权力和权利，谈何国家治理，谈何改革和发展模式升级？所以，不管是治标还是治本，当务之急都是重振和提升国家治理能力。

（1）兑现法制的惩戒力和威慑力。法纪涣散是国家涣散的基本标志，也是政治腐败和社会腐烂泛化的开始。执法（纪）不严，违法（纪）不究，犯法（纪）不惩，人们就会丧失对法律、对国家应有的敬畏，从而任性行事，甚至胆大妄为。国家没有足够的政治权威，国家治理就失去了政治凭借，就不会有效率。那么，如何让国家治理回归法制轨道，从而有效地推进必须进行的艰难改革和发展模式升级呢？

党的十八大以来，以习近平为总书记的党中央以雷霆手段强力反腐，坚决查处腐败案件，同时为权力运作立规矩，并加强监督，从而有效地刹住了腐败，促进了党风、政风和社会风气的好转。这场反腐风暴极大地打击和震慑了腐败势力，也极大地警示和震慑了那些拥权自重者和拥财自重者，同时也使广大干部和民众对执政党和国家恢复了信心，对中央恢复了信心。这实际上重建了国家和中央的政治权威，为国家治理能力的重振打下一个基础。举国上下都明白，连曾经权倾国内的“大老虎”都能被绳之以法，还有什么人、还能有多少人可能逍遥法外？实践证明，党中央和习近平同志有为国家担当的高度责任感，也有为国家担当的非常勇气和智慧；“依法治国”不再是说说就拉倒的泛泛空谈，正在振作的国家法治不再“吃素”。在这种情况下，还能有多少人胆敢继续挑战国家和中央权威，并以身试法？这个经验证明，只要一以贯之、持之以恒地严肃执法，法律就会发挥强大的惩戒力和威慑力，国家就能够保持应有的政治权威，国家治理能力和国家治理实践就是可以期待的。

所以，为了重振和提升国家治理能力进而有效地推进体制改革和发展模式升级，强力反腐、以法反腐必须坚持下去。要把严肃执法作为一种政治常态，把对腐败势力和社会腐烂的高压常态化，把法律的威慑常态化，也把人们对国家的敬畏常态化。千万要防止运动式反腐，不能再给腐败和腐烂以猖狂的机会。

当然，现行的法律体系尚不健全。但这不应成为法律松弛的理由。我们至少要使整个国家的法治基本达到已有的法制水平。要尽快创设新制度以便把党内对腐败分子执行纪律与法制协调和统一起来，不能让纪律检查机关违法执纪。

（2）加强中央及其中枢权力。我国传统政治体制在中央与地方的权力分配上一直实行了向中央倾斜的制度即中央集权制度。这是中国传统政治体制的一个优长之处。长期的历史证明，对我国这样一个幅员辽阔、多民族且发展很不平衡的大国来说，这是一项很好的制度。国家没有分裂，在很大程度上得益于这项制度。晚清和民国初期，地方势力崛起，督抚掌军，闹出了军阀割据的乱象，就是因为中央权力不足，以致地方权力失控。就当下而论，我国统一市场正在形成。在此基础上，交通和通信的高度发达使整个中国社会生活空前地高度一体化，第三次工业革命的来临将进一步加快社会的扁平化。这些因素让整个国家中间层次的管理功能趋于弱化，可作为空间迅速变小。从国际关系上看，国家间的战略竞争也正以日趋激烈的方式考验着国家的管理效率。鉴于这个趋势，为抑制腐败和腐烂、加强国家治理，我国应继续实行中央集权制度。除军权集中于中央外，还应将党的纪律检查权、司法检察权、行政监察权、财政审计权和国家安全管理上移一级，改变同级监督、同级检查的格局。

同时，中央集权到底应“集”到什么程度，如何做到适度，也是需要再具体研究的。“集”的程度过低，会损害国家统一和整体效率；“集”的程度过高，会损害地方活力，影响地方健康发展和国家稳定。国学大师钱穆先生说过：“一个国家该要有一个凝固的中央。政治进步，政权自然集中，任何国家都走这条路。开始是封建，四分五裂，慢慢地就统一集中。然而自汉迄唐，就已有过于集权之势。

到宋、明、清三朝，尤其是逐步集权，结果使地方政治一天天地衰落。直到今天，成为中国政治上极大一问题。这问题孙中山先生也提到，对于新的县政，我们该如何建设，旧的省区制度，又该如何改进，实在值得我们再细来研究。当知中国政治上的中央集权，地方没落，已经有它显著的历史趋势，而且为期已不短。地方官一天天没有地位，地方政治也一天天没有起色，全部政治归属到中央，这不是一好现象。固然民国以来数十年的中央始终没有达成圆满稳固的统一，国家统一是我们政治上应该绝对争取的。但如何使国家统一而不要太偏于中央集权，能多注意地方政治的改进，这是我们值得努力之第一事。”他还说：“地方政治干得好，天下就太平。地方政治干不好，天下就大乱。”[①] 这是钱先生在20世纪50年代初说的话，现在仍然具有重要意义。改革和完善中央集权仍然是“值得努力之第一事”。在这个问题上，我认为财权的架构已到了调整的时候。中央集中财力办了许多大事，高速公路、高速铁路、机场建设突飞猛进，已迅速实现了国内大中城市之间的畅通和国际联通。现在，应该把主要注意力和财力放在以县城为中心的基层了，也是该活化基层政权的时候了。改革以来，县级政权疲弱、县域经济萎缩一直是一个相当普遍的大问题。县级政权责任很重，但权力很小，能力更小。大多数县（市）处于“维持”状态，没有能力谋发展搞建设。所以，县域基础设施、民生、治安管理都积累了许多隐患，也让整个国家过度地向一、二线中心城市倾斜，产生了不少结构性矛盾。特别是中央集中更多的财力，迫使地方“跑步（部）进钱”，产生了很严重的腐败问题。所以，中央应当下决心把过多地集中和浪费于中央、省（区）和市层次上的人才、财力和权力向县级下放，强化和活化县级政权，增强其施政功能。下放的财权应当用于基础设施和公共服务，而不能用于经营投资。

财权适度下放后，对市场实施统一调控的必要性将进一步增强。从 20 世纪 90 年代开始，为了加快本地经济发展，地方政府都在争

---

① 钱穆：《中国历代政治得失》，九州出版社，2013 年。

着抢着上项目，从而造成了一些成长性好的产业重复建设严重、产能过剩严重；当市场竞争和中央政策开始压缩劣质过剩产能的时候，一些地方政府又在那里硬性撑着拒绝调整。为建设统一、有序的国内市场，防止市场分裂，应把市场调控权和大项目建设权集中于中央，中央的有关部门不能再继续“好人主义”了。

在坚持和加强中央集权的基础上，为了防止分散主义，提升国家治理能力和效率，中央中枢的权力也应适度增加。自国家产生以来，无论东方还是西方，也无论采用何种政体，中央权力在配置上都比较重视中枢权力的架构，以保证国家政令统一和对外关系的有效性。由于问题过于敏感，我国对这一问题的研究和建设是非常不够的。党的十二大通过的新党章取消了中央主席设置，同时规定由总书记召集政治局会议，政治局会议不再有主持人。这个规定至今尚未修改。虽然这并没有完全妨碍中央总书记主持政治局会议，但这里边的隐患是明显的。这个规定固然突出了领导集体及其决策作用，同时我们也不能不承认它会损害中央临机决断的效率。在制度上把总书记仅仅摆在相当于中央秘书长或略高于秘书长的位置，平常时期也许不会有问题，但非常时期是会误事的。特别是要有效地解决中央领导机构内的腐败问题，并做到波澜不惊，把最高权力做强是绝对必要的。建议中央总结历史上的经验教训，提出一个新的制度设计。

（3）建立精干高效的领导和管理体系。不论在任何国家、任何体制下，精干而高效的领导和管理体系都是绝对必要的。人们所期待的“高度民主”可能有助于国家治理，却代替不了国家的治理。治理国家还得靠国家机构、干部和精英。

我国的各级领导机构、管理机构和安全机构为国家的经济、政治和社会发展立下了汗马功劳。在中国崛起的史册上，应该为他们很好地写上一笔。但同样明显的现实是，在低俗化的奢靡之风和腐败的冲击下，整个领导、管理和安全体系已经无以复加地膨胀、臃肿，并成为国家和民众的沉重负担。有的机构已堕落为国家的负资产、负能量。浩大的消费吞噬了巨额国民收入，官僚主义和严重扯皮每时都在损害着国家治理的效率，严重的腐败和腐烂日益严重地摧残着国家政权的形象。重振和提升国家治理能力必须对整个领导、管理和安全体系进行瘦身和制度性改造。目前，党中央和中央军委已就军队改革做出部署。接下来，应通过精心的顶层设计，启动领导和管理机构改革。

第一，减少层级。按照宪法，我国实行中央、省（区、市）、县（市、旗）三级行政管理。但目前实际实行的是中央、省、地（市）、县、乡（镇）五级行政管理。层级多，政治信息和民事信息传递链条长，效率低是自然的。更重要的是，层级多加剧了管理体系臃肿，极大地增加了国家治理的成本，还引发了许多腐败。鉴于社会结构扁平化时代已经来临，应坚决贯彻宪法规定，实行真正的三级管理，撤销地级建制，省直管县（市）；撤销乡镇人大和政府，参照城市街道模式，由县派设办事机构或联络机构。为保证管理幅度相对合理，可升级一批一线城市为省级直辖市，可按把四川分为四川和重庆两个省区一样将若干大省裁小，每个省以管理 40 ~ 50 个县为宜。过去的地级市进入县级行政序列，但可享受高于县级的行政待遇。

第二，撤并机构。我国现行的机构设置实在太滥。例如，各级党委都有组织部，为什么还要设立“城乡组织建设办公室”？各级党委都有宣传部，为什么还要设立“精神文明建设办公室”？诸如此类的现象不胜枚举。设立机构可以增编、增人、增干部、增拨款、增利益，所以，只要有气候、有可能，就努力去“争”和“增”。在“增设”的同时，同一个机构的内设机构也呈无限细分之势，以增加干部职数。利在其中，各部门当然要相互攀比，致使机构愈来愈滥。机构大量增加和细分不仅让行政效率变差，矛盾增多，而且严重限制了政府职能转变。因此，必须下决心裁并机构。党委宜只保留办公、纪检、组织、宣传、统战和政策研究等部门，其余应撤销或合并。政府宜走职能综合、设置简约、阳光（大厅）服务之路，把大大小小的机构合并到规划与建设管理、财政管理、资源管理、交通运输管理、商务管理、安全管理、产品质量监督、民政事务、劳动保护、科技教育管理、文化卫生体育事业服务、民族事务管理、审计、监察和办公部门等机构。各部门所属单位或归口合并，或作为直属法人单位，与政府部门脱离行政隶属关系。如发生新的管理职能应通过法定程序对相近部门授权，而不是增设机构。人大机关和法检两系统也要调整和撤并。如全国人大应设立宪法监督委员会，检察院应与政府司法部门合并，或可归入政府系统。

第三，精简人员。各级党政军机构的编制高度增长已是路人皆知的事实。即使这样，人员仍然继续超编，以致冗员充斥，许多人岗上无业。所以，必须大幅度压编减人，尤其要把过多的副职编制和过多的副职干部调整出来。据我判断，总体精简幅度，党委机构至少可以精简 50%，政府机构至少可以精简 30%，人大和司法机关至少可以精简 20%。这个精简幅度对一些机构可能压力大一点，对另一些机构可能过于轻松。但从所承担的职能而言，在总体上精简这个幅度应该一点问题也没有。这里的矛盾是精简下来的人员的安置。其实，这些人在岗位上也基本是闲着，又影响所在单位的工作效率。所以，对精简下来的人第一步可以工资照发，第二步应给政策鼓励创业，第三步创业有成，有了高于下来前的稳定收入即可转变身份，与原单位脱钩。

第四，以法治政。我国党政机构和人员之所以一再膨胀、超编，庞杂和臃肿得不能控制，而执政效能并未见长，一个重要原因就是国家主义人治传统作恶，领导者任意而为，有的甚至连带着腐败。因此，精简后，机关编制和人员管理必须转向法制路线。要建立党政机构编制、职责和人员管理法。凡增编、增人、增职责都要走严格的法律程序。要进一步明晰所有党政机构的基本责任，同时明确编制、核定人员，并由纪检、检察和行政监察机关监督执行。

第五，强化激励。廉政建设和反腐旨在把政府工作人员的利益冲动限制在法纪框架之内。同时，让政府工作人员敬业有为，防止怠政现象，还需要激励制度。一个有责任且透明和有为的政府，是清洁化的发展模式的基本要素之一。这一点即使在西方国家亦是定论。《英国宪制》[①]一书明确提出，每一种政治体制都“必须先获得权力，然后才谈得上对它进行限制”。100 年后，美国学者亨廷顿对这一观点作了进一步发挥。没有一个有效率的政府，任何民主都是没有意义的。所以，要通过限制公共权力遏制腐败，但不能因此把职能机构管得太死并损害党政工作人员的积极性和工作效率。要把党政机构职能改革、行政管理体制改革做成一个建设性的过程而不是一个破坏性过程，建设一个踏实干事而又清洁干净的政权体系。在经济不发达地区，党政机关县处级干部工资仅相当于民营企业普通职员，地厅级干部的工资仅相当于一般性民营企业中的白领。在机关福利取消之后，部分干部的生活状况开始吃紧。这就需要通过建立激励制度，帮助干部们在干净干事的前提下增加收入。首先是实行以政绩论英雄的考核制度和选拔任用制度，能者上，庸者下，干事者荣，懒惰者耻，有功者显，无功者衰。其次是，实行项目建设奖励制度。对政府重大项目建设有功人员可以公开授奖。此外，纪检监察工作要为党和国家的中心工作服务，不能仅仅反腐和倡廉。党委的监督以及政府自身的监督要在大力反腐的同时严格查处不作为现象，怠政者罚，无为者免。当前，在认真查处腐败分子的同时，应十分注意保护干部群众发展的积极性。对于积极谋划和促进发展的党政干部和国有企业干部，还是要有利益激励机制，谋公者荣，建功者富。我国现在的发展体制还是政府主导，如果弄得大家都担惊受怕，人人都明哲保身，经济增长的问题就大了。

3. 落实人民的主体地位

一个具有高度政治责任感且精干高效的政权，完全有能力在较短的时间内遏制住腐败和腐烂的蔓延，让整个社会回归法制和正常秩序。对此，以习近平同志为领导的党中央已经做到了，而且做得很好。但接下来却有两条路线可走。

---

① ［英］白哲特著，史密斯编:《英国宪制》，北京大学出版社，2005 年。

第一条路线是沿用历代治政的老传统，向国家主义体制和秩序复归。前面说过，我国政治体制长期地停滞于国家主义阶段，由此形成的国家主义政治文化根深蒂固。面对政治腐败和社会腐烂，历史上强势有为的君主和治国者无不以强化国家专制的方式重建国家清平秩序。其结果是社会活力受到束缚，经济转而走向萧索。于是，君主和治国者再度实施宽容政策，释放社会活力。这样，国家便会长久地处于治乱反复、经济萧索与繁荣交替的周期性循环当中。我国今天的政治格局已非往昔可比，中共中央更非昔日帝王可比。但国家主义体制残余和国家主义文化还在，跳不出国家主义窠臼，重蹈 30 年来发展模式的覆辙并非完全不可能。如果是这样，国家政权对社会实施强力管制，政治权力封闭运行，置民众于政治过程之外，权力会再度膨胀，官僚主义就会再度成为政治常态。于是，官员们恃权而骄、依权而私、仗权而腐将会再度大面积出现，官商勾结式的腐烂和民众仇官仇富都将再度出现。这是一条走不远、没有前途的路线。

第二条路线是在已经建立的人民主体的制度架构的基础上，沿着社会本位即社会主义的方向朝前走，建立完善的人民主体即民本主义体制。这条路线可以让专制封闭的权力难以为继，可以从根本上瓦解官僚主义存在的土壤，可以解决民众被边缘化的问题，因而可以有效地清除发展模式中的病毒，保证我国的长治久安和继续在全球大格局中崛起。

许多人以为，民本主义否定国家价值，排斥国家和政权，这完全是一种误解。民本主义只是要让民众更实在地进入政治发展过程之内，并成为政治发展的主体。它不仅需要国家，而且需要一个有效率、有作为的国家。这个国家与过去的国家，即国家主义的国家之根本区别在于它是人民自己的国家、是为人民服务的国家，而非专制的、以民众为奴役对象的国家。所以，民本主义路线的两个基本内涵是人民主体和国家转型。

我认为，党中央领导我们现在走的就是第二条路线。为了抵制

第一条路线的腐蚀和干扰，这里还要对实施第二条路线作些分析和阐述。

（1）把人民代表大会制度做实。我国的政治体制是一种民本主义设计，但在运行上被严重地形式化和官僚化了，所有的民主机构都是由职业干部和精英在操作。所以，我们越是说我们的制度是人民当家做主，群众越是有逆反心理。同时，人民群众外在于政治体制运作，也造成了监督机制的残缺。所以，把人民代表大会制度做实，首先是把人民代表制度做实。

目前的人民代表名义上由民主选举产生，其实多为组织指派，官员代表太多。这样，代表队伍素质虽然可观，但缺乏“代表”性。由这样的代表组成的人民代表会议，并不被群众看作是自己的会议；由这样的会议形成的决议，也不被群众理解为自己的决定。改革人民代表制度，将其做实，首先，就是真正让群众自己选举代表，除必须作为代表以体现代表队伍的合理结构外，党的组织部门一般不要推荐。特别是政府及其工作人员作为人大监督的对象，必须列席会议，但不能作为人民代表。其次，人民代表要实行常任制，既做会议代表，也做闭会期间的代表，与自己所代表的社区、部门和单位的群众保持经常性联系，不断把群众的愿望和要求报告给大会和大会的常设机构。对重要问题可以召开专题座谈会，集中听取群众意见。对不能及时反映人民群众的愿望和要求的代表，应视为未履行代表职责，并按照相关程序予以罢免。这样，可以有效地把广大群众都联系和吸收到人民代表大会的政治运作过程中来，把人民代表大会提升为集中群众意愿的政治机构，可以省略党政官员的许多名为到基层调研、实为扰民的活动，也可以免除群众的许多上访。

在此基础上，要切实强化人民代表大会职能。在人民代表大会的职能中，增加“反映、表达和集中人民群众意愿”的职能。这一点在人民代表大会开会期间，已有现成的制度，只需再做实一些即可。需要设立制度予以加强的是闭会期间的工作。人大常委会要对人民代表汇报上来的问题进行分析整理和归类。对带有倾向性、方向性和政策性的问题，应报告给同级党委，甚至抄报上级人大机关；对属于政策不落实、工作不到位的一般性问题要转达给同级政府，并督促解决；对于一些与现行法律和政策明显不符的意见和要求，应反馈给代表，由代表向群众做出解释。我们可以将此作为集中、表达和落实民意的机制来建设。落实人民主体，还要求人大成为加强公民自我教育的平台。现在的社会思想政治工作很沉闷，要么是党政领导强调坚持社会主义核心价值观，从上面居高临下来灌输，要么就没有思想和文化声音。这是典型的国家主义思想管理方式。长此下去，思想界的荒凉不难想象。这就需要转变思想政治工作方式。我们可以在坚持党委主导的前提下，把宣传思想工作纳入人大平台，更多地以群众自我教育的方式出现。各级人大都可以联合一些社团组织，如孔学研究会、青年企业家协会、职工读书会等组织思想和学术论坛、讲座、恳谈会。还可以由名人主导，在网上网下开展专题讨论会。总之，要通过多种多样的群众自我教育，把思想工作活跃起来，把人们的思想活动纳入开放—交流—互动—提高的轨道。这既可以是活跃思想、统一认识、增进共识的过程，也可以是建言议政、广开言路、监督政府的过程，也可以是交流学术、扩散研究成果、倡导科学的过程。

（2）从发展党内民主入手改善党的领导。落实和发展人民主体地位，与我国最重要的政治制度——党的领导，在本质上是不矛盾的。正如历史上中央领导同志一再讲过的那样，党的领导首先就是领导人民当家做主。通过党的领导，人民大众的意愿和根本利益，可以得到最完整的表达，并有效地贯彻到国家政治决策中去。所以，党的领导越有效，人民的主体地位就越充实。但这里需要讨论的是，党怎样领导才能更好地落实和体现人民当家做主？我国经济能够持续快速发展，人民生活水平正在向全面小康跨越，说明了党很好地反映了人民的愿望和根本利益，人民主体地位是真实的；另一方面，群众生产生活中确实存在诸多问题和困难长期得不到解决，大批群众因为确实需要党委和政府帮助解决困难并投诉无门因而不得不上访。这说明，人民利益和愿望在党的领导行为中还没有得到充分的反映和体现，人民当家做主还有很大距离。为什么我们有那么多党员身在群众当中，却不能把群众的正当诉求反映给党的领导机关呢？甚至许多党员本身的困难和正当利益诉求也无从上达呢？这说明在党的领导机关和领导干部中即使没有发生腐败，脱离群众的官僚主义已相当普遍。解决之道，就是实行严格意义上的党内民主，用民主的方法克服领导机关和领导干部脱离普通党员、脱离群众的官僚主义。

党内民主与整个国家的民主一样，制度的设计是不错的，但操作上严重地形式化了。作为党内民主的基本形式，党的代表大会制度基本上是党内干部和精英在操盘，党员代表和非党员代表在台下看。所以，党的决议都是精英的政见，因而很难充分反映普通党员的愿望和要求，所以所获得的认同不可能是充分的。因此，发展和实行党内民主，也要改革代表制度，原则上要让党员自己选举党的代表。党委领导人在党代会上是作为党内官员出现的，是必须向党员代表报告工作，接受党员代表审察和监督的，所以，原则上他们如同政府官员不能当人大代表一样是不能当党的代表的。如果他们是代表，就如同运动员同时当裁判一样，对党委工作的审察和监督是很难认真和彻底的。要从这时开始，把各级党委的工作置于党员代表和全党监督之下，让党员群众首先成为政治生活的主体。

从完善党的领导制度的角度看，落实和发展人民主体，还有一个同级党委与人大的关系问题。党领导人民当家做主，其重要的应有之义应包括党尊重和支持人民代表大会依法行使自己的权力。过去的通例是党委作决定，然后由人大或人大常委会走程序。这样做，当然体现了党委的领导作用，但同时也损害了人大的形象和伤害了人民代表的自尊心，让人大被西方舆论讥讽为“橡皮图章”。我觉得，解决这个问题，改革党委领导工作制度是一个关键。在一切可能的时候，党委决定要为人大留出一定空间。比如，在省级政府换届时，省委可以在认真考核和研究的基础上报请中央同意提出两名或两名以上省长候选人。至于究竟谁来当省长，要由人大选举来决定。只有当人民代表的投票真的管用，人民代表大会才真正有了实质性的决定作用，人民民主的国体和民本主义的政体才是真实的，人民大众才可能对国家高度认同。

为了把党的领导与人民代表大会制度更好地协调起来，似可从探索建立两者联运机制入手进行研究。

（3）以减少审批为重点建设服务型政府。坚持为民执政的理念，建设服务型政府，是克服国家主义残余，落实人民主体的必要和重要环节。这其中的重点是行政审批制度改革。过多、过滥的行政审批既是官僚主义和腐败、腐烂的根源，也是束缚社会活力、制约经济发展的瓶颈。只要过多、过滥的行政审批还在，发展模式的病毒就没有清除，腐败和腐烂就会重新泛滥，更不能说我们的政府已经是服务型政府，我们的体制是民本主义体制。所以，按照《行政许可法》和国务院的有关要求，认真清理行政审批事项，该取消的取消，该下放的下放，已经成为一场关系我国能不能建立起一个清洁发展模式、实现健康崛起的重大攻坚战。

经历多年改革，从中央到地方，各级政府已经取消和下放了不少行政审批事项，行政审批权力已大量减少，保留的权力也开始阳光操作。但这项改革受到强大的“柔性抵制”，许多必须取消的具有实质性权力的审批并没有取消、必须下放的并没有下放，有的明放暗收。这说明审批权力与它们的掌控者们有着深刻的利益关系，放权有如从他们身上割肉。如果不能坚决改革，这些权力随时会被他们变现。另一方面，这也说明，行政审批制度改革是一场重新分配权力和利益的革命，让审批权力的直接掌控者主动交权是不可能的。法国大革命之前法王及其派驻各地的总督什么都管，无论企业和民众做什么，都要经过他们的审批。他们的审批和受贿弄得民怨沸腾。但基于这种黑色利益，他们从来没有想过改革和收手，直到发生法国大革命。有鉴于此，我们不能再走依靠审批部门进行清理并提出放权清单的路子。这样搞改革，我们永远无破题之时。可行的办法，就是实行顶层设计，由中央、国务院提出审批事项（权力）下放或取消清单。在此基础上，将过去设置的所有审批事项全部作废。对不涉及国家安全和人身安全的事项放开审批，不再设立行政许可，实行机会开放。对一般性事项，应走立法道路，规定什么样的资质依据什么条件、按照什么标准即可作为。企业只需网上登记，无须再找政府审批，如企业违规、违法，管理部门即可出示红牌。当然，对于涉及重大安全问题的事项，必须设立行政审批。但对于必须设立的行政审批，要尽可能下放至基层政府，由基层政府依法公开办理。如县级政府为了修筑公路，需要穿越林地，伐几十株树木，完全可以就地解决，到国家林业局报批。层层上报，费时费力，严重损害了效率；国家林业部门受理还是不受理、是批还是不批，都是官僚主义。

（4）维护权利关系的基本平衡。人民主体就是以人民为经济、政治和文化发展的主体，以人民为改革开放的主体，以人民为监督国家和政府的权利主体和行为主体，以人民为享有改革和发展成果的主体。除了被剥夺公民权的犯罪分子外，一切个人和民族，一切阶层和阶级都包含在这个主体之内。因此，维护各个民族、阶层、阶级、地区权利关系的和谐平等是坚持和实现人民主体的重要方面。当前最需要关注的是资本权利与劳动权利的平等和平衡。在放任式发展模式中，资本权利既大量依附于政治权力，被政治权力所利用，也大量俘获了政治权力，获取“寻租”利益，从而成为腐烂和腐败的重要力量和牺牲品。其基本表现就是，资本力量依仗政治权力的保护形成了对劳动权利的强势。这种不平衡伤害了劳动权利，也伤害了劳动阶级的积极性和创造性。这就需要国家从落实人民主体要求出发，也是从社会主义的价值原则出发，以驾驭资本权利为主要着力点，创建旨在平衡权利关系的法律，促进权利的平等化和制度化。

4. 建立和完善阳光权力制度

落实和发展人民主体，可以逐步为公共权力和公民权利建立起比较开放的体制框架。但让权力和权利及其运行实现阳光化，必须在具体制度建设上进一步着力。这应当是建立清洁化发展模式的一个重要环节。

（1）割断权利与权力的粘连。随着中央和地方政府制定“市场准入负面清单”工作的推进，一个比较完整的市场经济制度框架即将在我国成型。在这样一个比较完整的市场经济制度下，民营企业作为市场经济主体，有望成为一个角色明晰、功能健康的生产者和经营者。于是，目前的国有企业体制迟早要成为市场化改革的一个突出问题。把国有企业改造和塑造成全市场化的生产和经营主体势在必行。

国有即国家所有，是全民财富的重要形式。国有什么时候都会存在。经营性资产作为国有财富中最难于管理的一部分，在过去，一直由国字号企业以国营方式实施管理和经营。这种资产管理形式的最大问题是国家所有权、国家资产的经营权与国家行政管理权三权粘连。国家所有权是资本权利，国家资产经营权是属于市场范畴的民事权利，国家管理权是属于政治权力的公共权力。从一般法理出发，公共权力必须置身市场之外和站在市场之上，对民事权利进行规范和监督。如果公共权力进入市场之内与资本权利和经营权利结合，就是不公平，就会产生腐败。那么，如何把国家管理权与国家资产所有权和资产经营权分开，实现权力与权利两清，各自独立运行呢？在以往的理论探索中，把国家管理权与国家所有权分开已有成熟认识，或者说，这已不是一个问题。但在实际上，由于国家所有权与国有资产经营权没有分开，国有企业即国营企业，经营者就是国有的代表者和体现者，亦即国家利益的承载者。于是，国有企业经营者就是国家干部，就与国家管理权力有着割不断的联系，国有企业干部既有三权共担的好处，又有三权共担的尴尬。在反腐中清查出来的国有企业的大量问题充分说明，现行国企体制是三权粘连的，是易发腐败的，也是低效率的。

这就需要一个把国有资产所有权与国有资产经营权分开、实行国有资产经营民营化的改革过程。这个改革不是取消国有，而是把国有资产委托或授权给民营企业，由民营企业以完整、独立的市场主体的身份实行真正和完整意义上的市场化经营。这项改革的关键是领导集团的认识和决心。“二战”之后，由于凯恩斯主义和国家社会主义思潮盛行，在老牌的市场经济国家英国出现了两次国有化浪潮，到1980年，英国2000人以上的工业企业全部国有化，邮政、电信、铁路、烟草、煤气行业100%国有化，航空运输和钢铁等行业的国有化比率也都在80%以上。鉴于国有企业政企不分、效率低下，1979年保守党撒切尔夫人担任首相后，决意实行“无禁区”私有化即民营化改革，把英国建设成“大众拥有股权的社会”。到目前，英国政府控股或持股的公司，只有20家，占国民经济的比重小。其中，第一类是诸如土地注册局、国家气象局、国家航空交通服务局等提供公共服务的企业；第二类是诸如核能除役管理署、国家核能实验室、核能责任基金等核开发和生产企业；第三类是诸如绿色投资银行等私人资本不愿意介入的领域；第四类是体现国家干预市场职能的企业。即使在这四类企业中，国家只是全部或部分持股，企业运营仍然是独立的，政府很少介入企业内部事务。另一个特别有借鉴意义的情况发生在我们的东邻日本。“二战”结束时，日本铁路总长25600公里，其中20000公里国有国营。由于无须考虑绩效和盈利，日本国铁系统财政上高负荷运行，同时缺乏激励机制，冗员充斥，亏损严重。到20世纪80年代，拥有41万员工的日本国铁冗员高达20万人，亏损额达37.1万亿日元。为起死回生，日本国铁开始走上以“民活”为目标、以“区域分割”为方法的民营化改革之路。改革成效斐然，被称作“JR”奇迹[①]。在这两个法治国家都能做得到的，在我们这个法制尚不健全的国家更能做得到。

究竟具体怎样改，西方国家也是五花八门。在借鉴西方经验的

---

① 即改制后的三家民营铁路公司：JR东日本、JR东海和JR西日本。

基础上，应有中国自己的方案。这其中，对国有资产的价值，要在政府的监督下由中介机构进行科学评估；承担国有资产经营的民营企业，要有优秀的资质和认定程序；对国有资产经营权的委托和授权，要依照严肃的法律程序，须经同级人大认可；对民营企业的国有资产经营和收益分配，要进行严格的审计和监督。

国有资产民营化经营之后，国有即是经济调控手段，国家可以基于国民经济安全和国有资产使用效率买进与卖出。

（2）实行资源供给市场化和机会开放化。土地、矿山等资源由政府直接控制，是企业过度依赖政府权力的重要原因，也是权力腐败的重要原因。为了打造全市场化生产和经营主体，也为了切断权力腐败的脐带，必须进一步推进资源管理体制改革，把由政府垄断并行将开发的资源商品化、市场化。所有拟开发资源都必须作为商品来管理，并通过市场进入资源配置过程和开发流程。要制定资源开发规划，制定全国性的资源分级开发目录，建立全国性的资源（商品）公开市场。政府对任何国家资源都不得私相授受。凡有相应资质的企业均可进入相应的市场，并以公开竞争的方式取得开发权或承建权。

资源市场化和机会开放化之后，企业成为完全的依法办事的主体。政府的职能首先是依法进行行政监督，其次是依法进行服务。对企业的市场行为及其与政府的关系要作严明的法律规定。凡法律有规定的、市场有空间的，企业不得找政府；凡需要政府协调的，企业要依据政府公开办公条例提出申请，并公开办事原则与政府具体负责人员在办公场所接谈，不得越级汇报，不得通过第三者“攻关”，不得在非办公场所洽谈。所谈内容，要在政府办公记录上登记备案。

（3）推进权力运行透明化。实行政府工作公开，即阳光行政，既是反腐的需要，也是发展的需要。政府只有透明，才能让百姓知情、放心，政府才能赢得民心，形成政治上的凝聚力。所以，政府做的每一件事情都应是开放式的、完全透明的。开放就是不设屏蔽，要主动吸收人大代表旁听会议，主动向社会发布政府会议决定，要把新闻发布制度化。

20 世纪 80 年代末，戈尔巴乔夫以“公开性”引爆了苏联的解体。这让我们的许多人对开放政治过程不敢认同。其实，我国今天的情况与当年苏联完全不同。在当年的苏联，国家已虚弱至极。除特权阶层可以过稳定生活外，老百姓生活困苦不堪，民怨之火已到燃点，任何一点星火都可以将其摧毁。这就是说，苏联解体的根本原因，在于其肌体的严重腐败和腐烂，人民已经严重不满和忍无可忍。“公开性”只是把这个矛盾捅破而已，给不满和反抗以机会。戈氏力图以“公开性”扭转时局恰恰拿错了主意。而我国今天的情况是，国家正呈崛起强势，民众生活基本无忧，中央工作深得人心，因而怕的不是开放性，而是封闭性。封闭性会加剧民众的疑虑和不信任。在我国，发展政府的公开性即开放性，有助于舒缓矛盾，中断矛盾的积累，有助于促进政治和谐，推助国民经济持续健康发展。

当然，我们主张进一步开放权力运作，即公开党委、人大和政府工作不是无原则的，要以不损害国家安全为前提。

5. 建设管用的法制

为升级发展机制、消除腐败和腐烂、提高社会生活的质量，建设和完善法制都是必需的。鉴于我国发展机制的放任特征，当前的法制建设应当以“管用”为目标，做到法不虚立，制不虚设。

（1）以法规范党的领导活动。党的组织必须在法制的范围内活动，这已经是中共上下已有共识的一个规矩。但党的领导活动毕竟具有特殊性，不能一般性地以法来规范，需要有专门的法律制度。这个专门的法律制度，首先应当体现在宪法里面，同时可以建设一部领导行为专门法。鉴于法制既是一种保护，也是一种限制，所以，这个法律应当粗细相宜。规定过严、过死，没有一点儿弹性，会损害领导活动的效率；规定过粗，又会形成放纵，极易发生渎职和腐败。

（2）以法规范人民主体地位。在我国，人民主体地位、人民当家做主一直没有作为系统的法制来建设。宪法对人民当家做主、对人民代表大会制度的规定都是原则性的。对人民当家做主及其实施，基本上缺乏明晰的系统规定。这就使人民当家做主和人民代表制度在一定程度上停留于理念和形式上，远远不能发挥其对国家和政府行为的监督和匡正作用。同时，对民粹主义可能对人民当家做主形成的法律模糊和法律侵蚀，也没有明确的法律规定。这也造成了司法行为中的一些混乱。因此，应以系统化为目标进一步完善以人民代表大会制度为核心的一整套人民当家做主的法制体系。

（3）走出“扬公抑私”的司法思维。严格和严肃的法制是超越公私之别的。但受新中国成立以来“左”的意识形态的影响，我国的司法行为却一直偏重于惩戒徇私。对于大量实质为公或名义为公的违法行为，一般是不加严肃追究的。所以，对领导机关和领导干部来说，只要不徇私，在法律上就是安全的。这种司法倾向对领导机关和领导干部是一种严重的司法放纵。正是在这种放纵中，一些假公济私行为大行其道；也正是在这种放纵中，法制体系部分瘫痪，也让法制功能严重失效。为建立高效而清洁的发展机制，继续告别“左”的意识形态，认真改革片面的立法和司法思维是非常必要的。

第五章 冲出幽谷步阳关

由苏联创造并在中国实行了30多年的苏联式社会主义模式已经远去，一个真正的社会主义体制在中国改革开放中被创造出来。不是中国放弃了社会主义，选择了资本主义，而是中国放弃了国家主义，创生了社会主义。国家主义有社会主义之形，并长期假以社会主义之名，但它并不是真正的社会主义。国家主义虽然有很高的效率，能够支持国民经济实现爆发式的增长，但由于它以国家为本位，不能调动社会的积极性和创造力，因而不能支持国民经济的持久繁荣，并终将归于僵化和失败。社会主义即社会本位主义，它在社会化大生产和市场经济基础上产生，以国家服务社会为基本条件，以社会整体性、权利平等和共同利益高于个体利益为基本特征。中国社会主义的现实建构以既存的历史发展成就为基础，通过改革开放中的社会重建、发展和政府职能转变、权力下放得以初步实现。其中，党的领导和整合对建立和实现社会的整体性，进而实现社会本位发挥了关键作用。西方国家虽然有高度发达的社会化大生产和市场经济，有高度的社会组织性，但集团利益泛化、多党竞争，社会陷入重度分裂，因而不会有社会本位和社会主义。真正的社会主义的创生是中国几千年来最重大的政治创新，从体制上终结了社会反抗国家的历史，也超越了传统意识形态的羁绊。从此，中国可以更好地与国际社会互联互通，并将不再有穿越“资本主义的卡夫丁峡谷”式的“迂回”。当然，我们的社会主义现在还是粗糙的和框架式的，距离成熟完善还很远。当前，要切实加强社会建设和国家改革，让国强更好地为民康服务。同时，要从加快农村经济组织创新、提升农村社会生产力入手推进农村社会创新；同时，要坚决打击特权和腐败，改革分配制度，平衡劳资权利，发展社会公平。

“姓社姓资”论的诘问

我们已经走在市场经济的正道上。

在这条道路上，曾长期在“主义观”中生活的人们还是要问一问中国在实行什么“主义”。“社会主义”长期承载着人们所有的憧憬和理想，人们也强烈地期待着把美好的理想变成现实。所以，这是一个挥之不去的迷惘，也是一个需要深入探究的重大问题。一段时期以来，以“乌有之乡”网站为代表的一些人认为中国现在就是“资本主义”；一些国际观察家也认为中国现在就是打着“中国特色社会主义招牌”的“资本主义”。

能否正确回答这个问题，关系到我们中国人民是否齐心，也关系到中国的崛起之路到底能走多远。

那么，如何回答“我们在实行什么主义”这个问题呢？

从改革启动开始直到今天，改革者最大的忌讳是“姓社姓资”的主义之辩；抵制改革或不愿意改革者最大的思想利器也是“姓社姓资”的主义之辩。其基本意思是，必须把我们的改革是社会主义的还是资本主义的这个重大问题分辨清楚。抵制者认为谁搞资本主义，谁就是社会主义的罪人、国家和人民的罪人。

所谓资本主义与社会主义两种制度、两条道路相互矛盾并斗争的理论当然始自马克思主义产生的时代。囿于“两种制度”“两条道路”的分野及其斗争理论，新中国以马克思主义及其发展成果为指导思想建国，宣称走社会主义道路，当然要对资本主义采取批判姿态。改革前中国选择了苏联式的社会主义模式，其理论依据就是马克思及其继承者对资本主义制度的批判。因为人们把市场经济等同于资本主义经济，所以，马克思所说的资本主义生产方式的肮脏性、血腥性和腐朽性也就成了市场经济的肮脏性、血腥性和腐朽性。基于这一理论认识，我们不仅顽强地坚持着苏联式的社会主义模式，而且在“巩固无产阶级专政，防止资本主义复辟”的名义下残酷地打击和扫荡一切具有市场经济萌芽的因素，推进所谓的“无产阶级专政下的继续革命”。这是近代以来市场经济及其体制在中国遭遇的最严重的灾难。凡是与高度集中统一的经济模式不相符合、有点儿商品经济或市场经济倾向的活动都被归列于“资本主义”的名下。农民的“自留地”是“资本主义尾巴”；农民把自己的剩余产品拿到集市上出售，就是投机倒把，是资本主义式的犯罪；粮食不够吃，农民在荒地上开垦种植即开“小片荒”更是资本主义；如果领导干部主张或支持这些“资本主义”行为，就是“走资本主义道路当权派”或“党内资产阶级”。许多人因为犯有这些“罪行”受到了不同程度的处罚，甚至坐牢。

这样一个体制和政治运动在人们思想上造成了极左的理论和政治思维定式，为中国后来的改革开放和创建市场经济体制设置了强大障碍。凡事都要问一问“姓社还是姓资”的“问姓主义”让人们不敢思考和想象改革，更不敢实际进行改革。安徽省凤阳县小岗村的“包产到户”作为农村改革的发端，是走投无路的无奈之举，也是“坐牢杀头也甘心”的亡命之举。即使这样，它刚刚出现就遇到了强烈的抵制。反对者很是理直气壮，包产到户就是分田单干，是资本主义。为了顶住这种压力，绕过“姓社姓资”论设置的禁区，改革者竭力把包产到户表述为“集体生产责任制的一种形式”即“联产承包责任制”。在此后的几年里，“包产到户”改革遍及全国，并取得了巨大成功，中国严重缺粮的问题宣告解决，但“姓社姓资”的“幽灵”并没有销声匿迹。到20世纪80年代与90年代交替之际，持有“姓社姓资”论的人甚至借着1989年的政治风波提出了“和平演变是中国的主要危险”的论调，大有把“姓社姓资”抬升为中国主导性意识形态的趋势。中国的改革开放和市场经济发展正面临着夭折的现实危险。“姓社姓资”作为一种以批判资本主义为立论基础的理论框架和思辨模式，对中国改革开放和市场经济发展的伤害是极其巨大的。

面对这样一个重大而尖锐的理论挑战，锐意改革的中共领袖为了启动改革并为改革争取时间，采取了巧妙回避的方式。好在“不改革就是死路一条”是有目共睹的现实，中国已别无选择；好在中共领袖有崇高的威望，市场化改革终于冲破“姓社姓资”的障碍艰难地走了出来。邓小平的南方谈话让“姓社姓资”论者暂时噤声，也让改革开放得以继续。邓小平的谈话，一是突出发展的核心价值，用发展的“硬道理”压制“姓社姓资”论的软道理；二是用模糊社会主义与资本主义关系的方式为改革开放争取生存权，这与他在1987年的著名谈话认为“资本主义也有计划，社会主义也有市场”相同；三是主张“不争论”，用“不争论”堵“姓社姓资”论者的嘴。在中国的政治体制下，邓小平作为中共第二代领导核心，具有强于立法的效果。据此，中国的市场经济体制被正式表述为“社会主义市场经济体制”。

以此为标志，“姓社姓资”论及其立论基础——资本主义即市场经济腐朽论在中国遭遇了严重挫败。但由于没有深入地展开理论争论，“姓社姓资”论的影响和挑战并没有完全消失，它与改革论的争论更没有真正解决，随时可以作为反对派的工具再上“战场”。现在，中国经济的结构性矛盾加剧，经济增长速度下行压力增大等问题让市场经济腐朽论再度活跃起来，已经有不少人据此从各自的角度向改革论和市场经济提出挑战。

改革论者和“捍卫市场经济”的经济学家们在逻辑论述上的软

胁是明显的。已有的正式说法是，我们走的是“中国特色社会主义道路”。在这里，“社会主义”与改革前的定性是一致的，或者说是在延续过去的说法，也是对中国社会形态的延续性定性；“中国特色”作为修饰语，表达着现在的社会主义与改革开放前社会主义的区别，说明我们对正在坚持的“社会主义”及其本色有着坚定的自信，并力图用“特色”来强化本色。但实际上，市场经济体制的建立和市场经济的发展已经使中国社会的经济形态发生了翻天覆地的变化，企业取代国家和政府成为经济生活的主体，经济关系已经由计划经济体制下完全的纵向结构转变为纵向关系影响下的市场化的横向结构，两者的差异显然不是一个“中国特色”所能涵盖的。如果说，改革前的中国经济是社会主义的，那么怎么来理解今天的中国经济依旧是社会主义的呢？如果说改革后的中国经济是社会主义的，那么，如何理解改革前的中国经济已经是社会主义的呢？这是一种愈辩愈说不清的迷惘。有这样一种迷惘在，“姓社姓资”论就有可能卷土重来，重新为祸改革开放和市场经济体制建设。

对于这样一个重大思想理论问题，用模糊方式进行自我标榜是没有意义的。作为国之定性和定向，最好的方法，就是大方地进行科学的理论澄清，清晰地展现我们的社会主义本色，消除迷惘，让旗帜更加鲜明。

社会主义真义之辩

什么是社会主义？改革前的计划经济体制是科学意义上的社会主义吗？它长期假以社会主义之名，但并不是真正意义上的社会主义。

1. 国家主义不是社会主义

马克思依据他生活的那个时代的现实认为，资本主义社会的基本矛盾是生产资料私人占有制与社会化大生产之间的对立。这一基本矛盾具体地表现为资本生产的持续扩张与有效需求的绝对不足之间的激烈冲突，从而引发无产阶级与资产阶级之间的尖锐斗争。由于资本主义无法内在地解决这个基本矛盾，所以，人类社会的前途，即在“未来社会”只能是由全社会共同占有生产资料，并进行有计划地生产。尽管马克思在世时这样一个理论推断已经因为股份制的出现而被颠覆，股份制可以作为社会所有制的雏形延展社会化大生产的运行空间，但这种由全社会共同占有生产资料，并有计划生产的制度设计，还是被马克思之后的革命家们称作“共产主义”，其初级阶段即为“社会主义”。

在这里，马克思时代的现实和他的理论批判同时展现了社会前行的两种道路。“第一条道路”是通过股份制等方式把私人产权联结和转化为社会化的产权，从而打开生产资料私人占有制对社会化大生产的限制，实现社会生产力在更高阶段上的发展，今日英、法、美等国就是这样走过来的；“第二条道路”是走暴力革命的道路，推翻旧政权建立新政权，并通过新政权建立生产资料公有制，为社会化大生产的发展提供广阔空间。由于当时资本主义社会矛盾异常尖锐，而且这种矛盾已经通过帝国主义侵略战争等方式部分转移到落后国家，所以，革命成为席卷全球的时代风潮。俄国和中国是两个生产力发展水平严重落后的国家，同时也是资本主义社会矛盾外向转移的主要对象国，民族矛盾和社会矛盾格外尖锐。因此，革命率先在俄国和中国发生，而非在生产力发达、资本主义矛盾最为鲜明的国家发生，并取得了成功，形成一种世界性的“替代效应”[①]。这种现象的合规律性和必然性，也可以通过美国学者亨廷顿关于民众生活状况与革命之间关联性的理论予以解释。

“第二条道路”即俄国和中国道路在新政权建立之初即面临这样一个当时人们并未意识到而后来则影响巨大的问题：“全社会”以怎样的方式占有生产资料？苏联作为“第一个社会主义国家”首先做出的回答是，由国家代表全社会占有生产资料，实行“全民所有

---

① 郎毅怀：《从全球角度看社会主义的历史命运》，《求是》杂志，1991 年第 3 期。

制”，并在此基础上对国民经济实行计划管理。经过这样一个制度安排，马克思所预言的“全社会共同占有”在实际上就变成了“国家（政府）占有”，“生产资料全民所有”在实际上就成了“国家所有”，“生产资料全民所有制”基础上的“计划生产”实际上成了“国家（政府）直接经营生产”。

用国家政权、政府代替和代表社会占有生产资料，这种体制还是社会所有制吗？由国家直接占有生产资料，国家可以也可能在利益关系上代表社会，但却不能从生产资料占有关系上代表社会，体现社会和民众在具体的社会再生产活动中的主体地位。同时，由国家直接占有生产资料，虽然超越了私有制的狭隘性，但它“夸大了共同的原则”，束缚了作为社会主体的人和企业的自主权利。而这一点，正是早期社会主义思想家皮·勒鲁在阐述社会主义思想时特别强调要防止的一个“极端”。皮·勒鲁及其他一些社会主义思想家“从不认为压制个性或全面计划是社会主义的实质”[①]。“社会主义”在这里成了国家主义的代名词。

国家所有制和国家计划体制就是国家本位体制即国家主义体制。国家主义这个概念听起来可能有些不好理解。国家主义中的“国家”是一个政治学概念，而不是人类学、民族学意义上的概念。它不是作为民族共同体的国家、国度、家园，如中国、美国、德国等，而是指国家政权、国家机器、国家政权体系。作为政治学意义上的国家主义与社会主义的根本区别在于：

（1）国家主义体制的经济主体是国家、国家政权、政府，而不是企业、民众。在国家主义体制下，企业是国家和政府的附属物和资源配置的工具。所以，在国家主义体制下，国家是“本”，是“上”，而以企业和民众组合起来的社会则只是“用”、只是“下”。社会已不再是经济生活的主体，或者说社会已失去了本体地位，这

---

① ［俄］鲍·斯拉温:《社会评论理论的若干争论问题》。

中共中央马克思恩格斯列宁斯大林著作编译局:《马克思恩格斯选集》，人民出版社，1975 年。

哪里还是“社会”主义？

（2）国家主义体制的经济关系完全是行政化、纵向化、垂直化的。经济运行指令按照行政关系和级别自上而下，逐级传递，一级服从一级。这里没有折中，没有妥协，没有互动，只有服从与被服从。这就把企业与企业之间以合作互利和竞争为内容的市场联系、横向的经济联系、社会性的平等联系完全驱逐出去。社会性联系不再，社会不再，何来社会经济？何来社会主义？

（3）国家主义体制下的经济决策集权于上，从决策中心到生产和需求终端信息链条冗长，出入大、时效差。所以，决策中心虽然可能努力反映民众和社会的需求，但在效果上总是与社会的实际需求相去甚远。在这样的体制下，企业或家庭需求的个性化，都在大一统的国家和中央决策下被否定，社会的微观（企业、家庭和公民）决策权利被剥夺。国家不能充分代表和表达社会利益，国家主义更不可能是社会主义。

国家主义不是社会主义，并不意味着这种体制一无是处。它是有自己独特优越性的。无论打着怎样的政治旗帜、实行怎样的政党政治，所有实行国家主义的国家无不创造过非常高的效率。由中央政权集中权力、资源，把一切可能的财力物力投向最需要的战略方向，是可以创造高增长率和大经济奇迹的。苏联依靠国家主义体制迅速推进工业化建设、国民经济快速崛起，并以此为基础打败了强大的德国法西斯。“一战”后的德国所实行的“国家社会主义”不是社会主义，而是国家主义，即极端民族主义的国家主义。从“一战”中惨败，再到发动“二战”，德国仅仅用了20年的时间就再度崛起，成为位列世界前茅的经济大国和军事大国。正是这种由国家主义催生起来的高增长、高效率让所谓的“社会主义”及其“优越性”名声大振，也让那些渴望摆脱贫困的落后国家趋之若鹜。“二战”后多达80～90个新独立的亚非拉国家宣布“走社会主义道路”就是此种效应的反应。也正是在苏联国家主义的示范下，为了尽快发展经济，摆脱民族贫困，壮大综合国力，新中国也选择了国家主义体制。

新中国能够迅速医治战争创伤、恢复国民经济，迅速建成比较完整的工业体系和具有一定战略反击能力的国防体系，得益于这样一个选择，得益于国家主义的高效率。所以，国家主义是一个可选择的过渡体制。

然而，国家主义毕竟不是社会主义。国家主义可以利用革命战争积累起来的革命激情，还可以依靠爱国主义文化的积淀，甚至也可以利用政治宣传制造民族主义狂热，如希特勒和德国法西斯那样，但由于这种体制置社会于下，人民长期地处于被动地位，所以，它不会有强劲持久的发展动力。国家主义体制无不存在一个后劲不足的问题，长期实行国家主义体制的国家也没有一个不走向衰落的。强大苏联的解体，最能雄辩地证明这一点。实行苏式社会主义的中国到20世纪70年代末80年代初，国民经济已经到了崩溃的边缘。针对这种情况，邓小平说，“贫穷不是社会主义”。把这句名言再向上延伸一点说，导致贫穷的体制不是社会主义。而导致贫穷的体制，正是苏式社会主义即国家主义。

在具体的历史演进中，当国家主义体制面临重重困难，走不下去的时候，把国家主义混同于社会主义的人们还天真地认为，我们的社会主义制度“先进”“超越阶段”，它必须降低身段，适应落后的社会生产力。于是，便有了“穿越资本主义卡夫丁峡谷”或与之相近似的思路。历史上的所有“社会主义”国家的“迂回论”和“退却论”无不由此而起。在苏联，列宁明确把自己的“新经济政策”称作“国家资本主义”，即“迂回”策略。在中国，邓小平用“社会主义初级阶段”来解释为什么要发展商品经济或市场经济，具有明显的“退却论”特征，意即为了将来进两步、三步，我们需要在制度、生产方式、生产关系上先退一步。更多的人则直接把发展商品经济或市场经济理解为通过发展资本主义为“补”生产力发展之“课”，表现为“迂回论”思维。但不论是按照“退却论”的理解，还是按照“迂回论”的理解，都会被导入这样一个逻辑：当今中国由于改革开放正处在“资本主义的卡夫丁峡谷”里，等到生产力水平高度发展了，我们将会走出“卡夫丁峡谷”，并还会通过“社会主义改造”回归或上升到经典的“社会主义道路”。这可能是许多中国富人急于把自己的资产转移到西方国家的原因之一。这种理解潜伏着巨大的危险。

可见，把国家主义混淆为社会主义给我们造成了极大的思想迷惘，让我们很难窥测到应有的改革方向。为了有效地推进改革，引领国家走出理论和实践困境，我们党不得不努力破除这个迷惘。从中共十二大开幕词首次提出“中国特色社会主义”，到中共十四大正式把“建设中国特色社会主义”作为党的纲领并采用“社会主义市场经济”的提法，都旨在论证改革开放的正当性、正统性与合法性，为市场经济体制争取生存权，但问题并没有真正解决。

这里的核心问题是，到底什么是“社会主义”？

2. 社会主义即社会本位主义

社会主义概念最早见于十九世纪法国圣西门派学者皮·勒鲁的《个人主义与社会主义》。他把社会主义作为与私人利益相对立的社会“共同利益”的概念来运用[①]。显然，皮·勒鲁认为：从价值观上而言，崇尚社会本位、追求社会共同利益和社会和谐，就是社会主义；通过制度把社会主义的价值观实化，就是作为人类社会发展一种形态或阶段的社会主义。

从马克思早期和后期的著作中，我们都可以清楚地看出，马克思对于这样的社会主义思想是高度认同的。他对“真实的集体”的追求和对“冒充的集体”“虚幻的集体”“虚构的集体”的批判[②]明白地表明了这一点。在他看来，在“真实的集体”中，“个人是作为个人参加的”，“每个人的自由发展是一切人的自由发展的条件”[③]。所谓

---

① 中央编译局世界社会主义研究所编：《当代国外社会主义：理论与模式》，中央编译出版社，1998年。

② 中共中央马克思恩格斯列宁斯大林著作编译局：《马克思恩格斯选集》，人民出版社，1975年。

③《马克思恩格斯选集》，人民出版社，1975年。

“作为个人的个人”是具有自主的平等权利的个人，也是自愿融入集体的个人[①]。与此相反，就是没有自主的平等权利的个人，由这样的个人组成的集体，则是“冒充的集体”“虚幻的集体”“虚构的集体”。把作为哲学范畴的“真实集体”具体地延伸到社会政治领域，马克思理想中的“未来社会”应当是一个“真实的社会”，其根本标志就是公民权利的普及和平等化。马克思后来又把这一重要思想延伸到生产资料占有关系上，把自己对“未来社会”的理想构建进一步具体化。从这里我们可以看出，马克思提出“由全社会共同占有生产资料”的构想，旨在消除私有制下的权利不平等，特别是消除一部分人对另一部分人权利的剥夺和奴役，使个人成为“作为个人的个人”，从而发展出社会（集体）的真实性和利益的公共性。因此，马克思十分有力地支持了皮·勒鲁的社会主义思想。而皮·勒鲁的社会主义思想以及马克思这种思想的深化和发展与国家主义毫无共同之处。

这就是说，我们关于社会主义的认识还得回归到皮·勒鲁的概念和马克思的思想上来。我们对社会主义似乎应作如下理解：

第一，社会主义就是社会本位主义。在社会主义产生之前，国家与社会之间关于权力和权利的分配是很片面的，国家几乎独占权力，社会只有有限的生存权利，而没有或少有权力。这是一种国家为上，社会为下，国家为本，社会为用的政治体制和价值关系。而社会主义把这种权力关系和价值关系颠倒过来，社会为上，国家为下，社会为本，国家为用。国家服务社会，为社会所用，在本质上不再是高踞于社会之上的统治机关和暴力机器。在社会主义体制下，国家仍然是重要的，必不可缺的，但国家的价值就在于它是社会的工具，因而国家也不再是原来意义上的站在社会之上的统治型国家，而是新型的服务型国家。

当然，社会与国家之间价值地位的转换、社会本位体制的建立必须以“社会”的真正形成为基础。在生产力水平低下的小农经济

---

①《马克思恩格斯选集》，人民出版社，1975年。

时代，没有真正的“社会”，因而不可能有社会本位即社会主义。“小农人数众多，他们生活条件相同”，“彼此间没有发生多种多样的关系。他们的生产方式不是使他们相互交往，而是使他们相互隔离。由于小农彼此之间只存在地域的联系，由于他们利益的同一性不是使彼此间形成任何共同的关系，形成任何的全国性的联系”[1]。所以，小农社会并不是真正的社会，小农们“不能代表自己，一定要别人代表他们。他们的代表一定要同时是他们的主宰，是高高站在他们之上的权威”[2]。而在权威的主宰和专制下，社会只会被“虚构”、被“冒充”。只有到了生产社会化的时代，人们的生存和发展活动才被专业分工与协作、被市场经济组织为一个有机联系的体系，才有了真正的社会。只有到这时，才可能形成社会本位即社会主义。所以，社会化的生产方式和市场经济是社会主义赖以产生的一个基础条件。

第二，社会主义就是民本主义。在社会主义体制中，国家以社会为本，社会以人民为本。人民为本是社会主义最本质的规定。人民为本，就是人民已经从蒙昧状态中走了出来，有了不可剥夺的权利和权力，有了自己的组织、政党、国家和政府，并且能够通过民主化的制度当家做主，决定国家命运，共同创造自己的美好幸福生活。人民首先是一个整体概念。人民为本，就是以全体人民的权利为本，以全体人民的整体利益和共同利益为本。作为权利关系的个人主义、权利行为的自利主义和寡头经济、权贵经济、腐败经济都是社会主义的对立物。同时，人民又是一个个体概念。作为整体的人民由一个个拥有公民权利的个人所组成。公民个人法定权利的不可侵犯决定了全体人民是一个真实的权利主体。只有当公民权利得到切实的保障并基本实现时，人民主权才是充分的，人民为本、社会为本即社会主义才可能达到比较成熟的程度。从这个意义上说，社会主义本身就是一个长期发展过程和历史过程，它的建立和完善不可一蹴而就。

---

①《马克思恩格斯选集》，人民出版社，1972 年。

②《马克思恩格斯选集》，人民出版社，1972 年。

人民为本不仅是一种体制、一种制度，还是文明发展的一个高级阶段。或者说，没有民众素质的高度发展和人民思想上、政治上的成熟，就没有作为先进制度的人民为本。尚未开化的愚民时代不会有人民为本；专制统治的臣民时代也不会有人民为本；在现代贫寒饥饿的国度里，也不会有人民为本即社会主义。对邓小平“贫穷不是社会主义”的论述，也可以从这方面去理解。著名思想家、哲学家、教育家梁漱溟先生在论及20世纪30年代欧洲民主在中国行不通时说，中国人生活极其简陋且特别困难，整天忙着温饱，极少闲暇，且知识能力低下拙笨，所以没有余力过问政治。即使是工商业者，每天都在为生计发愁，并无金钱和能力进行政治活动。这就是说，经济发展水平和文化发展水平是一个重要问题。只有当社会比较富庶、民众的文化素质有了相当的提高，人民主权和人民本位从而社会主义体制才是可能实现的。

第三，社会主义就是社会整体价值至上、人民共同利益至上。政治常识告诉我们，只有和谐的整体性的社会，才可能是本位性即在价值上高于国家的社会。如果社会是分散的，国家必定是高高在上的主宰；如果社会陷于分裂、内乱，甚至发生流血冲突，国家就必定重新以暴力机器的角色出现并站在社会之上，以暴力镇压等方式平息内乱。这就是说，前面所说的社会本位是社会整体本位；社会价值高于国家价值，是社会整体价值高于国家价值。社会整体性是社会主义的一个内在规定。当社会还处于分散的“一袋马铃薯”的状态、还无整体性可言时，社会主义只能是人们的一个遥远的梦想；当社会陷入分裂和对抗、整体性被破坏时，社会主义可能得而复失。

第四，从社会关系上说，社会主义就是权利平等。任何社会都是有阶层的，社会主义社会也概莫能外；人民也是划分为阶级的，作为社会主义的主体的人民也概莫能外。所以，社会主义社会也有阶层关系、阶级关系。但社会主义社会的阶层关系和阶级关系具有自己的特殊性和先进性。由于社会主义社会已经超越历史上那些专制社会的“冒充”性、“虚构”性和“虚幻”性，已经是马克思所期待的“真实的集体”，所以，社会主义社会的成员即公民个人都是“作为个人的个人”，不仅具有自然人的权利，而且具有平等的社会权利。只有严重触犯社会规则和法制的极少数人，才会失去这样的权利，蜕化为不自由的人。这就是社会主义社会关系的特质即权利平等，这种权利平等也是社会主义社会和谐的特点。权利平等大体包括五个层次：一是发展权利平等。人人都有平等的学习权利和受教育权利，都有从素质和能力上发展和提高自己的权利。二是劳动权利平等。任何人都没有巧取豪夺的特权，人人都只能以自己的劳动获取收入，多劳多得，少劳少得，不劳不得。三是财产权利平等。劳动技能和劳动生产率的提高，使越来越多的家庭有了越来越多的经济剩余，从而形成由个人和家庭自由支配的财富。四是生存权利平等。在政府主导下建立社会安全保障体系和救助体系，对没有劳动能力或劳动能力不足以支撑家庭基本生活的个人和家庭实施保障，对遭遇意外伤害的个别家庭实施救助。五是政治权利平等。公民对社会政治生活有平等的知情权利和参与权利。

显然，社会主义是一种能够给人民大众以充实的物质生活保障、政治尊严和精神愉悦的制度和体制。这样的社会主义必须通过市场经济道路和社会化大生产创造越来越多的财富来实现，因而与空想式的社会主义毫无共同之处。同时，这样的社会主义是建设性的，是通过改革和发展逐步提高和完善的，因而与以阶级斗争和通过“无产阶级专政下继续革命”的方式“破除资产阶级法权”实现社会公平的社会主义没有共同之处。走社会主义道路，坚持改革和发展的社会主义方向，就是支持和维护公民、企业和家庭的自主权利，发展和促进权利平等，并在此基础上维护和发展社会的整体性和全体人民利益的共同性，逐步实现每个人的全面发展。

3. 从国家主义到社会主义

我们虽然曾经很简单地把国家主义混同于社会主义，但两者之间却有着很远的距离。从国家主义跨越到社会主义，即从国家本位转变为社会本位，必须以社会成长为基础，必须通过国家革命实现国家转型，实现国家与社会的新组合。

（1）社会成长。社会本位首先是社会自身的成长，而不是国家政权的外在认定。社会本身的成长，社会的自组织性、自主性、自律性的增强和形成是社会本位即社会主义的基础建构。如果社会没有成长到足以“为本”的程度，即使国家为社会服务了，政府把权力归还社会了，社会还是不可能进入本体地位。从这个意义上说，社会主义取代国家主义的过程，也就是社会的成长过程。社会成长的历史漫长性，决定了从国家主义到社会主义路程的漫长。

原始“社会”崩溃之后，人类在很长时间里是没有真正意义的社会的。史书中所谓的“社会”，是由没有人权的奴隶们所构成的群体。“奴隶们”只是奴隶主的工具，由他们构成的群体当然不具备社会的属性。当个体农民从奴隶和奴隶主演进、分化出来以后，社会方始产生。人的独立生存权利是其基本标志。但用恩格斯的话说，由个体农民构成的社会是“一袋马铃薯”。这样的社会当然也不是完整意义上的社会。以家庭为单位的小农经济年复一年地进行着简单的再生产，生产方式自给自足并彼此雷同，生产者之间只有偶尔发生的协作，却没有社会化的生产和经济联系。他们彼此间没有形成任何的共同关系、任何的全国性联系、任何一种政治组织，所以他们就没有形成一个阶级[①]。这说是说，小农经济的同质性和松散性造成了小农社会的“非社会性”和“低社会性”。这样的“社会”不能自立，更不能自主。它代表不了自己，只能仰仗高高在上的政治权威。这样的“社会”不能参与权力分配，更不能行使权力。于是，权力只能片面归属国家，以血缘和宗法关系为基础的国家体系便完全垄断了权力，国家为本、为尊、为上，“社会”为用、为卑、为下的国家主义政治体制便告形成。

一部社会发展史表明，社会的成长首先有赖于商品经济关系即市场经济关系的建立和发展。社会生产力的发展必然引起分工，引

---

①《马克思恩格斯选集》，人民出版社，1972 年。

起商业和手工业与农业的分离；分工和分离必然促进商品生产和商品交换，使社会内部的市场化联系越来越丰富、紧密。分工与市场化联系的相互推动，一方面导致了生产的更加专业化和技术化，另一方面则导致了生产关系和生活关系的组织化和紧密化。当生产及其技术进入大机器工业阶段之后，随着具有强大影响力的中心城市陆续崛起以及统一市场的形成，社会生产关系和生活关系的组织化和紧密化就达到了一体化的高度。其中把各个企业、经济人，把各个产业部门和各个区块经济紧密联结在一起的生产、交换等经济关系，就是社会的内在网络和组织性。这样一个具有紧密内在联系的社会，一个有机的、组织化的社会，才是整体意义上的社会。也正是从这时起，社会主义思想开始萌生和传播。

社会的生成过程，同时也是社会自主意识的觉醒过程。在社会联系还不发达、社会生产和生活方式还比较封闭的时代，社会成员分散在苍天和皇权之下，还意识不到自己的力量。他们当然听天由命、逆来顺受。当紧密的市场联系和生产联系把他们越来越深入地置于社会之中的时候，他们也越来越意识到彼此间的共同命运，甚至意识到彼此是一个阶级，也越来越意识到联合起来的力量，甚至意识到必须依靠自己的力量来掌控自己的命运。这让社会成员越来越作为阶级而生存而行动。在中国，面对专制国家的压迫，农民用占山为寇、造反和起义等方式表达着自主意识；资产阶级、小资产阶级用集体抗争和改良主义革命表达着自主意识；工人阶级则用新民主主义革命表达自己的自主意识。当社会发展出政党和政党政治时，社会自主意识便向民族和阶级的政治理想升华，表现为对国家兴亡的共同担当和民族、社会的责任意识和责任行动。一个自主意识高度发达的社会，就是足以担当政治架构“本位”的社会。

社会自主意识的成长寓于社会发展过程当中，以社会发展为基础，并反过来给社会成长和发展以激励和引导。所以，在每次经济繁荣之后，都会涌现一次思想解放浪潮；在每次思想解放浪潮之后，都会有社会繁荣呈现。

（2）国家转型。关于国家理论，从西方政治理论到东方政治文化，从马克思到列宁再到毛泽东，都已经有过大量论述。中国政治学的主流观点认为，从本质上说，历史上的国家无一不是阶级统治的暴力机器。但我认为，国家作为阶级统治的暴力机器之所以能够长期存在并发挥作用，是因为它还有公共服务职能。如果国家只是阶级统治的暴力机器，而无公共服务，这个国家只能是短命的。所以，国家职能的任何调整和改革都必然是两种职能的不断再组合。马克思、恩格斯曾经揭示过，国家在社会分化为阶级对立的时候成为人类社会组织形式的历史图景：由于“社会成员不是在合作生产财富的劳动中而是在为了维持社会对内对外的共同利益（不论是想象的利益或实在的利益）而进行的劳动合作中绵延下去的”[①]，“社会的共同利益即社会的共同目的在于维持社会的生存”[②]，所以，当社会的分化和阶级的对立使原来的氏族组织再也不能继续存在的时候，奴隶主阶级的特殊意志与全体社会成员对共同利益的关心便取得了一致，从而导致了国家的产生。这就是说，在马克思主义的国家起源论看来，国家一方面是阶级统治的暴力机构，具有统治职能；另一方面国家又是“社会在一个有形组织中的集中表现”，具有公共管理职能。国家的这种双重职能在不同的时代、不同的历史时期，不同的政治制度下，有着很不相同的具体配置。我们可以把“历史上一切把阶级属性和统治职能放在二重结构主导地位的国家”归类为“阶级主导型国家”即“统治型国家”，而把“社会属性和公共管理职能放在二重结构主导地位上的国家”归类为“社会主导型国家”即“服务型国家”[③]。在社会主义产生之前，几千年来所有的国家无一不是阶级主导型即统治型国家。

---

① 中共中央马恩列斯著作编译局：《马恩列斯论资本主义前社会诸形态》，人民出版社，1973年。

② 中共中央马恩列斯著作编译局：《马恩列斯论资本主义前社会诸形态》，人民出版社，1973年。

③ 郎毅怀：《社会主导型国家与阶级主导型国家的划分与区别》，《光明日报》，1989年6月。

所以，只要国家在整体上还保持着自己的统治属性，或者说，只要国家在整体上还继续着对社会的统治，国家主义就在继续，就不存在社会的本体地位。只有当国家在整体上表现出公共服务的属性，把自己对社会的关系从统治转变为服务，社会才有可能在权力的分配中占据主导地位，成为政治生活的主体和本体，才可能生成现实的社会主义。

然而，几千年的历史证明，国家转型是一个至为艰难的漫长革命。之所以如此，是因为国家作为政治上层建筑不仅受制于经济基础和社会生产方式，还受制于统治阶级和官僚阶层的特殊利益。国家主义政治体制作为一种政治定式和一种利益结构，可以带来当国者、统治集团和它首先代表的那个阶级利益的最大化。消除国家的统治性，变国家为本为社会为本，对统治集团和统治阶级来说，是权力和利益大剥夺。在足以改变这种定式和结构的政治力量产生之前，国家主义不会解体，国家的性质也不会改变。

（3）国家改革与社会成长互动。从上面的论述中我们知道，国家的转型与社会成长互为条件。国家改革到什么程度，即向社会还权到什么程度，并不单纯决定于国家自己的意愿。如果社会没有能力承担主体责任，国家的放任反而会伤害社会。但如果国家长期包揽社会事务，让民众无所用其智、施其力，民众就会陷入冷漠和麻木，导致自主意识的丧失。所以，社会的主体性必须通过建立开明体制、发展民众政治参与来培育。只有给出学习和锻炼的机会，社会才能学会自主、自律和政治参与，并逐步成熟起来。当年国民党在大陆执政时以“训政”方式让人民学习当家做主，所导致的是更严重的独裁和更严酷的专制。“训政”只是把国民党自己抬上救世主的地位，给国民党和蒋介石的独裁统治增设了一个名义。这就是说，实现国家主义到社会主义的体制转变，需要从国家和社会两个方面推进改革，并且要相互照应，互相促进。

中国社会主义的现实构建

显然，我们从苏联引进并实行了30年的“社会主义”，实际上是国家主义。但我们没有必要为此纠结。也许这种国家主义为我们中国走向真实的社会主义做了一个必要的铺垫；也许没有这样一个过渡，我们中国还不能这样波澜不惊地进入社会主义。

那么，我们中国是如何走上真实社会主义道路的呢？

1. 建筑在历史成就之上

我们今天的社会主义大体成型并成就于改革开放时期。但社会主义能够成型却得益于长期的历史进步和文明积累。没有历史成就，特别是新中国前30年的成就作基础，就没有社会主义。

在“历史成就”中，最基础的成就是一个比较健全的工业体系。新中国时期，在中共领导下通过建立国家主义体制，集中资源、力量，实施经济赶超战略，迅速形成了一个比较完整的工业体系。这是后来中国把市场经济迅速做大的基础，迅速形成社会化大生产格局的基础，也是社会迅速成长和社会主义得以成立的重要基础。没有这个基础，中国市场经济的迅速繁荣、中国社会的快速成长都是不可思议的。

另外一个最重要的基础是实现了国家革命，建立了开明的人民政权。民国时期，中国虽然有了机器工业，形成了许多工业中心，但国家与社会是尖锐对立的，社会是严重分裂的。所以，那时的社会政治思潮极为混乱，相信中国能够走上社会主义道路的人非常少。这固然是因为历史遗留下来的许多问题撕裂了社会，如军阀割据等。但很重要的是国家是旧国家，是与人民与社会相对立的国家。执政的国民党继续专制体制，国家与社会的关系同皇权时代相比并没有多大差异。新民主主义革命推翻了旧国家。中共领导的新政权一开始就一反国民党的自私，把全心全意为人民服务作为自己的宗旨，始终坚持为民执政，在本质上已经是一个服务型的国家。当时把国体确定为人民共和国，把政体确定为人民民主，把政府称作人民政府，把法院称作人民法院，把检察院称作人民检察院，把公安称作人民公安，把军队称作人民军队，甚至把医院称作人民医院，都说明当时中共和新国家政权是很努力地要把中国建设成为一个人民当家做主的即社会本位的国家。老一辈革命家和政治家们大都有着强烈的民族担当和为人民谋利益的使命感。无论经历怎样的曲折，中国有了一个新政权，有了一个服务型国家，我们终于把在历史上被颠倒了的国家与社会的关系颠倒了过来。

正是因为有了这个开明的人民政权，国家和社会掌控了所有重要的战略资源，保障了国民经济崛起所必需的资源供给和建构社会主义的资源基础。许多落后国家都有加快经济发展的强烈愿望，但它们的重要战略资源大多控制在私人手里，资源释出和开发面临私有化的瓶颈。在中国，城市土地和矿山等重要资源都归国家所有，资源释出是很便捷的（当然资源的管理方式和释出方式是有问题的，因而产生了严重腐败，这是一个必须改革也可以改革的问题）。在农村，耕地为集体所有，并置于国家管理之下。党和政府的改革支持政策一经提出，广袤的耕地立即在广大农民的努力中释放出巨大生产力，并成为农村融入以工业为中心的社会化大生产的起点。

正因为有了一个开明的人民政权，具有皇权时代印记的陈旧制度和意识被“清空”，外国势力在中国的特权完全（除中国台湾外）被废除，改革、发展和构建社会主义都有了一个比较自由和干净的环境，可以相对地“轻装”快进。对这一点，也许只有比较才能知其可贵。20世纪70年代，中印两国发展处在同一水平上。40年过去，印度落在了后面。之所以如此，重要原因之一是因为印度保留着中国所没有的制度和文化包袱。在印度，由于偏左的主流意识形态很强大，所以，政府发动的许多改革不敢声张，只能悄悄地进行。同时，印度虽然被西方认为是一个法治国家，但它的许多法律都是20世纪20年代到40年代制定的，早已不合时宜，且很难修改。这种旧时代的遗产对改革和现代化的束缚是非常严重的[①]。

从这个意义上说，中国人民长期的流汗、流血乃至牺牲都是中国实现社会主义不可或缺的基础。我们不能因为改革开放的巨大成功就无限地厚今薄古，重蹈历史虚无主义。

2. 社会的恢复与发展

社会本位建设是构建真实社会主义的基本工程。

在改革开放之前，中国社会成长的一个重要亮点是民国时期。皇帝下台，军阀混战，国家治理力弱到极处，是这一时期政治生活的重要特点。但因祸得福，社会由此在一定程度上被“解放”，有了独立成长的空间，民族工商业高速增长，社会组织如雨后春笋，并涌现出一大批区别于传统国士和御用文人并足以体现中国社会思想文化高峰的大师级人物。这时，中国社会不仅有了一个雏形，而且有了思想和灵魂。但总体上说，那时的社会是分裂的、混乱的。

新中国的有效治理终结了这种混乱和分裂。但由于极致化的国家主义管理，社会被国家化或准国家化，在一定程度上失去了“自我”，不再是作为“社会”的社会。

市场经济的本性是社会的。改革开放摒弃和告别了计划经济体制，同时也就开始了市场经济体制的创建和市场经济的发展过程。从国家与社会的关系来说，这是一个进一步的“去国家本位即国家主义”的过程，也是一个恢复和发展社会的过程。

（1）首先是农村社会的恢复和发展。农村地域广大，国家对农村的行政控制还是弱于城市的。所以，改革作为对国家主义的突破首先在农村开始。由于人民公社把农村变成了“一大二公”的国家组织，农民对集体经济的决策权利被收归国家，农村社会生产力和经济功能被弱化到不能再弱化的程度，以致以种地产粮为业的农民自己都吃不饱肚子。他们曾经用怠工和“讨饭”来表达对不合时宜的经济、政治体制的不满。但他们知道，为了生存，与其年年吃返

① 张维为:《中国触动：百国视野下的观察与思考》，上海人民出版社，2012年。

销粮、外出乞讨，还不如自谋生路。安徽凤阳县小岗村的村民在穷极无奈的情况下，在一个早晨就把耕地和牲畜分到户了。在党中央的支持下，小岗村的改革在全国引起广泛响应。以此为基础和发端，全国农村实行了政社分设改革，“三级所有，队为基础”的人民公社体制到 1983 年全面解体。同时，农村流通体制改革也被提到日程上来，农产品单一流通渠道体制被多渠道流通体制所取代，国家统购、派购逐步减少，农民直接进入市场销售剩余产品被允许。由此，广大农民从人民公社这个准国家组织中走了出来，有了自己的生产和经营自主权，开始成为独立的生产经营者。这是农村社会的解放、恢复和重建。

社会一经有了相对独立的空间和权利，就表现出其固有的旺盛活力。从 1956 年至 1978 年，拥有 100 多万亩农田的凤阳县总共向国家交售粮食 9.6 亿斤，同期吃国家返销粮 13.4 亿斤。一个农业县 22 年净吃国家返销粮 4 亿斤，可见国家主义体制下的农村困顿之至。实行包产到户后，1979 年凤阳当年粮食产量即达 4.4 亿斤，比上年增长 49%，卖给国家粮食 8900 万斤，相当于过去 26 年向国家交售粮食的总和。凤阳如此，安徽和全国农村皆是如此。

（2）在城市，改革和社会重建首先从体制外开始，即从政策上“放开”“搞活”。围绕“放开”“搞活”，工商管理体制、计划体制、流通体制和财政体制相继改革，国家统管的领域和事项逐步减少；在国家继续管理的领域和事项中，管理强度减弱，管理方式改善，服务性增强，为社会和市场成长和运行让出了许多空间。同时，允许多种经济形式、多种经营方式相互竞争、共同发展。到 1984 年，仅城镇个体劳动者就从 1978 年的 15 万人发展到 339 万人，增长了 20 多倍。

城镇改革和社会重建的攻坚战是国有及准国有企业的市场化和社会化。针对效率低下的问题，从 1978 年开始扩大国营企业自主权试点，逐步把集中在国家行政机构手中的企业经营管理权归还给企业。到 1979 年年底，试点企业扩大到 4200 家，到 1980 年再扩大到6600家，占全国国营工业企业总数的16%、产值的40%、利润的70%。与此同时，国营商业企业中扩大自主权企业达到8900家，占该类企业总数的50%。到1984年，在总结前几年试点经验的基础上，国务院作出了《关于进一步扩大国营工业企业自主权的暂行规定》，从生产经营计划、资产处理、劳动人事等10个方面进一步扩大企业自主权。这标志着国营企业正在从国家的附属物向市场、向社会回归，由国家经济组织向社会经济组织转变。接着，改革又开始以建立“经济责任制”和“利改税”为抓手向前推进。前者虽然旨在提高经济效益，但通过企业与国家建立明确甚至刚性的经济责任关系并把企业对国家的责任在内部层层分解、落实，企业与国家讨价还价的空间已经很小，从而成为一种实实在在的“倒逼机制”，企业唯市场之路可走。后者通过变企业与国家的交“利”关系为纳“税”关系，实现了企业身份的重大变革，企业相对于政府的自主权和独立性明显增强。这时的国营企业已基本上不再“国营”。它虽然不是严格意义上的市场经济主体，但它已站在市场之中。到20世纪90年代，产权改革逐步展开。通过明晰产权关系，国有资产产权得到量化，权利主体趋于明确。经过资产重组，国有资产开始向更体现资源配置效率的所有制和产业领域流动。重组后的国有企业转变为国有股份和国有控股企业，在法律上已经是一个完整的公司化的市场主体。大量从国有领域退出的资产也经过市场转化为社会资产，其经营主体也成为社会经济和市场的重要力量。

（3）在城乡各类经济主体涌向市场、回归社会的同时，社会权利结构呈现平等化趋势。自新中国成立开始，我国即实行城乡分治的体制，由此形成了城乡隔绝的二元结构。城镇处于国家计划体制之内，市民们享受着国家包就业、包养老、主要食品低价供应和各种福利待遇。生活在农村的农民只有参加生产劳动，并向国家交售农产品的义务，却没有任何可直接行使的经济权利。这样一种严重的身份不平等、权利不平等，对中国社会的整体化、和谐化，对国民心理健康，对中国的经济效率都造成了极大的伤害。自改革开始，社会化大生产和市场经济体制把所有投资者、经营者和生产者组织在一个共同的大体平等的发展平台上，通过专业分工与合作，整个社会成为日益紧密的利益共同体。特别是城乡关系已经和正在发生巨大变化，鲜明的二元格局趋于一体化。国家对市民的特殊待遇被取消；城乡就业、商品流通全部进入市场，城乡养老和其他保障被全部纳入统一的社会保障体系；城镇与农村、大中城市与小城镇基础设施等方面的差异从而民众生活权利和劳动权利的差异在日趋缩小；城乡统一的户籍制度正在建立，城乡一体化的治理模式正在形成，城乡间的权利鸿沟在填平，国民权利平等化在发展，社会整体化在增强，中国开始有了一个"真正的社会"。

当前，中国社会正进入互联网和大数据时代，社会的社会性品质正在发生显著提升。因为互联网的普及，在家工作、远程协作已是平常之事，云计算又将有形的计算化为无形的服务，计算将像水和电一样被输送和供应，无线传感器的普及、普适计算的层层深入，"万物皆联网、无处不计算"正在成为现实，时空障碍将被彻底打破。与这种技术升级相联系，社会层面也在变化。软件开源和数据开放方兴未艾，正在催生大众创新，创新力量正在大众中涌动。由此，政治权力更趋分散，更多的权力将从中央政府下放到地方政府，从地方政府下放到社区，从政治家下放到公民大众，大众将承担更多的责任。因此，一个"更大、更强、更好"的"大社会"正在逐渐生成[①]。

3. 国家和政府职能改革

服务型国家建设是构建真实社会主义的关键环节。

中国的政治改革即服务型国家建设是从中共本身改革开始的。党首先放弃"以阶段斗争为纲"的政治路线，把自己的工作重心转移到现代化建设上来，具有深刻的改革和转型意义。这标志着党正在完成由革命党向执政党这样一个必须的转变，开始不仅仅依靠一

---

① 涂子沛:《大数据》，广西师范大学出版社，2012 年。

个阶级、不仅仅代表革命群众的利益，而且依靠全体人民，代表全体人民的利益；党不仅仅是工人阶级的先锋队，而且是整个中华民族的先锋队；党的领导作用不再体现于阶级对阶级的革命，而是体现于以发展为中心的民族大团结、大融和。党的这个改革在后来被概括为“三个代表”重要思想。作为国家转型的核心部分，党的这个转变和改革，全面增强了自己的服务性，也有效地增强了社会和民众的主体性。

党的改革带动了政府改革。自20世纪90年代初期开始，政府改革和转型由上而下展开。在计划经济时期设立的那些工业主管部门，如冶金、化工、纺织、机械、电子等部门被撤销，政府不再直接组织和管理工业生产，以往的经营权被归还给市场和企业：将铁道、电力等部门的行政职能合并到综合管理部门的同时，将经营职能交给国有企业，实行企业化运营；对内贸、外贸等部门实施合并重组，对市场运行进行调控进而引导企业。被国家下放和取消的权力，如人事管理、劳动分配、物资调剂等都由市场和企业自己去管。这一方面解放了企业，使企业从国家附属物转变为独立的市场主体，重返社会；另一方面使国家和政府从无事不管、无权不揽的统治者角色向社会和市场服务者的角色转变，国家与社会的关系开始理顺。

到21世纪初，在从体制上加强市场决定作用的同时，推进政府转型，建设服务型政府的工作也得到了启动和推进。国务院明令取消的行政审批事项达1000多项，各省（自治区、直辖市）级政府取消的行政审批事项一般也都在1000项左右。在保留的行政审批或需要备案、登记的事项中，各级政府都在努力简化审批程序，努力实行“一站式”阳光办公。如国家级投资项目的备案通过互联网由国家发改委受理，国土等有关部门同步跟进，并限定时间办结。这不仅是效率的提高，也是政府服务性的体现，更是社会本位的体现。

党的十八大之后，经过强力反腐，有效地打击了官场恋权、违法弄权、以权谋私的嚣张气焰，大大地弱化了行政审批制度改革、实施政府转型的阻力，为市场经济和社会回归本体地位开辟了宽广的道路。随着“市场决定资源配置”决策的逐步落实，市场体制和机制将会更加健全，社会取代国家回归本体地位，应当近在咫尺。我们可以把中共十八届三中全会作为中国社会回归本体地位，中国社会整体化形成、成熟的一个里程碑。

4. 党的领导及其对社会的整合

坚持和实现党的领导是实现真实社会主义的核心构造。

一般地说，由市场经济可以通向社会主义，但市场经济不可能让我们自然地到达社会主义，它甚至可能把我们带到与社会主义相悖的方向上去。这是因为，市场经济内在地包含着多元的利益主体。市场经济的高度发展，也是多元的社会利益及其主体的高度发展。而多元的利益主体之间则充满着复杂的利益博弈。各个阶级、各个利益集团无不顽强地表达着自己特殊的利益诉求，并进行着无休止的利益角逐。特别是经济寡头、强势家族、大型财团都会本能地追求自己的经济特权和特殊利益，让市场经济陷入分裂、走向不义。这就是说，社会作为个体的集合，无论发达和成熟到什么程度，自组织能力强劲到什么程度，它都是一个矛盾体，其内部的权利矛盾和利益矛盾都是绝对的，和谐只能是相对的。简而言之，社会整体因社会化大生产和市场机制而有其内在联结性，也因其利益多元而有其内在的分裂性。

所以，在一个社会化高度发展的国度里，要建立和实现社会本位即真实的社会主义，必须有效地抑制和化解其利益上的分裂性，发展权利的公平性和利益的共同性、整体性。而这一点并不是哪个政治体制、哪个政党、哪个政府都能做得到的——至少是西方民主政治体制做不到的。

两党角逐或多党纷争，可以较好地增强政治生活的活力。但它的最大问题是强烈地加剧着社会政治和意识形态上的内斗和分裂。其中每一个党都有自己特定的族群、阶层和核心选区。各党之间为政权而角逐，就把若干族群、阶层、社区之间的利益差异表面化和矛盾化，使社会中本来就存在的裂痕和鸿沟进一步扩大。就美国的民主政治体制来说，两党竞争对于实现不同利益的特殊表达可能是比较充分的，但唯其充分，才更危害社会整合。在选举期间，民主、共和两党为了能够夺得政权把自己的政见吹得震天响，并相互攻讦和厮杀；在非选举期间，林林总总的政治玩家们为了表达自己的权利、实现自己的特殊利益都在顽强地对自己的特殊利益进行着非常张扬和过度的表达。这看上去很民主。然而正是在这种张扬和过度的表达中，社会的整体利益、各种特殊利益间的共同利益常常被弃置一旁，大家共同关注的都是某些利益集团的特殊利益。军方为了迫使国会增加军事预算，就竭力夸大外国军事威胁；军工企业和军火公司要做军火买卖，就拼命鼓吹战争；货物贸易公司和制造企业为了在国际市场上推销商品，就大肆煽动和平主义，如此等等。于是，社会被撕裂，本来矛盾重重的社会便更加分裂，从而陷入无休止的争斗之中。从这个意义上说，在美国只要现行的政治体制继续维持，恐怕永远不会有整体化的社会，因而也永远不会有社会本位即社会主义。

中国的台湾省，两党恶斗，已把社会撕裂。此种民主已经与社会本位和社会主义越来越远。

在我们中国大陆，体制的市场化水平和生产的社会化水平要明显地低于美国，社会本身的成熟化和自组织能力当然也要逊于美国，社会本身的分裂性因为发展的不平衡性，也必定高于美国。但中国有共产党的领导，社会的整体利益即整个社会的共同利益、各界群众的根本利益都在通过党的领导得到集中的表达和共同实现。在这种政治体制下，虽然矛盾犹在，但社会的内在分裂在弱化，利益鸿沟被填平，社会的整体性与和谐性被维系。中共能够做到这一点，是因为她与各个阶级、各个阶层、各个民族、各个利益集团都没有特殊的利益联系，她赖以存在和活动的经济基础是国家财政，所以她代表着全体中国人民的共同利益，而不仅仅代表某个阶层、某个阶级、某个民族、某个地区甚至某个团体的利益，无任何偏私。因此，作为执政党，中共存在于政权体系内，可以确保政权坚持为民执政的性质和功能，另一方面她又活动在民众中间，足以用自己的先进性引领社会的健康发展。这就是说，只有中共才有条件、有能力把握平衡和协调各个方面的利益关系，把利益多元化的社会整合为和谐和一体化的社会，建立和发展社会本位。为了坚持和发展社会本位，更好地实现社会主义，中共的领导永远是我国政治体制中一个不可或缺的根本构造。

中国的社会主义离不开中共的领导，还有一个十分重要的原因就是，只有坚持中共的领导，才能消除官僚阶层特殊利益对建立和发展社会本位的抵制，也才能防止因为这种特殊利益而可能发生的政治倒退。

我们知道，国家和政府的转型，是国家(政府)与社会（民众）之间权利的再分配过程。历史经验一再证明，国家政权体系作为一个由精英人士构成的组织，具有自我保护和自我权力扩张的本能。精英们虽然具有超乎普罗大众的素质，但亦有普通人都具有的追求利益的内在冲动。这种冲动让他们本能地维护和扩大自己的特殊影响、特殊权力和特殊利益。我国多次进行机构改革，力图精兵简政，但每一次的精简都在实际上变成了又一轮机构扩张和膨胀。其内在机理，与一切官僚机构别无二致。国家政权体系向社会的让步和放权总是表现为一种挤牙膏式和反复性的改革。在经济发展面临严重困局，不得不引入市场机制的改革之初，改革的正式说法是“以计划调节为主，以市场调节为辅”，国家行为在经济生活中仍占主体地位，市场调节仅仅是一个补充；当市场机制和市场调节的有效性充分显现时，正式的说法是“国家调控市场，市场调控企业”，国家仍是站在市场之上的调控者；当市场经济体制已被普遍接受之后，正式的说法是建立“中国特色的市场经济”，实行“以市场调节为基础”，仍然为国家的强大干预保留着很大的空间。

为支持市场经济体制的创建并充分发挥对资源配置的调节作用，改革行政审批制度，推进政府由管制型和审批型向服务型转变的任务日益强烈地提到日程上来。但在实际工作中，取消和下放行政审批权力的改革遇到了一些职能部门和权力把持者的顽强抵抗。行政审批是那些部门权势的源泉，也是一些干部灰色收入和黑色收入的源泉。他们抵制取消和下放权力虽然仅仅是为了自己的私利，但其效果却是严重地禁锢了市场经济成长和运行的空间、社会成长和发展的空间，为进一步改革、为中国持续崛起设限。随着改革成效的显现，曾经濒临崩溃的国家政治危机已经过去，改革动力开始弱化，国家体系维护和扩大权力的本能开始重新发作。这使国家主义一次次地以大政府的方式表现出来，市场体制的创建和社会的回归反复成为政治博弈。直到中共十八届三中全会，情况才有了真正的改观。这次全会提出由市场决定资源配置，从党和国家大政上确立了市场即社会的本体地位。

不难理解，官僚阶层的特殊利益是一种强大的惰性力。在这种强大惰性力的阻挠之下，我国经济体制和政治体制改革能够一步步地推进、社会本位能够一步步地建构起来，是因为有党的领导。在改革的每一个重要关头，都是党充分认识了改革和发展的大势、正确地表达了人民的强烈期待，使改革虽然每每停顿甚至反复但一直在朝前走。

综上所述，在中共的领导和整合下，以改革中建立的市场经济体制和已经形成的社会化大生产格局为基础，中国已经建立社会本位的基本框架，成为一个大体来说是社会本位即真实的社会主义国家。当然这种社会主义有着显明的草创性和初级性，社会总体素质不高，权利平等还只是初步的，不公平的问题和权力腐败还在相当范围内存在，党的改革、国家和政府转型还远远没有到位，但无论如何中国已经进入社会主义发展阶段，这是毫无疑义的。

跨越千年的道路跃升

新的社会主义范畴的提出是正本清源，也是返璞归真，这实际上是中国用改革和发展的崭新实践对社会主义的重新诠释。在新的诠释和理解之下，社会主义以市场经济和社会化大生产为基础，以社会本位和人民主体为基本内涵，含义是真实而明确的。它不是“幌子”、不是“招牌”，不是资本主义“狗肉店”前的“羊头”，而是中国的发展真实和道路真实。它不再让我们“说不清楚”地困惑。中国有了这样的社会主义的现实建构，无疑是一个巨大的历史跨越和道路升华，中国道路也将由此而宽广、远大。

1. 开启社会与国家的和谐时代

社会本位即社会主义体制的建立化解了一个贯穿中国千年历史的巨大矛盾，终结了社会与国家的对抗，开启了社会与国家和谐的新时代。

在以社会为本即社会主义建立之前的全部历史中，政治体制呈现着国家为本、为上、为尊的特征，国家通过对权力的片面占有严重束缚和统治甚至窒息着整个社会，把民众局限于国家设定的“顺民”秩序之内。但是,“社会”的本能与属性却是不断生长和发展的。这就造成了社会对以皇权为中心的国家体系、民众对官僚体系的长久对立和抗争，纷纷攘攘的动荡成了历史的常态。

在国家主义体制下，国家与社会、专制官僚体系与平民大众是一对尖锐的矛盾，君主及官僚们视民众如草芥，民众视君主和官僚如仇寇。以帝王为核心的国家集团总是力图把自己的统治延伸到每个角落，永远维护皇权和整个国家的本、上、尊地位。如通过科举延揽人才，把知识精英集中于国家机构之内，同时通过独尊儒术，对官僚体系和社会大众实施训化以实现思想文化的大一统治理。但历史的逻辑却是国家越是高高在上，统治力越是强悍，社会愈是困苦，反抗愈烈。从秦末大泽乡陈胜、吴广起义到清末义和团和捻军起义，中国古代有籍可查的农民造反多达上千次。即使在升平时期，以失业农民为主体的水泊梁山式的山寨版武装也呈泛滥之势。农民们在用自己对国家专制主义的抗争为自己，也为社会争取权利。但农民没有横向的社会产业联系，没有自己的社会组织，因而他们还不是一个阶级。即使抗争成功了，他们还是要请出一个或自立一个高高在上的政治权威，以代表自己。所以，一次次农民造反只是一种表达，表达着国家本位的反社会性、反民本性，也表达着由个体农民组成的松散社会对国家本位的强烈抵制。

商人是传统社会中最活跃的阶层和阶级力量。商人阶级是农业社会发展和分工的产物。只有当农业劳动生产率有了提高，农产品有了大量剩余和流通的需要，才会有商业和商人。商人作为一个阶级出现之后，他们又反过来给农业和农业社会以强大的刺激和影响，让非常沉寂的农业社会骚动和活跃起来。这使传统的社会秩序和经济秩序受到冲击，农业生产者不再像过去那样死板，经济活动不再像过去那样单调。从此，以商人为主体，以市场为平台，社会的横向联系日益丰富，社会加速分化，并变得多元和难以驾驭。这个过程实质上是社会的生成过程，也是社会用自己的发展争取社会本位的过程。这个过程对传统的国家与社会的关系形成冲击，对专制国家提出挑战，让专制王朝的统治越来越力不从心。商业和商人阶级越繁荣，专制王朝所感受到的挑战就越强大。同时，商贾们的奢侈，也让皇室、官僚乃至平民们特别嫉妒。所以，从君主专制的国家主义体制形成之日起，帝王及其臣宰们就开始鄙商、限商，旨在维护国家本位。国家治理在强悍与让步、收与放之间反复摆动，也让商业和商人的生存环境反复变化，让中国古代商业在繁荣与萧索之间反复徘徊。专制王朝从来没有放任工商业的发展，但商业社会还是不以他们的意志为转移逐渐放大，商业社会以及由它带动起来的手工业和整个民间社会的组织化程度越来越高。从晚明的“苏州民变”，到清末的“护路”运动，中国的工商业者开始形成一个阶级，开始表现为一个有组织的社会。他们开始集体表达社会权利，抵制国家对社会的欺凌。尽管商人阶级的挣扎和抗争一次次地被压制和围歼，商人阶级也从来没有独立走出国家本位，但这种挣扎和抗争却从来没有停止过。

豪强势力是专制的国家主义秩序中一支最危险的力量。贵族地主、官僚地主和世族地主阶层介于国家与社会之间。从经济上看，他们属于社会，并与国家专制体系存在着尖锐的矛盾。但从政治上看，他们与皇权、朝廷、国家又有着千丝万缕的联系，是国家体系的一个有机组成部分，与皇权和整个国家体系有着共同的利益。他们的经济实力和政治影响，又让皇权和国家专制体系心存忌惮。另一方面，为了强化对社会的统治，皇权和国家体系对他们又极尽笼络之能事，甚至把他们圈养起来作为专制工具。他们则一方面依托朝廷庇护，并把国家的压榨转嫁给平民阶层，另一方面则挟社会以自重，与朝廷讨价还价，持续地制造着政治不稳定。当皇权疲软时，他们甚至伺机取而代之，发动了一次次成功政变和未遂政变。所以，除了贵族势力在汉唐之际逐渐式微外，许多官僚地主和世族地主都经过几代积蓄成为强大的豪族势力。这一特殊阶层存在的体制意义就在于，它一方面削弱了国家本位，另一方面阻碍着社会的成长和社会本位的发育。到了清末，经过洋务运动，其中的许多人进化为集官绅于一体的官僚地主兼资本家，成为中国民族资产阶级的雏形。立宪运动的失败，让这个阶层与皇族、皇室决裂，并导致了清廷的垮台。纵观官僚地主和世族阶级的整体表现，他们在国家与社会关系的演进中长期扮演着十分消极、反动的角色，他们让国家与社会的关系长久地处于混沌而停滞的状态，客观地为国家本位的持久存在和持续动荡充当了得力的工具。

社会对国家的最新反抗，是孙中山先生领导的以“三民主义”为旗帜的民主革命和中共领导的新民主主义革命。这场历时近半个世纪的民主革命，以反抗清廷为发端，以工人阶级登上历史舞台为转折点，以推翻蒋介石专制王朝的人民解放战争为高潮，较之历史上的反抗表现出了前所未有的深刻性、持续性和相对高的彻底性。

这就是说，社会具有顽强生长和发展的本能。在国家主义体制下，这种本能必然表现为社会与皇权、国家专制、官僚体系的尖锐矛盾，表现为民众的持续反抗。只要国家主义不去，社会主义不来，这种反抗和对抗就会永远存在。

现在，中国已经初步建立和形成了社会主义体制，国家已经在本质上从社会的统治者变成了社会的服务者，社会与国家的矛盾不再是民族共同体的基本矛盾，社会与国家的矛盾虽然还会长期存在，但这种矛盾的性质、地位、运动规律都已发生了根本性的变化。从根本上说，社会与国家的矛盾将不再具有对抗性质，国家所面临的挑战不再是会否被颠覆，而是如何更好地适应、服务和管理社会。由此，延续千年的反复动荡和治乱反复，将从此终结，中国将步入长期稳定的和谐时代，中国的发展也将由此获得一个有利的环境。

2. 辟出改革发展的宽广道路

中国社会主义的新建构，作为中国改革发展的新道路，是前无古人的。

中国历史上的改革、发展都没有走远。在皇权专制和国家主义体制下，王朝把鄙商抑商作为长期政策。面对汹汹而起的社会贫困和社会政治危机，专制国家为了巩固其政治基础一次次出台让步和放开政策，并导致一次次经济繁荣。但当社会一次次地复苏和繁荣并影响和危及专制秩序时，专制王朝便一次次重新收紧政策，强化对社会的束缚和压制，使社会一次次重新回归冷寂和萧条。如此收放反复、繁荣与萧条循环，构成了中国历史的长期轨迹。在这种反复折腾中，社会近乎完全丧失发展动力。那些儒家巨子们也曾力图突破循环，为国家开出新路，于是就有了一次次变法即改革。从商鞅变法，到晚清新政和洋务运动，都是一种体制性挣扎。但是，无论哪一次变法，都没有走远，更没有真正成功。原因无外，专制主义和国家主义是一个巨大限制，也是一个不能突破的体制窠臼。所以，中国历史上的发展道路极其狭窄，只能有一次次短暂的经济繁荣，而不可能有长期和持久的繁荣。

新中国成立后，国家政权的性质发生了变化，但体制上的国家主义特征没有改变，发展的社会潜力和能力并没得到真正和充分地发掘。发展的动力只是人民国家和责任政府。人民大众纵有高度的发展热情和强烈的发展愿望，也由于国家的高度垄断、国家对社会事务的大量包揽，也无法充分展现自己的积极性和创造力，这也决定了那时出现的高速经济增长不会持久。更为重要的是，我们秉持和实际实行的“社会主义”以生产资料“公有制”为核心内涵。由于它是在暴力革命的基础上依靠“人民民主专政”的强制力量建立起来的，在主流理论和意识形态上是反市场经济的，也是与资本主义完全对立的。这样的社会主义势必为它的所谓“先进性”所拖累，只能被局限于政府意志和统一的计划管理之内。除此之外，都是禁区，即使自发性的小规模生产和商品交换都没有起码的正当性和合法性。在这样的社会主义体制下，改革和发展只能在政治和意识形态的禁区里长久徘徊。即使出现一些政策上的松动，那也不过是权宜之计。所以，传统意义上的社会主义即特别的国家主义体制下，改革和发展的空间是狭小的，人民群众企望发展的强烈愿望和创造性没有宽广的平台。这样的发展注定是短促的，是不会有远大的前途的。

以社会本位为基本内涵的社会主义，与阶级革命之间有着割舍不开的联系，但它不是革命的产物。它的文化基因缘自革命，而它的生命却是从市场经济和社会化大生产中获得的，在本质上是“自然历史过程”的产物，具有民族共同性，与人类文明发展的共同大道相通、相连。这样的社会主义作为一种价值观是恢宏的，没有阶级自私、民族自私和集团自私，无须狭隘，也不会狭隘。作为一种制度和体制，它张扬社会本位、人民主体以及社会的整体性和平等性，是一种至为宽广的发展道路。在这条道路上，我们用不着与资本主义不共戴天和“对着干”，用不着为证明自己道路的独特性和优越性而“反潮流”，也无须退却，无须迂回，不必去穿越“资本主义的卡夫丁峡谷”。这条社会主义道路是阳光正道，是海纳百川。

不仅如此，以社会和人民为本，尊重民众个人的平等权利决定了现实的社会主义建构是极具生命力的，因而是有远大前途的。民众和社会是发展的主体，也是发展的动力之源。而构成社会和民众的，则是一个个具体的个人，一个个有欲望有追求的个人。尊重每个人（公民）的平等权利，并把实现每个人的全面发展作为落脚点，也就把握和启动了民众和社会的生机，抓住了发展的动力之源。有这种生生不息的活力，再加上国家的正确引导和服务，中国的改革和发展可能会遭遇困难，也可能发生波折，但动力不会枯萎，脚步不会停滞。

“老左派”站在传统社会主义即国家主义立场上一直否认和抵制私有经济。直到今天，他们依然把私有经济看作是一个关系国家性质和社会主义前途的“重大问题”。“私有经济”这个概念本身就是国家主义时代及其观念的产物。冠之以“私”表明它是与国家与“公”相对立的，因而是落后的东西。但实际上，私有经济是以公民个人或家庭为主体的经济，即民有、民营经济。只要它依法经营，并参与生产协作和商品交换，就是社会经济的组成部分，也就更直接地体现着经济的民本性，就是社会主义经济的内在的有机组成部分，而不是社会主义经济的“补充”，更不是社会主义经济的“异己力量”。其中，固然有不少不肖者和黑心者。许多个体私营企业还在生存边缘甚至在死亡线上挣扎，我们不能指望他们的经营行为有多规范。在国家政策的支持下，让他们自主发展、走向富裕，这不正是一个以人民为主体的社会主义社会应走的道路、应有的选择、应该发生的景象吗？

在这样的社会主义体制下，中国已经升华，不再是某些国家的同类。

从社会再生产的角度看，社会主义也是一个可以支持国民经济长期繁荣的体制。任何一个经济体，其繁荣能走多远，取决于它的公平程度。马克思揭示的并至今存在于西方社会的无产阶级绝对贫困和相对贫困，致使那里的有效需求严重不足，从而造成了资本主义世界周期性的经济危机，并表现为生产过剩。当今世界的经济危机，发生机理依旧如是。只要资本权利是绝对的统治权利，社会财富的分配走不出畸形化的窠臼，大众消费能力低下，那么市场有效需求不足，生产过剩和周期性的经济危机就不可避免，经济活动起起落落就不可避免。所以，资本主义国家每到经济危机时刻总是要启用社会主义式的社会政策，向高收入群体增税，向低收入群体发放救济，以提振内需。当今世界经济的危机，说到底，深层次矛盾还是有效需求不足和市场乏力。走出这场危机，归根到底仍然有待于发展和强化社会公平，并以此带动市场复苏。而坚持和发展社会公平，让普通劳动群众有相对高的收入水平，是社会主义体制的内在特征和本能。从理论上说，在社会主义制度下，可以有一个比较旺盛和持久的有效需求。处在当前困难时期的中国，最需要的，就是坚持和发展社会主义，大力推进分配制度改革，提升社会公平，把内需做强。

3. 连通缤纷世界的广阔平台

中国已大体融入世界经济秩序，与西方国家已有深度经济合作。但在政治上，中国与西方国家仍有不小的歧见和对立。这一方面源于普遍存在的民族利益问题和各自的民族主义，另一方面则源于彼此基本社会制度和意识形态的巨大差异。中国作为社会主义国家，曾经秉持阶级斗争和人民民主专政的意识形态。这让国际资产阶级对我们一直持有深深的敌意和戒心。特别是在西方国家，不论是资产阶级，还是工人阶级，都基于彼此社会政治制度和意识形态差异从骨子里视中国为异类。他们与中国合作完全是为了扩大自己的战略利益，而非对中国有多友好。虽然彼我各方都曾申明不让社会制度和意识形态问题妨碍彼此的合作，我国更是积极倡导多样性基础上的合作，但社会制度和意识形态问题在客观上仍然还是彼此建立和谐关系的严重障碍。鉴于中国的快速崛起，以美国为首的西方国家已开始露骨地发展和强化针对中国的战略围堵。中国也因为彼我意识形态不同，在政治上与西方保持一定的距离和戒心，并基于社会政治制度和意识形态的不同，对当代西方文明的建构采取深度怀疑和批判立场，这就使中国与世界秩序的全面接轨和深度融合面临巨大困难。

我以为，我国过去的意识形态已落后于中国的发展，也落后于当今的世界和时代。通过改革开放重新诠释社会主义，为我们建立新的意识形态体系，并为解脱这个意识形态困境提供了机会。

一般而言，无论当今世界国家之间意识形态差异有多么巨大，甚至判若云泥，它们无不服从和服务于各自的国家利益，并终究会归入人类的共同文明和普适价值。所以，国家间的意识形态斗争在本质上是国家利益之争。但如果我们的意识形态偏离了自己的国家利益，并对自己的国家利益已经形成了严重拖累和伤害，那么，这种意识形态并不值得固守，是应该改革的。具体地说，中国不会向西方资产阶级屈膝求和，但也没有必要因为已经明显落后于国家发展的以阶级斗争理论为基础的老旧意识形态与国际资产阶级结仇。

就我们中国今天的情势而言，不再从生产资料的占有关系和阶级性上坚持"社会主义"，而是从社会本位的建立和发展上坚持社会主义，正在带动我们的意识形态和价值观从战争和革命时代向和平发展时代飞跃。"社会主义核心价值体系"就是这样一个成果。在社会本位的意义上坚持和弘扬社会主义，也正在使我们的意识形态和价值观更接近甚至更具有普适性，更反映人类文明发展的一般要求。这样，中国与国际资产阶级之间特别是与西方国家资产阶级之间仍然会存在战略利益和民族心理上的矛盾，但意识形态上差异和矛盾则完全可以减少，乃至弱化。彼此间的矛盾将在一定程度上单纯化为各个民族共同体即民族国家之间的主权矛盾和利益矛盾。这对于帮助人类社会进一步走出"阵营化"，按照经济和政治发展的客观规律推进世界结构重组，提升文明建构，是有巨大意义的；对于增进中国与全球秩序相互包容，扩大中国发展的世界影响并发挥引导性作用也是有巨大意义的。

重新发现和诠释的社会主义还将强化中国融入世界同时影响世界的力度。在历史上，名为社会主义实为国家主义的体制把广大民众隔绝于体制外，从而形成了民族国家的文化分裂和情感分裂。这种分裂使中国在对外斗争中不能同心齐力，总有不少人为外人帮腔出力，甚至无耻地去充当敌对势力的走狗。今天，以社会和民众为本的体制，让全体国民都进入体制内，体制裂痕消除，体制外异己化现象将大大减少，国家凝聚力将大大增强。在这种体制下，中国对世界的参与和融入将表现出更大的一致性和更强大的力量。中国融入世界的过程也将是中国展现新力量的过程。

所以，被重新发现和诠释的社会主义是我们融汇世界经济和文化的宽广平台。在这个平台上，中国与世界之间的乌云正在变淡，联通正在变得天高地阔。

社会主义的建设与维护

在重新诠释和界定的意义上，中国的社会主义建设还只是初创性、框架性的成就，坚持、建设和维护社会主义的任务依旧很重、道路依旧很远。

就建设而言，不论是社会这个本体和基础，还是国家这个工具，建设任务都很繁重。社会建设就是民众建设，民众建设主要是素质建设，素质建设主要是思想和道德品质建设。品质建设主要是知识精英的品质建设，增强正义精神和民族担当，坚持和维护真理，体现社会良知，代表时代的前进方向。当代的中国知识分子在品质方面普遍患有“拜金症”和“软骨症”。这让我们的社会整体上风骨欠缺，总是“站不直”，“行不正”。国家建设就是政权建设，政权建设的核心就是增强对社会和民众的服务性、工具性，增强服务性一方面是提高服务效能，另一方面则是降低自身的存在成本即对社会的消耗。在这两个方面中，降低和减少国家机器的社会消耗更为迫切。

就坚持和维护而言，我们面临的任务尤其艰巨。过去，面对内外压力，我们曾经一直郑重宣示“坚持社会主义”。但在究竟什么是社会主义还没有弄清楚的情况下，这个宣示只是表达了我们的美好理想和信仰。从改革开放开始，我们把这个宣示调整为“坚持中国特色社会主义”。这个新宣示的真实意义在于通过把对传统社会主义的任何改革和改变，丰富和发展也好，背离和修正也罢，都纳入“特色”，从而在政治上和意识形态上为改革开放争取正当性和合法性，有助于掩护改革和发展从困境中突围。这无疑是对付改革反对派同时也是聚拢党心和民心的一种必需的策略。但毋庸置疑的是，在改革发展的实际进程中许多错误的不健康不干净的东西也在“特色”的掩护下“登堂入室”、大行其道。现在我们再回头去看，不能不惊讶地发现偏离社会主义的问题和倾向已经非常严重了。收入分配严重失衡是其中之一。

2012 年中国大陆家庭净财产的基尼系数已经从 20 世纪 60 年代的 0.17 ~ 0.18，80 年代的 0.21 ~ 0.27（世界银行数据），1995 年的 0.45，2002 年的 0.55 上升到 0.73，不仅大大高于一般西方国家（0.24 ~ 0.36）和美国（2007 年 0.45、2013 年 0.42），而且高于被认为贫富悬殊比较严重的香港（2012 年 0.537）和被视为贫富差距全球之最的非洲国家纳米比亚（0.7），远超 0.4 的国际警戒线，顶端 1% 的家庭占有全国三分之一以上的财产，底端 25% 的家庭拥有财产总量仅在 1% 左右。“由于部分群体隐性福利和灰色收入甚至腐败泛滥，中国实际收入差距比这个数据还要高得多。”“大凡政府操刀的重大基础设施项目包括各类形象工程，其腐败寻租成本一般都在 20% 以上。自 2009 年世界金融危机以来，中国政府主导的 4 万亿投资项目和各级政府配套的 20 多万亿投资，至少有 10 万亿通过不同渠道流入了大大小小的贪官及其各类代理人私囊中。”这样严重的分配不公一方面从政治上挑战着中国改革开放的正义性和政权的合法性，另一方面也挑战着国民经济增长和中国崛起的可持续性。人们质疑，中国作为全球第二大经济体，拥有 10 多亿人口，经济高速增长，为什么会在世界经济危机中同样陷入有效需求不足和生产过剩的困局？最根本的原因，当然是严重的分配不公。我们的经济增长速度很快，经济规模做得很大，但普通大众从经济增长中所得到的并不多，甚至有相当部分的人没有享受到改革以来经济发展的好处。"民政部公开数据显示，截至2011年9月，中国城市低保对象2282.4万人、农村低保对象5237.2万人、农村五保户533.2万人、国家优抚对象623.3万人。这四类国家保障对象将近9000万人，加之1000多万的城镇失业者，低收入群体已接近上亿人，占全国人口近8%。"这8%的人口与城市普通工薪阶层、无稳定工作的打工者、普通农民一道作为基层大众，其收入的增长速度是远远落后于国民经济增长速度的。由此产生的内需不足，对于经济增长是一个关键性和根本性的制约。这一点，在20世纪80年代末即开始显现。但我们不思改进，反而过度地拥抱国际市场，以外需补内需。我们这样踉踉跄跄地走了20多年，致使对外贸易摩擦不断。美国工人阶级骂中国人抢了他们的饭碗，从外贸中受益不多的中国平民百姓却担着骂名。现在，国际市场收缩了，内需又不振，摆在我们面前的根本出路就是改革分配体制，大力度地改变财富分配不公。在财富分配等经济和社会领域，我们甚至面临着是否坚持社会主义的尖锐挑战。

所以，对当前的中国来说，"坚持社会主义"已经成为一个现实而紧迫的大问题。我们必须认认真真地把社会主义做实，把社会公平做优，否则中国的崛起没有前途，中国的和谐社会没有前途。主政者和学者们都不要忘记马克思关于资本主义社会再生产矛盾的分析和警告，时刻想到经济增长的基础在于百姓，真诚地把坚持社会主义作为跨越危机的安全通道和实现经济持续繁荣的长久之道。

党的十八大以来，以习近平为总书记的党中央已领导全党和全国强力反腐，并全面深化改革。只要坚持下去，一个基本公平的社会主义社会是可期的。我认为，现在已经到了必须真诚地高举社会主义旗帜的时刻，并在下述诸方面切实把"坚持社会主义"付诸行动。

1. 让国强更好地服务于民康

国强与人民幸福孰为重？显然，人民幸福更根本，也更重要。

国强是人民幸福的重要基础和保证，同时也是人民幸福的一部分。把国家做强是实现人民幸福之必需。所以，国强与人民幸福是统一的，但国强一定要紧紧围绕人民幸福这个根本。脱离人民幸福的国强不是社会主义，而是国家主义。这就是说，改革和发展只能以民众和社会为目的，而不能以国家为目的，只能让国家服从和服务于民众和社会，而不能以牺牲民众和社会的福祉强化国家。就我国而言，这是一个需要特别注意的问题。一方面，我国作为全球第二大经济体，与世界上许多国家向民众提供免费教育、免费医疗甚至免费住房形成鲜明对照，民众负担很重，另一方面，我国作为正在崛起的新兴大国，在国际上面临强大围堵，因而需要巨大的战略投入，包括做强国家形象。这是一个两面都特别需要投入的难题。如何以国内为基点、以提高民众福祉为基点把两者更好地统一起来，是需要把握分寸和积极探索的。在此问题上，防止国家主义倾向应重在克服国家自身高消耗、高浪费，如“三公消费”和屡禁不绝的楼堂馆所。

2. 尽快做长农村短板

中国的社会主义肌体突出地弱在农村。我们说中国在崛起，按理说，农村也在其中。但农村并没有与城市同步崛起。相对于城市，农村社会已经明显地陷落。这倒不是说农村没有发展，而是说它与城市的发展太不协调了。基本上还是一家一户分散生产的小农经济和农村社会，正在把中国的社会主义拖累在创生阶段上。

前几年，中央曾经组织过“社会主义新农村建设”。以我的观察，在一些地方那基本上是一个不得法的表面工程。财政出钱，帮助一些农村搞一些基础建设，有的甚至只做了一些形象。有的地方推倒民房，组织农民去集镇上住楼房。农民离开赖以生存的土地，在集镇又没有就业岗位，他的生活来源怎么解决？经过这些折腾，我们应该明白，农村建设不是一个孤立的问题。只有围绕工业化和城市化来做，农村建设才有解。所以，首先需要城市发展、扩容，逐渐把农村多余的劳动力吸收过去，逐渐改善农村劳动力与经济资源的畸形化配置；与此同时，城市资本和政府资金要大量下乡，帮助农民发展产业化、企业化和集约化经营，实现农业和农村生产方式创新，把农村经济整体地纳入以工业为中心、以城市化为龙头的社会化大生产体系中来。走到这一步，农村才真正称得上“新”了。

农村经济和社会落后，主要落后在组织上。

现在已经是农民建立和发展农业合作社，加快农村组织创新并深度进入社会主义社会的时候了。

在新中国成立之初，就发生过一场声势浩大的“农业合作化”运动。那是中国乡村社会的一次大变动。在那场运动中，全国99%以上的农民加入了合作社。由于未能很好地解决农民及其家庭的生活之需，这些合作社中的绝大多数不得不在经过人民公社之后破产解体。这些合作之所以未能长久，从根本上说，是因为它不是农民自己的经济组织，因而也算不上是社会主义的经济组织。这些合作社的建立不是农民自愿联合起来以适应社会化大生产的要求，解决小生产与大市场矛盾的产物，而是在国家的行政命令下建立的。

当时，经过土改得到了土地的广大农民十分珍爱自己的土地，并开始用心耕作。合作化开始后，几乎每户农民都加入了合作社。但他们的内心并不情愿。所以，这样的合作社作为政治运动的产物，只能是一种准国家组织。这种组织依靠行政命令运行，按国家计划生产，农民消极出工，缺乏内在活力和动力，绝大多数的效率是极其低下的，许多合作社粮食不够吃。所以，合作社及其后来的人民公社在改革中解体，是经济规律的作用，是经济规律击败了人的主观意志。目前，有的网民把当前农业和农民的问题归罪于改革及其对人民公社的否定，这是很荒唐的，是不懂经济、不懂社会、不懂历史的表现。真正的经济发展，真正的社会进步都是内生动力的迸发，都是民本式。离开经济的内生性和民本性，好的愿望到头来都只能以失败告终。

经过30多年包产到户的分散运行，农业劳动生产率已经有了很大提高，农村经济组织化的基础正在形成。另一方面，分散的小生产方式的低效率使农村商品生产无法与城市工商业对接，更难以与国际大农业、高科技农业竞争。我们的农产品质次价高，已经部分地被逐出市场。只要看看国内粮食大量库存堆积，而国外粮食却大量涌入的现实，我们就可以知道，国内粮食生产的竞争力是多么低下，进入全球农产品市场的难度何其之大！目前，低效的家庭农业生产是由国家的“敞开收购”和“补贴储存”政策在撑着。由此形成并积累的财政危机正在一天天地放大，巨大的经济危险正在逼近。这就迫切要求我们加快农村经济组织创新，向组织创新要农业劳动生产率、要国际竞争力。

农业生产方式的分散化也使农村社会处在一种无组织或半组织状态，集体功能流失，发展缺少规划；群众智慧和力量没有整合，公益事业废弛；管理组织软弱，有的甚至被家族势力所控制。个别地方甚至有“黑社会性组织”作乱。这就是说，当前的农村社会还是一个高耗费、低效率的社会，这也需要加快农村组织创新，向组织创新要和谐、要平安、要效率。

在中国农村的前面，还有工业化和城市化的漫漫长路要走。但由一家一户的小农经济来走，路是走不通的。只有按照市场化、公司化的方式组织起来，农村才能深度融入工业化和城市化的潮流中来，实现脱胎换骨式的改造和升级。这样一个长期发展，更需要农村加快组织创新。

农村组织创新，应从“新农业合作化”开始，并以此为基础逐步向前扩展、健全、完善，一步步与城市工商业和国际大市场接轨。

所谓“新农业合作化”，就是区别于政治运动的合作化，违背农民意志和经济规律的合作化，也区别于由资本力量主导的完全由资本力量控制的合作化。在这里，农业合作社一定是农民自己的合作组织，也是社会自治组织。在这种组织里，农民当家做主，独立自主地开展生产经营活动，并对自己的生产行为和成果负责。这种组织必须按照经营性企业来经营和管理，建立自己的董事会，通过投票决定合作社生产经营中的大事。国家和政府要通过思想引导、立法和产业政策支持农业合作社的发展，但不能搞行政动员和行政干预，更不得搞行政摊派。要允许合作社多样化、多领域发展，合作社可以是生产供应型的，也可以是销售型和服务型的，应允许涉足信贷、能源、保险和住房等诸多领域。要改革税制，不能因为具有公司名头就对合作社收税。

“新农业合作化运动”作为健全社会主义社会肌体的重大工程，应是当前一个时期农村工作的重点。为了顺利推进农村组织化，要进一步改革土地制度，在所有权与经营权分离的基础上，对地权实施再分离，建立所有权、承包权与经营权三元分离格局，以适应土地合理流转和集约化、组织化经营。鉴于我们在这方面的理论荒芜，地方政府应选择一些头脑聪明、有经济实力、能经营、会管理的农民进行培训，并引导他们做新合作化的带头人。建立新型合作社必须因地制宜，实事求是，不做指标管理。对前些年已经建立的农业合作社，要切实改进提高，并发挥示范作用。

合作社作为农村经济的主干，也应该是农村社会的主干。要依托农村合作社建立乡村社会自治组织，并以此大力推进乡村社会自治和公益建设。

3. 坚决抑制和消除特权

权利平等是社会主义社会关系的本质特征，特权是对社会主义最恶劣的反动和伤害。抑制和铲除特权是维护社会主义社会纯正性的关键。苏联社会蜕变于特权，垮台于特权。不消除特权，中国的社会主义不会长久。

自进入商品经济社会以来，人类即开始通过权利分配利益，权利成为利益关系的中介，权利关系成为前置性和本质性的利益关系。作为商品经济时代的产物，权利从最初作为针对贵族特权的市民权利，一提出就具有平等的含义和属性，并依托商品流通的等价交换关系的普及展现了越来越平等化的趋势。经过法国大革命，权利平等吸引和激励了无数仁人志士为创新社会而不竭努力。现代法律制度则以国家的强制力，对权利平等的现实化提供了巨大推动。社会主义作为对历史上一切专制和不平等社会的理论批判和制度否定，是权利平等关系的全面实现，也是人类在现有生产力水平上所能企及的最平等的权利世界。高扬社会主义价值观，就必须弘扬权利平等；坚持社会主义道路，就必须维护权利平等原则。

作为对权利平等的反动，特权就是权利的特殊化。这种特殊化，主要有三种形式：一是直接窃公权为私权，即把公共权力化为私有，公权私用，使个人的平等权利异化为一种具有特殊能量的权利；二是在公共权力与公民个人或法人权利之间发生制度性粘连，公共权力以合法甚至公开的方式对公民个人或法人权利提供特殊庇护和关照，从而把普通的公民个人权利或法人权利转化为可以超越规则和秩序的特殊权利。三是如同历史上贵族特权的来历一样，由国家权力机关对个人或集团提供特殊的制度化利益服务和保护。但无论哪种形式，特权都是对公权的滥用。如果从法制角度去归纳，又可以大致划分为两种，前一类属于非法特权，第二、三类属于制度特权，合法但不合理。前一时期，这些特权都在疯狂泛滥，并呈继续看涨之势，让社会主义蒙羞，让人民极为愤怒。党的十八大以来，非法特权疯狂泛滥的势头已受到大力遏制，但制度性特权尚未得到治理。其中，早已广受诟病的离退休高级干部待遇问题至今没认真解决的迹象。对于国家级和省部级离退休干部给予一定优待，老百姓是理解的。但优待高得离谱，就让老百姓难以接受。一级离休干部每年平均公费支出数百万元，最高的达2000多万元，实在过于奢侈。5000多名省部级离休干部和各界知名人士，每人每年公费支出亦达数十万元至数百万元。如果我们要真心实意地坚持社会主义，就一定不能让这些特权现象继续张扬地存在和生长了。

4. 合理平衡劳资权利关系

社会主义作为一种基本制度，它以社会为本位，在经济上必须以市场经济为形体。没有市场经济，就没有真正意义的社会；没有真正和真实的社会，何来社会本位和社会主义？这就向我们提出了一个现实而重大的问题：在社会主义经济活动中，会否发生资本主义？这种资本主义是否会挑战国民经济的社会主义性质？

我们知道，在初级形态上，也就是我们现在所看到的那样，市场经济在微观层次上的资源配置是以资本为中心的。办一个企业，前提是有一定的资本金，没有资本金，就没有新企业的诞生；做一个项目，首先要解决资金问题，没有必要的资金，做项目等于空谈。这样一种资源配置方式，就是以资本为中心的方式即资本主义方式。在可预见的将来，这种方式可能不再是主流方式，但近期恐怕是不会改变的。只有当资本不再是稀缺资源，同时劳动以其技术上的特殊价值地位在社会再生产过程中超过资本时，资源配置才可能以劳动或技术为中心，资本主义资源配置方式才可能让位于劳动主义或技术主义资源配置方式。在这个可能发生的转变到来之前，资源配置方式的资本主义特征是不可避免的。这就是说，社会主义社会在微观经济层次上内含着资本主义的资源配置方式。资本主义资源配置方式支持着市场经济的运行和发展，也支持着社会化生产和经济社会化的运行和发展，从而也在支持着社会主义经济体的维系和发展。从这个意义上看，资本主义是社会主义经济的一个环节和必要构成。

另一方面，我们也毋庸讳言，微观层次的资本主义资源配置方式具有从企业权利结构直到整个社会颠覆社会主义并取而代之的现实危险。在企业中，以资本为中心配置资源，资本权利自然成为企业核心权利，资本权利就会对劳动权利形成相对强势。如果在制度上、法制上不能对劳动权利进行有效的保护，资本权利压迫和剥夺劳动权利的权利关系格局就会形成，马克思在《资本论》中所分析的情况就会出现。在此基础上，资本力量完全有可能在利益、组织和思想等各方面对国家机器实施强大的影响，改变整个国家政治生活的社会主义性质，把劳动阶级踏在脚下。因此，资本主义是社会主义的一个悖论：离开资本主义资源配置方式，就没有社会主义经济的繁荣；放纵资本主义资源配置方式的连锁效应，社会主义经济就可能演变为资本主义经济。社会上关于工人阶级地位的呼唤已经在这个问题上为我们敲响了警钟。

就我国今天的情况而论，我们的发展仍然处在这样一个历史的节点上。虽然发展还是主题，“防止资本主义上台”还不是主要问题，但我们要有必要的清醒和冷静。

首先，老板阶级与工人阶级、资本权利与劳动权利是一种相互依存的共生关系。前些年，境外资本大量涌入，国家资本和社会资本也在加速积累，并形成巨量投资，由此创造了我国劳动就业和经济增长的黄金时期。这期间，不仅城市劳动就业看好，连农民都大量进城务工经商。目前，由于国际、国内市场空间收缩，大量企业关门停业，并引发就业形势萧索不振，大量农民工返乡。这说明，老板阶级和工人阶级一同坐在中国经济这条船上。面对市场之海的汹涌波涛，他们休戚与共，一存俱存、一荣俱荣、一损俱损。他们的共同使命是确保中国经济之船战胜风浪，顺利抵达崛起的彼岸。所以，他们必须同舟共济、风雨共担。在中国经济发展和崛起的整个过程中，他们的命运都是紧紧地联系在一起的，本质上都是共生关系，我们没有必要也不应该把劳资权利矛盾看得过重。

其次，既然工人阶级与老板阶级在中国经济成长和发展中是一种共生关系，那么，两者就必须互相尊重，守望相助，互惠共荣，否则就会破坏共生关系，并危及中国经济之船的安全。因此，必须对资本主义的资源配置方式的经济效应、政治效应和社会效应进行平衡化管理。在企业中，《劳动合同法》及其相关法律规定，以及关于企业投资相关法律规定应当得到认真执行，劳动阶级应当依法尊重资本权利，老板阶级更要依法尊重劳动者的权利，并秉持现代人文精神善待劳动阶级，以促进权利关系的平衡与和谐；在国家政治生活中，劳动阶级与老板阶级应当有平等的参与权利。我们不能脱离社会主义的权利平等原则一味惠商，给予老板阶级更多的参与权、话语权。如果是为了招商和加快经济发展需要老板阶级更多地政治参与，则应当在国家基本制度之外开辟参与渠道。

目前，这个问题已经在严峻地考验着中共的执政理念和能力。作为中华民族先锋队，中共要代表全体中国人民的利益，“一碗水端平”；作为中国工人阶级的先锋队，中共必须首先反映工人阶级的利益。

正确处理这个问题需要“大历史”眼光。不给资产阶级前途，也就不能给工人阶级前途。把“资本主义”看作是洪水猛兽的人，一定会拒绝市场经济，从而也一定会拒绝社会本位即社会主义。由于社会主义社会的前行必须以市场经济的高度发展为基础、以社会生产力的高度发展为基础，所以，所有激烈反对“资本主义”的人在实际上都在有意无意地阻塞社会主义的前进之路、工人阶级的平等和幸福之路。他们所有努力的唯一的成果，就是逼迫经济和政治体制向国家主义后撤。正如我们在列宁之后的苏联和20世纪50年代中期到70年代末的中国所看到的那样，为了抵制资本主义，政策上千方百计地限制商品经济，并把一切资源和权力都集中于国家和政府手中，实行国家高度集权，用国家代替社会，用国家主义充当社会主义。在当前，那些因腐败等问题激烈批判市场化改革的人，名义上反对的是资本主义，争取的是社会主义，其真实的价值指向却是国家主义。

5. 切实改革收入结构

收入分配不公，是当前饱受诟病的问题之一。一般认为，收入分配的公平程度，是衡量社会主义实现程度的重要指标。

我认为，社会主义在社会关系上的根本特征是权利平等，而不是利益上的均等。前者是起点平等，机会均等，后者是结果均等。前者具有强大的激励功能，后者具有强烈的麻醉功能。讲社会主义的优越性，应该讲讲这个优越性。当然，对由于不可抗拒原因而致贫者，国家和社会必须给予救助。这也是一种平等，即生存权利平等。这种平等不是社会主义权利平等关系的主体，没有普遍的指导和规范意义。

在一个社会中，利益收入水平过于平衡甚至均等并不是好事。这会使社会丧失内在激励，把人人都变成懒汉。西方学者曾经直言不讳地说过，资本主义需要贫穷。存在一定的贫穷，不仅可以创造许多诸如警察之类的就业机会，而且会在社会内部形成一定的压力感，让贫者勤奋，让富者警惕，从而使社会普遍上进。这个观点虽然不能作为社会主义社会的"金科玉律"，却是有启示意义的。它告诉我们，不能把社会主义理解和等同于利益均平的社会。社会主义社会作为发展的社会必须是一个存在收入适度差别的社会。当前人们对分配不公的批评只具有部分合理性。

所以，在改革中，应对分配体制和国民收入结构进行深入的科学分析，作出正确的决策，既要防止收入差别过大，又要防止平均主义。

在现代社会，收入差距正在呈现着继续扩大的趋势。技术层级和经营平台量级以及商业模式分化的持续拉大，是其基本原因。在我国，收入差距持续扩大的一个特殊原因则是政府对资源和机会较高程度的垄断。因此，与政府的关系或被政府信任和支持的程度成为获得财富的一个特别重要的因素。改革资源和机会的管理方式，把资源和机会逐步商品化和市场化，让企业通过公平的市场竞争获得资源和机会，不仅可以有效地降低资源和机会的市场价格，提高资源和机会的配置效率，而且可以提高社会的公平程度。面对分配不公，一味批评市场效率，并呼唤政府干预，完全是一种认识错觉。

需要向制度的设计者们提醒的是，权利平等已经成为时代的潮流和中国的必然走向。所有制度的设计，都应秉持权利平等的理念，不能再人为地制造和扩大权利不平等。

第六章 时代正新归无路

体制和机制中的国家主义病毒之所以长久不去，改革和发展中的矛盾之所以如此之大，思想文化发展滞后是一个直接且重要的原因。这就需要我们从盲目的文化自信中走出来，进行文化自省。中国文化是相对老旧的。就儒学而言，以性善论为逻辑起点，与社会生活南辕北辙，以血缘亲情为理论模式，与国家政治规律南辕北辙，以逆向而动为思维路线，与时代变化南辕北辙，其体系和功能构建必然是失败的。至于新儒学更是难逃尴尬困局。由此观之，传统文化将成为“时代的大趋势、大洪流”和国人“精神之旅的主旋律”，是不可能的，“国学即将复兴”云云实属文化痴迷。中国传统文化的唯一前途，就是站在中国崛起的历史高点上在与其他文化的互动和融合中创新。文化创新的核心是党的基本理论的创新，即完成从革命到发展的主题转换。为此应建设阶级关系理论以代替阶级斗争理论，并以此为基础建立国家转型理论和管理价值理论，建立区隔于民粹主义的民本主义理论，建立中国自己的人权理论。文化创新在大众层面，就是从江湖文化走出来。作为与庙堂文化相对立的文化，江湖文化以《三国演义》和《水浒传》为标志，并在近代以来经过阶级斗争理论的浸润，影响面极为广大。走出江湖文化，就是要从反叛主义走向民本主义，从“哥们”之义走向社会正义，从宗派主义走向民族大义。

在我们的经济和政治体制中都有严重的国家主义病毒。这种源自皇权专制时代的东西，为何长久不去？中国文化是它的重要栖身之所。同时，从更广阔的视角上看，中国文化相对老旧。进行文化自省，建立文化自觉，改革中国文化，走出迷茫，已势在必行。

中国崛起对思想文化提出了越来越高的需求。但我们不能不承认的事实是，思想文化的生产和投入相较于国民经济的增长是严重滞后的。在病态的发展模式的形成中，思想文化的责任是明显的、不容置疑的。

为了争取时间，抓住难得的战略机遇期，中央在改革开放之初提出了“不争论”的方针。这一方针的长期实施固然在政治稳定和经济增长上收获了巨大好处，但同时也带来了思想文化生产机制的问题。由于意识形态管理上不提倡争论、不支持争论甚至限制争论，许多改革开放之前就存在的重大思想理论问题和改革开放过程中产生的思想理论和文化观念问题不能展开充分讨论，从而限制了有质量和有全社会共识的思想文化产出。虽然讨论和交锋在网上网下都大量存在，但重大问题基本上是大家各说各的话。这使许多该澄清的问题得不到澄清，该达成共识的没有达成共识，该出新的没有出新。这样，我们这个具有悠久文明史的大国在一定程度上陷入了“思想文化饥渴症”和精神困顿。官方有信念、有说法但无理论、无思想，套话空话多，民间只求娱乐而无思想、无信仰。

在这里，潜在的矛盾是知识界还没有向党、国家和人民有效提供符合时代要求，与他们的生活方式及思想活动相契合的思想、理论和文化建设成果。那些大行于场、发行于市的理论和文化大制作相当一部分都是限于说起来好听但教益不大或无教益的东西。我们沉湎其中，因而彷徨。这里略陈一二。

传统文化：不可痴迷

这里，谨就儒学发点议论。

1. 儒学难为治国利器

孔子在历史上被推崇为“大圣先师”，他开创的儒家学说被汉武帝及后来的当国者尊为治国之“独术”。两千年来直到今天，孔子及儒学被尊崇到这个高度绝非一个“秕糠”之论就可以否定。但站在今天的时代高度，国人对孔子及其开创的儒学的确是迷信多于理性。从流逝的历史中找回儒学，将其作为我们的治国利器，并以此来对抗外来文化的浸染和内生病毒的滋扰，显然是不恰当的。

（1）性善论：逻辑起点之失。伏尔泰关于孔子是道德家而非思想家的评论可能言过其实，孔子和儒学毕竟还是有思想的。以我的看法，儒学的思想体系在逻辑起点上是错误的，因此，由起点开始的全部思想架构便流于不切实际的泛泛之论。

儒学的逻辑起点就是性善论。孟子有言，“人性之善也，犹水之就下”。这句很得孔子真传的儒家经典言论一出，所有儒家弟子和大众都信了。《三字经》开篇即言“人之初，性本善”。如果仅仅把儒学作为伦理学问，也许勉强说得过去。但是，人们首先是把儒学作为治国之学，或者可以说，人们是把儒学作为政治学来对待的。站在政治学立场上，一个很简单的道理是，社会需要治理，民众需要教化。如果人性是善的，那么对社会的治理、对人性的教化，都是多余之举。所以，儒家以性善论作为其逻辑起点是与历代治国者赋予它的使命格格不入的。正如我们从历史上看到的，一方面是儒士、儒生们喋喋不休地规劝和教化芸芸众生，另一方面是国家和社会乱象愈演愈烈。当然，真的有许多人接受了儒学。但其结果却是，尊儒信儒者都是规规矩矩地站在以帝王为核心、以小生产为格局的专制秩序里，停滞了追求，也让社会长久止步不前。那些爱儒学至深的大儒们面对离孔学之经、叛儒学之道的不古现象，则进行着毫无意义的挣扎，有的则以身殉道，如明之方孝孺、清之王国维。这就是说，儒学从逻辑起点上，就为自己酿造了一杯无奈的苦酒，或者说是为自己编排了一出悲剧。

悲剧之所以发生，是因为儒学的“性善论”看错了“人”的本性。真实的人性是什么？任何人，包括那些儒学大师们，一来到世间就本能地要吃奶。也就是说，人为了生存，从第一时间起就是外向索取的。而且，为了生存，这种外向索取贯穿了人的一生。在生命的长途中，人的外向索取首先驻足于满足基本的生存需要；当基本的生存需要得到满足之后，人的外向索取会提升至安全的存在需要；当安全需要得到满足之后，人的外向索取又会提升至尊严需要，要社会给予自己平等的权利，甚至要社会给予自己敬重与权威；人的尊严得到满足之后，人的外向索取会提升至价值满足阶段，即要求社会承认自己的价值，要求社会给予认可。在生活实践中，人的需求持续上升未必如那样层次鲜明，有些人也许一辈子也达不到最高层次，但马斯洛所揭示的需求层次理论却无可置疑地概括了人的需求变化的基本规律。我这里要特别说的是，每一层次的需求都是人的外向索取，并不存在完全意义上的奉献。“雷锋”式奉献是有的，但“雷锋们”的奉献也是满足自己内在需求的过程。他们要使自己从社会上获得良心、善心的慰藉和满足，有的甚至要社会直接给予自己价值认可，要活得其所。所以，人的本性是自利的。在发展中，人普遍具有需求向上提升即向善的趋向，但无论上升到什么层次，人都是自利的。例如，中国人之所以爱中国，是因为他们的权利在中国，生存、发展与尊严都源于中国。有些外国人之所以也爱中国，是因为他们看到了中国投射出来的价值能够满足自己的价值需要。作为世人可以享受这种价值，因而他们要爱这种价值的载体——中国。所以，爱国主义和国际主义在本质上都是一种自利主义，可称其为高雅的自利主义。

自利既是人的本性，也是人格变化的不变轨道。一些人沿着自利的轨道不断提升需求层次走近善，而另一些人则沿着自利的轨道不断扩张着自利动机倒退为恶。不论朝哪个方向发展，都没脱离自利的本性。

因为人是自利的，永远都在外向索取，而资源包括政治地位、社会荣誉等又总是有限的，所以，社会和世界才总是充满矛盾的，总是为争夺有限资源发生着斗争甚至战争，总是有无尽的苦难与悲剧。这里固然有是非之分、善恶之别，但不论是正义还是非正义，都是为利益（权利、资源、尊严）而搏。“善”不是放弃自利，而是在公理的范畴内克制自己并坚守自利。因为任何人、国家及其他利益共同体都不会放弃自利，人类社会必须有国家、强权、暴力和法律，以调节利益冲突并把冲突限制在可接受的秩序内。所以，任何思想体系或学说只有充分认识人的自利性，才可能直面社会和世界真实，内在地把握历史规律，找到能够缓解和破解这种矛盾和冲突的途径，也才能成为有生命力、有价值的东西。因此，人的自利性是一切思想和理论的逻辑起点。

逻辑起点的可靠与否，虽然不能完全决定其思想理论建构的成功，却可能完全决定其思想理论建构的失败。西方经济学的经济人假设，奠定了该学术理论大厦的基础。这个假设，说白了，就是人的自利性。没有这个假设为前提，西方经济学所有的理论岂不都是胡说？我们不难明白，儒学从性善论出发，无视人的自利性，它所构建起来的思想理论体系自然与现实世界、现实社会、真实人生是脱离的，甚至是相悖的。面对真实世界，儒学如秀才遇兵匪，教授逢强盗，它的道理毫不管用。所以，儒学化解不了现实中的权力斗争和利益纷争，也不能给出社会变革的出路和方向。儒家与儒士们孜孜不倦构筑起来的体系，并不合理。

（2）血缘亲情：理论模式之偏。儒学之失不仅在于它脱离社会现实的逻辑起点，还在于其思维路线的失当。

儒学价值观的核心是“仁”，如孔子所说“天下归仁”，仁即仁爱。让整个天下归于仁爱，统一、和谐于仁爱，这个价值目标确实很伟大。但这个倡导，对于那些视奴隶如草芥的奴隶主和人性未开的奴隶、对于贵族势力和割据军阀、对于专制帝王和世族豪强、对于生存权利尚无保障的平民和绿林草寇有意义吗？“天下归仁”只能是孔夫子和其他大儒们的一厢情愿。用以“仁”为价值核心的儒学治国，除了束缚那些生活在书斋中并以道德文章为生的书生们之外，不会有别的意义。

儒学在价值上追求仁，而在治国实践上空谈仁，既囿于“仁”本身之局限，亦是其思维路线之误。孔子和大儒们错误地把家庭中的父爱主义和血缘亲情关系作为国家政治管理的模式，并引出“天下归仁”的价值立论，这是儒学的又一误区。

中国式家庭建立并成型于宗法时代。宗法是中国古代社会血缘关系的基本原则。经夏、商到西周，宗法发展成系统制度。在由大、小宗构成的整个家族系统中，大宗居于族长地位，称为宗子。小宗围绕大宗，卿大夫拱卫国君，诸侯屏藩天子，再加上与民族势力结成姻亲关系，就形成了庞大的血缘关系网。这个网既是家族之网，也是国家之网。居于网络中心的大宗，既是家族之长，也是国家之主。由此，家族模式成为国家模式，家长专制主义成为国家治理模式。这种承载着宗法传统的政治文化，有力地推助和强化了国家为上、为本、为尊，社会和民众为下、为用、为卑的政治体制。自周天子开始，后来的所有帝王都把国家理解为自己的“家天下”，所有的地方官僚都把自己看作百姓的“父母官”。这就是“家国同构”的由来。

但“家国同构”只是形式上的同构。家庭、家族中的父爱主义和血缘亲情并没有成为国家政治生活的基本原则。国家领域是一个政治世界，这里的核心资源是权力，基本关系是权力关系。自国家产生之日，大量宫廷政变等非正常权力交替，都发生于皇族之内，有的直接发生于骨肉同胞之间，权力非正常交替的方式更是充满血腥。即使是正常的权力交替，亦存在各种政治阴谋。地方势力与中央的权力斗争，亦多发生在族亲之内。为了保住或夺取最高权力，皇族中人或与皇族有姻亲者，都是六亲不认的。所以，家庭和血缘关系一旦进入政治领域，就会被权力关系所异化，不再依亲情关系运行和演进。按照家庭血缘关系的思维路线去规范国家政治关系，“仁”也好，“礼”也罢，都不会有实质性作用。

儒学以亲缘关系作为立论基础倡导“仁”，是对“家天下”秩序的道德概括和升华。到东周时，“家天下”秩序崩溃了，诸侯们已不再是“家天下”格局里的小宗，亲情关系在诸侯国层面已经远去，但孔子依旧以“家天下”秩序为理想秩序并试图将其仁爱化。由此我们也可能看出，孔子对正在发生和演变的春秋秩序以及新型国家的政治关系并没有多少研究，致使他的学说止于“仁”、困于“仁”。这是孔子的悲哀，也是整个儒家和儒学的悲哀。

（3）逆势而动：思维路线之谬。由于逻辑起点和理论模式之失而导致脱离现实，孔子在世时，他的思想和学说就不受人欢迎。他到处游说，却总是碰壁。除了上述原因外，逆势而动的思维路线也是一个重要方面。

东周时期礼崩乐坏，周天子对天下失控，这说明分封制已经不能满足当时社会发展的需要。国家和社会究竟怎样向前发展，应当是当时一切关注天下安危的政治家和思想家们必须直面的问题。但孔子却站在复古立场上，总想恢复西周政治秩序，即“往回走”。他不创新说，不立新礼（伏尔泰语），只是以道德教育人，而且是以西周之礼教育人。在春秋战国那样一个“大争时代”，他如此执着地“往回走”，绝对不可能吃得开。直到“圣帝德流，天下震慑，诸侯宾服”的汉武时期，孔子的学说才开始“大行于世”。君主专制主义的政治体制需要孔子帮助维护专制秩序。从此开始，一切维护现存秩序的人无不尊孔，求助于孔子；反之，一切主张变革、实现秩序创新的人无不反孔，批评孔子。

孔子之后的儒学大家，具有孔子不曾经历的社会政治变革和时代视野。但他们却在专制主义体制下沿着孔子开设的思想轨道亦步亦趋，几无创新可言。董仲舒继承儒家“耻言利”的传统，提出“夫仁人者正其谊不谋其利，明其道不计其功”，并将这种不求功利的思想用于治国，已经到了非常可笑的地步。“君子喻于义，小人喻于利”这类儒家箴言，已经完全封杀了人们进入实业界的道路。不想当小人，就不能进入言利的实业界；进入实业界，就必须甘为小人，蒙受被骂为小人的侮辱。在这样一个道德框架的规制下，人们除了空谈道德还能做什么呢？所以，古代中国奉孔子为先哲和圣人，以儒家价值为价值，就不能不跟着孔子保守下去，长期陷入僵化而不能自拔。马克思对此评论说：“相对地说，中国人不仅看起来，而且事实上是静止的、落后的。不断变化和进步的观念，尽管那时在西方被认为理所当然，但依然不合中国人的思想。”（对中国人来说）“变化只有局限在传统的秩序里面，才是可能接受的。在一个发生全球规模的革命性变化的时代里，安逸自在的中国人目不转睛地注视着过去。”①

当今时代是一个大发展和大变革的时代，也是一个更大的“大争”时代。中国社会处在以发展为核心的快速变革当中；整个世界正处在剧烈的结构调整和秩序变革当中。随着中国的崛起，我们正承受着越来越大的国际竞争压力和战略挑战。拘泥于儒家的“仁”和“礼”，我们就难有建树，难于与时俱进。在这种背景下，孔子那些回归旧秩序的规劝对我们有积极意义吗？学习和阐释孔学和儒家学说，以延续民族文化血脉、传承民族文化，本是无可厚非的。但把儒学抬升为治国利器，重新尊孔，无异于从文化上钝化和消弭中国改革和创新的精神，阻滞中国崛起的步伐。

① 中共中央马克思恩格斯列宁斯大林著作编译局编：《马克思恩格斯选集》，人民出版社，2013 年。

2. 新儒学难脱尴尬困局

新儒家们企图复兴孔学。

孔子开创的儒学确有不凡之处。直到当代仍然有不少国内外学者在努力传承孔孟衣钵，这自然是孔子和儒学的巨大魅力。这股力量就是所谓的“新儒家”。严格地说，当代新儒家还不是一个统一的文化群体，新儒学也不是一个统一的学派。这些人面对西方文化的强势东来，有着共同的文化危机感：我们的民族在文化上当何以自处？新儒家们努力复兴国学、倡导新儒学，体现了强烈的民族忧患，是有积极意义的。但既然历史上儒学已经与历史的走向相悖，那么，企图在全球化的条件下创造儒家和儒学的辉煌，几乎是不可能的。新儒家和新儒学正在遭遇非常尴尬的困局。

（1）心性学之路再次碰壁。新儒家认为，“中国之学术文化，当以心性之学为其本源”。儒学具有极高的宗教精神，是中国人安身立命的本根[①]。儒学就是身心性命之学，现代新儒学的任务就是道统之肯定，即肯定道德宗教之价值，护住孔孟所开辟之人生宇宙之本源。“仁”是道德的中心观念，即“孔孟之文化生命与德慧生命所印证之‘怵惕恻隐之仁’”[②]。他们认为，科学、经济和政治的异化，虚无主义、功利主义和权力崇拜都是因为仁心失去了对人的主宰地位。（唐君毅）这就是说，新儒家们正在重走宋儒心学之路，把实现道德自我作为人生目的，追求心灵的完满和至善。

他们努力的成果是什么呢？

晚年的唐君毅承认，要超越世俗，达到生命人格的至善，步步艰，处处难，必须与生命自然要求时时作战。他“时常感到新儒家提倡道德至善的努力收效甚微”[③]。在《说中华民族之花果飘零》[④]一书中，他感叹很多中国人为贪图个人便利丢弃祖国，对中国人遭遇的苦难视而无睹，乃是忘本负恩，未能觉察个人生命所依所根。作为

---

① 景海峰主编：《当代儒家》，三联书店，1989 年。

② 方克立等主编：《现代新儒家人物与著作》，南开大学出版社，1995 年。

③ 马立诚：《当代中国八种社会思潮》，社会科学文献出版社，2012 年。

④ 台湾三民书局出版。

海内外公认的新儒学集大成者，牟宗三则认为，以仁为中心的“内圣”无法开出民主科学法治的“外王”，如若不能支持现代社会的政治发展，就必然陷于尴尬之境。

如果说，普通中国人未能接受他们心性之学的教化，不能走向心灵之善，甚至“忘本负恩”，让他们痛心疾首。同时，“仁”也确实不能帮助世人更自觉地进入民主科学和法治社会，从而形成严重的挫折感，那么，发生于2005年的郑家栋事件，则是对新儒家的一次巨大打击。出生于1956年的郑家栋曾任中国社会科学院哲学研究所中国哲学研究室主任、国际儒学联合会理事、中国现代哲学会常务理事等职，力主继承传统道德，曾就心性传承发表多本著作，并多次在国际论坛发表演讲，被誉为“德高望重”的“儒学大师”。但外人不会想到、儒学界更不会有人想到，这样一个“儒学大师”竟然充当了偷渡人口的“蛇头”，成为严重违法的罪犯。就此，《南方都市报》载文称：“一个新儒学专家，知而不行，学而无耻，不仅违法，兼且失德，则读圣贤书，所为何事？郑家栋事件是一记清脆响亮的耳光，打在知识分子的脸上，打在儒家思想的脸上，打在国学的脸上。”①《中国青年报》的文章更直指新儒家的虚伪和道德自律之不可靠：“一个以儒家传统教化人的哲学教授”，“平时谆谆教导大众的人，骨子里却是另外一套肮脏的思想。”这个人的经历昭示了“知识与价值、文章与道德完全可以背离”②。

著述丰硕、“德高望重”的“儒学大师”说一套做一套，不能不让人们怀疑满口仁义礼智信的新儒家们可能就是另一类江湖术士。他们根本就不想以新儒学教化自己，却要以此喋喋不休地教化世人，这不仅摧毁了新儒家的道德形象，也摧毁了整个儒家道德教化行为的可信性。这不仅是新儒家的危机，而且是儒学的整体性危机。

在这种情形之下，新儒家中的明智之士开始思考儒学革新。牟宗三认为儒学的道德理念必须经历一个“自我坎陷”过程，即自我

① 顾思齐，2005年7月1日。

② 高一飞，2005年7月8日。

否定过程。海外新儒家的后起之秀杜维明认为，“礼”是做人的标准，“仁”是责任的召唤，儒家人士身上有一种清教徒式的自我约束精神，实现道德圆满仍然是儒学的中心意义。但他认为，必须把儒学研究与现代化转型结合起来，开辟出一条具有儒家特色的现代化道路。儒家看重人际关系、道德责任与教育、政府干预调节，这对经济现代化会有一定助益。这种革新主张虽然为新儒家和新儒学开出了新空间，但由于他们仍然坚持以道德圆满为中心，仍然囿于心性之学，其前路不会太远。

（2）“儒教国”理想回归古时。如果说心性之学让一些新儒家偏安于学院书斋，把自身变成了“自了汉”，那么，新儒家的“儒教国”主张则将解决政治制度问题置于解决心性问题之前，高扬了儒家治国平天下的政治理想，志在建立儒教政权。

大陆新儒家代表人物蒋庆在《政治儒学》等论著中说，儒学从其诞生之日就是政治儒学，儒教应当进入政治权力中心，为当代中国重新规划政治蓝图。那么，他的政治蓝图是什么呢？

第一，恢复古代礼制。蒋庆认为，政治儒学所要建立的政治制度就是“礼”，即古代的礼制。他主张中国必须复古更化，重建中国儒教，用礼制规范社会生活的方方面面。儒教取得全国统治权之后，要实行王道政治。“王道是指古代圣王之道，具体说来，是指禹、汤、文、武、周公一脉相承的治国平天下之道”，“是为民而王的政治”。他主张，王道政治首先必须“尊王”。王者，孔子也。孔子制六经，是中国文化的代表，尊孔子为王，就是尊中国文化为王。“中国的政治秩序依儒家文化统治为合法，不依儒家统治为不合法。”整个国家必须回到六经上来，从而确立政治合法性和政权合法性。蒋庆之朋友、在清华大学任教的加拿大汉学家贝淡宁在《中国新儒家》[1]中说，蒋的意思是说：“马克思主义作为外来意识形态，从长远看很难作为政治正当性的基础。”[2]“儒教国”理想既然以孔子及其学说为圭臬，

---

① ［加拿大］贝淡宁：《中国新儒家》，上海三联书店，2010年。

② 马立诚：《当代中国八种社会思潮》，社会科学文献出版社，2012年。

回归古制，其结局就是当代新儒家再一次重复孔子的逻辑、理论上的失误和悲剧。

第二，对抗时代潮流。在《政治儒教》中，蒋庆还说，“自由、平等、民主、人权是西方文化的产物与特质”。“这些价值与儒家价值存在某种层面和一定程度的冲突，如儒家强调个人对家国天下的道德责任而不怎么强调个人自由，即把道德责任放在行为价值的第一位，个人自由则放在其次。儒家不赞成形式理性一刀切的西方价值观，而是以‘礼’的‘中和精神’强调‘等差之爱’、合理的等级制度以及相应于每一合理等级的生命价值与行为准则。儒家不赞成民主，因为民主的平面化、世俗化、庸人化以及贤与不肖各一票的所谓平等化，使有道德、有智慧、有品位、有高才而不肯与庸愚为伍的人不能进入政治去转化政治。儒家亦不完全肯定人权，因为人权源于利益欲求而非道德实现，只有反抗压迫的消极意义而无更高的价值目的。”[①] 显然，蒋庆充分弘扬了儒家“道德至上”论的传统，并以此排斥自由、民主、人权、平等，进而呼唤等级制度，让儒家贤达们来统治和治理社会。因为推崇道德的价值和治国意义，新儒家进一步走到了法制的对立面。他说，欲“从根本上消除人与人的纷争，最终实现没有诉讼的理想社会”，同时“通过教化，最终消除法律”[②]。用教化代替法律，是新儒家政治思想的重要特色，也是他们的治国手段。

在这里，新儒家的言论也并非全无道理，如对不分贤愚一律一人一票的民主制度的批评，是有见地的。但是，他们唯道德价值是取、唯道德教化手段是用的极端立场，让他们的批评变得毫无意义和荒谬至极。倘若道德教化如此有效，人类何以会有这么多苦难，国家治理何以如此大费周章？自由、民主、人权、平等、法治等虽然在制度层面有种种缺憾，但它们毕竟是人类文明进步的成果。新儒家讨厌这些，只能证明他们的“儒教国”理想正在与时代的发展

---

① 马立诚：《当代中国八种社会思潮》，社会科学文献出版社，2012 年。

② 马立诚：《当代中国八种社会思潮》，社会科学文献出版社，2012 年。

相对抗，对正在艰难推进的政治发展只有添乱而无助益。

第三，建立儒士专政。这位新儒家对“儒教国”政治制度的具体建构是三院制：由儒士组成的通儒院、按功能选区选择产生的庶民院、由宗教界名人和圣贤名人后代组成的国体院来共同讨论和决定国家政策。此三院中，任何一院都没有超越其他两院的权力。这是怎样一个权力结构呢？我们在前面已经看到了蒋庆对民主等价值的批评。在他看来，贤良是不能与不肖一人一票的，高才是不能与庸愚为伍的。所以，在他的这个设计中，三院之间不能有民主，也不能有平等，庶民院和国体院只能是一种装饰和虚设。在“儒教国”里，国家的权力只能由通儒院来掌控，由儒士总揽政权。这是什么国体和政体呢？简而言之，就是儒士专政。

这种儒士专政的政治主张，也不是蒋庆和他的“儒教国”的专利。另一位新儒家康晓光，强烈呼吁中国建立“儒家仁政”。他对现实中国持强烈批判态度，并认为“中国应拒绝民主化，民主化是一个祸国殃民的选择，中国应该选择‘儒化’也就是说，根据儒家精神重建中国社会”。这样的政治就是“儒家仁政”。他说，仁政属于权威主义范畴，是一种仁慈的权威主义。其主政者，是儒士共同体，是践行儒家理念的贤人。为推行“儒家仁政”理想，他反对多党制和全民普选，甚至建议“儒化中共”[①]。从这里，我们可以进一步看出“儒教国”的国体和政体就是儒士专政。新儒家们的政治态度并不像他们谈论道德时那样清纯。

“儒教国”和“儒士专政”的修正版是为“儒家文化特区”论。另一位新儒家学者张祥龙认为，“让儒家进入政治权力的核心”“殊不切实际”。所以，他主张走“中行路线”，在中国设立若干文化特区，在特区内“以家庭和家族的聚居为基本社会结构，以农业为本，士农工商皆有，三教九流并存”，“以手工业为主要加工方式”[②]。其政权架构可体现蒋庆所说的民意的、超越的和文化的“三重合法性”。

① 马立诚：《当代中国八种社会思潮》，社会科学文献出版社，2012 年。

② 马立诚：《当代中国八种社会思潮》，社会科学文献出版社，2012 年。

所以，他实际上是要通过建立儒家文化特区让中国版的原始“理想国”和“儒士专政”分散起步，与“儒教国”理想殊途同归。

（3）以叛逆达于宪政。前面提到的各位新儒家所秉持的都是儒学原教旨主义，从他们所有的言论中所看到的，都是新儒家和儒学的不识时势以及毫无亮点的前景。那么，新儒家及其儒学的前途在哪里呢？另一位新儒家给出的答案就是背叛。只有叛逆，走出儒学原教旨主义，新儒家才可能跟上并融入时代。

被新儒家们称为“叛徒”的陈明根据宋明儒家的思路提出了“即体见用”说。他认为，“用”可以通向“体”，“体”可以体现为“用”。这与王阳明“体用一源”有异曲同工之妙。鲁迅的“拿来主义”与毛泽东的“洋为中用”都是“即体见用”的例证。而把握“即体见用”的钥匙在于“通过效用的价值（用），发现中国人的意志需要（体）”。从这里，我们可以看出，陈明已经从儒家的道德至上主义传统走到了人本主义。据此，他认为，“自由无非意味着对权利的尊重和对权力的制度化限制，民主无非意味着政治参与度的扩大，宪政无非意味着正义实现度的提高”，因而认为全盘否定自由、民主、人权和平等的价值是不明智的。所以，陈明的建议是，用宪政主义代替自由主义，首先明确宪法原则，其次落实司法审查，以此保障人民的基本权利，以此扩大和提升公私生活中的公平正义。在这个过程中，中国政治改革需要妥协，兼顾多种需要，以减少震荡。为此，要建立强有力的政府组织系统，同时对政府权力进行严格约束[①]。可见，陈明是一位很有现实理性的新儒家。

然而，抛弃了儒家原教旨主义的儒家还是真正的儒家吗？对此，每个人可以有自己的判断。但我这里要说的是，不管陈明是不是真正意义上的儒家，他的思想轨迹都雄辩地证明，传统儒学已经走到了尽头，秉持传统儒学的新儒家已经没有影响中国的政治发展和文化前行的可能了。

---

① 马立诚：《当代中国八种社会思潮》，社会科学文献出版社，2012 年。

3. 儒学前途在于融合创新

综上所论，传统形态的儒学和新形态的儒学，都与时代大势、与中国的发展大势存在着相当大的距离。企图以儒学昌盛文化、振兴国运，实在无异于缘木求鱼。

那么，我们是否可以由此彻底放弃儒学、放弃国学呢？答案当然是否定的。儒学和新儒家的失败，并不表明儒学作为国学的主流已经完全失去了历史和文化价值。儒学是国学最重要的组成部分，也是中国最重要的历史文化资源。中国民族文化血脉的传承，离不开儒学；建设中国现代文化，开辟文化盛世，也离不开儒学。路在哪里？

（1）儒学之悲剧恶化于“独尊”。作为产生于百家争鸣的战国时期的中国传统文化的一个流派，儒学虽然一开始就与历史进步的要求很不相宜，但在后来的历史长河中，还是有许多改革和创新的机会。儒学数千年寥无创新，根源在哪呢？汉武帝时，儒学独尊成为国家政策，进而成为官方唯一的意识形态，当是儒学走向僵化和定型的起点。作为御用文化和专制主义的工具，儒学已不可能从民间社会中汲取新的营养，建立适应工商业社会发展的伦理观念。例如，自汉唐而始，商业、手工业就在王朝鄙商、抑商政策压迫下苦苦挣扎。商人和手工业者们渴望得到文化的支持进而获得王朝对他们作为人的权利以及发展产业权利的认可。然而，富有人文关怀的儒学对此却长期漠然，一如既往地规劝人们恪守等级化的专制秩序。所以，儒学虽然以人的关系为关注重点，却始终没有建立完整的人的概念。由于同样的原因，高高在上的儒学也不再可能与其他学派、宗教、文化进行平等的交流，进而相互影响和改造，从其他本土文化及外来文化中汲取自由、平等之类有益于人的解放的思想营养。儒学被独尊，也被禁锢和束缚，所以它始终走不出专制主义工具的文化角色。

这种外在的禁锢和束缚让儒学只有“内圣”一条道路可走。宋时程朱理学把“天理”作为世界的本原和社会生活的最高准则，把

“太极之理”作为一切理的综合和“万善”的道德标准，并推及社会，主张“存天理，灭人欲”，人必须恪守“三纲五常”。显然，理学旨在为整个儒家理论体系寻找和制造哲学根据，或者说把儒学哲学化，把儒学以哲学方式进一步植入人的内心。陆王心学则提出“心即理”，把客观规律的“理”主观化，断言“心外无物，心外无事”，主张“致良知”与“知行合一”，力图把人的思维和行为引导到良知上来，为儒家“修身齐家治国平天下”的路线图夯实起点。理学与心学虽然相互对立，但他们共同反映了作为专制国家意识形态的儒学，已无外向变革和发展空间只能通过自我深化来完备自己并提升教化功能。

所有这些，都是儒学的悲剧，也是整个国学的悲剧。

（2）国学之价值发掘在于包容互动。儒学的悲剧证明，一种学说、一种文化流派生命力及其社会价值的维系，不仅有赖于它本身的成熟性，而且有赖于外在的包容性。儒学被独尊，害了儒学，也害了其他学派，害了文化之间应有的包容和制衡，从而也危害了国家的进步和发展。中国作为一个文明古国，在长达两千多年的历史上停滞不前，以独尊儒学为特征的文化专制是难辞其咎的。

就文化史发展的一般规律而言，思潮多元是社会的常态。一个发展着的社会，也必然是结构趋于多元的社会。在这样的社会里，无论实行怎样的制度，都会客观存在着多种多样的思潮。它们之间一定有质地和特色之不同，也可能有文野之分和高下之别，因而，它们的并存，一定会有竞争、碰撞和交流，从而也会由此生发出新的思潮和思想。不同思潮和文化流派的彼此包容，是新思想、新文化产生的重要条件，也是思想文化发展创新的机制。同时，在相互包容的不同的学派、思潮之间包容、共存又是一种平衡机制。彼此间谁也不能压垮谁、吞并谁，社会常态即可维系，社会内的包容与和平竞争、竞争促成的繁荣即可持续下去。因此，只允许一种思潮、一种文化流派存在，让思想文化长期地走单一化和同质化路线，就不会有思想文化的繁荣，也不会有社会的持久繁荣和发展。由独尊儒学开始的文化单一化、同质化所造成的政治意识形态的畸形化和国家政治萧条、社会发展停滞已经被人们所熟知。

马克斯·韦伯说过，一个国家现代化的程度，取决于对多元文化的包容程度。改革以来，我们在“不经意中，形成事实上的百家争鸣的趋势，不同思潮在应对其他思潮挑战时，也起到相互制衡的作用”[①]。正是在这样一个环境和趋势里，儒学和国学的其他流派被人们从历史中请了出来。从这个意义上说，“国学热”不是坏事。国学加入当代“百家争鸣”，可以让中国当代的文化和思想发展更能借助历史底蕴，更有利于形成有中国特色的文化和政治发展道路。国学在当代价值之发掘也只能在百家争鸣的过程中，在文化的包容与互动和竞争的过程中，在与其他学派的融合过程中来实现。因此，国学特别是儒学断然不可以重走“独尊”之路。蒋介石提倡“四维八德”，复兴孔教，走的是独尊道路，因而是失败的。今人再论儒学，倡导儒家道统，一上来就想压倒和取代其他学派，也在不经意之间重归独尊之路，也是一定会失败的。

那么，如何在百家争鸣中发掘儒学及国学的其他支派的当代价值呢？

（3）站在中国崛起的历史高点上。文化、知识、学问的价值根基都在社会实践当中。为文化而文化，为知识而知识，为学问而学问，甚至把价值抽象化，为价值而价值，都是没有生命力的，也是没有前途的。

当今中国正在崛起。这是中国人民正做的一件大事情，也是中国发展的一个前所未有的历史高点，因而也是一个前所未有的价值高点。因为这是一个全新的发展，一场广泛而深刻的大变革，因而历史上的所有文化，也包括名声卓著的外来文化，在这里都变得极其不适。所以，崛起中的中国对文化的需求是极其强烈的。她强烈地呼唤着文化的全面创新，呼唤着一个能够清晰地反映中国崛起的规律并给予其强有力支持的大文化的产生。对国学、对儒学、对其

① 马立诚:《当代中国八种社会思潮》，社会科学文献出版社，2012 年。

他学说和文化流派、对执政党的基本理论，都是一场严峻挑战，也是一次变革创新和提升的重大机会。在这个挑战与机会面前，所有的思想、文化、观念都将接受历史的检验，可谓大浪淘沙。

对于国学研究来说，跟上时代变化，建立以中国崛起为中心的价值维度，是价值发掘的关键所在。因此，儒学乃至整个国学都要从注重传统文化内容之博大精深、历史根基之厚重深远的迷思中走出来，从自我欣赏、自我陶醉中走出来，面向现实、面向发展、面向中国崛起。所谓“博大精深”“厚重深远”只是国学的历史形态和内容。对于今天之中国来说，国学仅仅是一种文化资源、一种陈旧的文化资料。珍惜国学的历史价值和文化价值，让它仍然作为国之瑰宝，就必须以中国崛起为中心和价值维度对其进行脱胎换骨式的改造。就儒学而论，向后看的政治思维、等级式的道德观，以及没有底线的和平主义，都变得严重地不合时宜，因而需要扬弃。

基本理论：主题转换

文化的创新，核心是党的基本理论的创新。

中国共产党正在开始跨越第二个幼年时期，进入成熟期。从成立开始，党即开始了如何领导中国革命的探索。这是中共作为革命党的幼年期，也是党的第一个幼年期。延安时期应当是中共作为革命党的成熟期。从夺取全国政权开始，中共从革命党转变为执政党，从而也开始了党的第二个幼年期。一系列“左”的错误，说明当时中共对如何作为执政党，如何领导新中国的建设和发展还很不成熟。党的十一届三中全会是党告别幼年、走向成熟的重大标志。经过40年的探索和积累，到党的第十九次全国代表大会召开时，党一定会完成向成熟化的转变。届时，党对自己的基本理论即指导思想应该有一个更体现执政党科学理性的精准表达。

我们现在的说法是“以马克思主义、列宁主义、毛泽东思想、邓小平理论、三个代表和科学发展观为指导思想”。到十九大时，再把习近平同志治国理政的思想成果加进去，是必然的，也是必需的。那么，将如何表述这个反映党近百年思想理论成果的总汇呢？如果照老习惯表述，啰唆可能是一个问题，但这只是一个表面问题，最主要的问题是罗列式的表述不能准确地表达我们党作为执政党其基本理论到底是一个什么性质的体系的问题。首先，马克思主义、列宁主义、毛泽东思想三者在本质上都是革命指导理论。其核心和主题，是回答如何组织和领导民众反抗压迫、开展斗争，并夺取政权。它们对于执政党及其领导的改革和发展实践的意义，在于世界观、价值观和方法论等基础理论和思想等方面。同时，邓小平理论、三个代表、科学发展观和习近平治国理政思想似可统称为“发展的理论”。它作为党领导改革和发展实践经验的结晶，对当前和今后我们党的工作具有不可替代的指导意义。如果我们不分主次地把上述“主义”“思想”和“理论”按照时间顺序罗列在一起，显然没有把执政的理论特色凸显出来，更没有把党的最新思想成就和最高理论成果凸显出来。要通过基本理论和指导思想的新表达使党站在时代的前沿和历史的高峰，这一定要有一个新内容、新形式的新的理论概括。

这个新概括应以马克思主义、列宁主义、毛泽东思想关于世界观、价值观和方法论的论述为哲学基础，以邓小平理论、三个代表、科学发展观和习近平治国理政思想为直接思想来源，以回答和解决中国在全球化时代背景下积极发展和成功崛起问题为主题，以十八大以来的领导实践为重要依据。其称谓应力求简捷、明了。

指导思想的新概括，实质上就是要适应党的工作重心向时代前沿推进，把党的思想和理论重心转移和提升到发展时代的高峰上来，这是完成从革命党向执政党的跨越所必需的基本理论和思想转型。我认为，这其中的几个重要理论问题尚需要讨论清楚。

1. 以阶级关系理论取代阶级斗争理论

由西方传入的阶级斗争理论曾经支持了中国革命，但也曾对中共领导的革命队伍造成了严重的伤害，也曾对新中国的建设和发展造成了严重的伤害。当前，在权力腐败和分配不公等问题的刺激下，阶级斗争理论和思潮正在重新泛起，并挑战和冲击着改革和发展的路线和实际进程。彻底否定阶级斗争理论并代之以阶级关系理论是我党在基本理论转型和创新中必须首先解决的重要问题。

（1）阶级斗争理论不是马克思的发明。正如马克思自己所说："无论是发现现代社会有阶级存在或发现各阶级间的斗争，都不是我的功劳。在我以前很久，资产阶级的历史学家就已经叙述过阶级斗争的历史发展，资产阶级的经济学家也已对各个阶级作过经济上的分析。"[①] 同时，在马克思的叙述中，我们也可以清楚地看到马克思虽然不是首先发现了阶级斗争，但他对于历史学家和经济学家们关于历史上存在阶级、阶级关系和阶级斗争的这样一个事实也是确信无疑的。

但是，承认阶级斗争的历史事实与主动地鼓动和推动阶级斗争是不同的。正如街头有两青年在打架，目睹者把这个场景描述下来，无论是描述者还是听信者都没有错。但围观者由此推波助澜，鼓动一打到底，直到一方战而胜之，是否就如同打架被陈述那样不可置疑呢？问题可能就出在这里。

阶级的出现、阶级斗争的形成，都是历史发展的必然现象。正如马克思所指出的，"阶级的存在仅仅同生产发展的一定历史阶段相联系"。[②] 人类处于手推磨时代，就一定会有农民阶级和地主阶级及其相互间的矛盾；人类进入蒸汽机时代，就一定会出现资产阶级和工人阶级及其相互间的矛盾。所以，阶级的存在是生产发展决定的，也是历史决定的，他们都不以人和阶级的意志为转移，当然也就不能主观地被推翻、被消灭。由此，不同阶级之间的权利关系也与历史即生产方式发展的一定阶段相联系，并为一定的生产方式所决定。

① 中共中央马克思恩格斯列宁斯大林著作编译局编：《马克思恩格斯选集》，人民出版社，2013 年。

② 中共中央马克思恩格斯列宁斯大林著作编译局编：《马克思恩格斯选集》，人民出版社，2013 年。

只要创造他们以及他们相互关系的生产方式还存在，阶级之间的基本关系也就不会改变。从这个意义上说，马克思主义从唯物史观出发对常态化的阶级关系包括不同阶级之间的利益对立是承认的。马克思曾充分肯定资本家的社会历史价值，说他们应受到历史的“尊敬”就是在这个意义上讲的。所以，社会生产方式是阶级关系的巨大决定力量，也是阶级斗争、阶级革命的巨大限制力量。只要相关阶级赖以存在的生产方式还在，不同阶级之间的斗争只能是不断地翻新和复制他们之间的关系。

当然，在一定的生产方式下，阶级关系会有很不相同的状态。其一般趋势是，基于人的自利性，占据支配地位的阶级总是力图利用自己的优势地位从被支配的阶级那里取得更多的利益，被支配阶级也总是本能地抵制支配阶级贪婪的努力。于是，就有了时而激烈和持续不断的阶级斗争，并对社会生产力造成破坏。但是，决不能将此归结为某个阶级的过错，并由此作为进行阶级斗争的根据。为什么？人类自从走出蒙昧的丛林时代，就有了国家这个站在社会之上调节冲突、使社会免于在冲突中走向毁灭的政治机器。阶级关系失衡，阶级剥削血腥化，乃国家之责。历史证明，国家的失责、不作为，大都与国家属性有关。占支配地位的阶级，对国家的形成和运行有着被支配阶级不能比拟的影响。所以，被压迫阶级反抗阶级压迫和剥削，固然是两个阶级之间的博弈，但作为一个阶级的整体行为，其锋芒所向应该是那个支持和保持阶级压迫和剥削的国家政权，实现政权和制度改革，而不是反对与自己在一定生产方式中共生的阶级。

然而，我们从思想史中看到，历史学家、经济学家们关于历史上存在阶级和阶级斗争的论述显然被激进主义所利用。持有激进主义倾向的人们把客观的阶级斗争论述变成主观的阶级斗争主张，把一定生产方式下的阶级矛盾变成了超生产方式的阶级斗争，把必须经过国家政权和制度变革来实现的阶级关系调整变成了不同阶级之间的生死对抗。历史上那些大量流血却徒劳的革命已经证明，阶级斗争理论不是人类之福。

（2）阶级斗争理论必然导致阶级关系泛化。除了阶级关系，人类社会还有其他诸多关系，如民族关系、种族关系、血缘关系、职业关系、地缘关系、城乡关系、人际关系等。但自阶级理论被抬升为马克思主义的基础理论后，阶级关系随即被扩大为社会的基本关系或核心关系，继而就有了无所不至的阶级观点和阶级分析方法，即所谓“用阶级斗争观点和阶级分析方法观察一切、认识一切”，这就是阶级斗争理论的泛化。

其基本表现，就是到处套用马克思对资本主义社会阶级关系的分析。在工业化高度发达的国家如英国似乎完全如马克思所言，阶级关系比较简单化，一方面是资本所有者即资产阶级，另一方面则是工人阶级即无产阶级。但是，在正从农业社会向工商业社会过渡的中国来说，实际情况与此则相距甚远。把自耕农和学生界、中小学教员、小员司、小事务员、小律师、小商人在内的小知识阶层都划入小资产阶级，显然说不通。譬如说，自耕农，固然是有一些生产资料的，但这些生产资料是在小农生产方式中运行的，没有资本属性和对劳动的支配性、剥夺性，不占有剩余价值，怎能和资本主义生产方式拉上关系？如果自耕农拥有的生产资料是“资产”、在资本主义生产方式中运行，那么，他就不是自耕农，而是资产阶级或小资产阶级。更说不通的是学生、中小学教师等小知识分子也是小资产阶级。他们没有资产，顶多也就是靠劳动即出卖知识吃饭，学生则没有职业，其小资产阶级属性在哪里呢？如果说他们依附于官僚资产阶级，那么，他们就是打工的无产阶级，怎么也和小资产阶级扯不上关系。但经过这种泛化，半农业、半殖民地的旧中国已经差不多就是一个工商业高度发达的资本主义社会。

自耕农和小知识阶层被泛化为小资产阶级，为革命队伍内部的“残酷斗争”埋下伏笔。大量所谓的“小资产阶级”进入革命队伍后，一旦发生矛盾就很自然地被理解为“阶级斗争在党内和革命队伍内部的反映”。在1930—1931年“肃AB团”斗争中，1000多名所谓的“AB团”被消灭。当地苏维埃政府工作人员的四分之一被打成“AB团”，其中多数人被杀害[①]。党史专家廖盖隆在1981年说：“红一方面军当时在苏区不过三四万人，前后两次肃反，搞了6000多人，其中一半杀掉了。”[②]在发生于1931年闽西的“肃社会民主党事件”中，大批红军干部、地方领导、普通士兵和无辜群众被当作“社会民主党分子”“镇压”，遇害者总数达6352人[③]。据张国焘卫士长的回忆，在张领导的鄂豫皖苏区，情况亦大致如此。发生于20世纪40年代前期延安和各革命根据地（山东除外）的“反奸”和“抢救运动”，更是搞得草木皆兵。据胡乔木提供的数字，在延安3万多名党员、干部中就有1.5万人被打成“托派”“特务”和“反革命分子”[④]。有敌特分子潜入革命队伍，革命队伍内部也会有变节分子，这都是否认不了的，但革命队伍中怎么可能有这么多坏人？

阶级斗争理论泛化在新中国成立后，呈不断强化趋势。本来经过“一化三改”，资本主义经济或被赎买，或被改造，到20世纪50年代下半期，旧中国留下来的资产阶级已不复存在。但大批所谓“资产阶级知识分子”和“党内资产阶级代理人”“党内资产阶级”“党内走资本主义道路的当权派”却一批一批地被“生产”出来。他们所代表和服务的资产阶级在哪里？真是奇怪了！甚至学术研究中的所谓“唯心主义”也被冠以“资产阶级的”即“资产阶级唯心主义”。唯心主义就是唯心主义，不论哪个阶级都有发生唯心主义的可能，为什么唯心主义一定是资产阶级的？阶级斗争理论的泛化伤害了大批知识精英和国家干部。1957年“反右”，55万人被抓；在“城乡社会主义教育运动”（又名“四清”）中被逼死干部77560人，共整了5327350人，经后来审察、甄别，绝大多数为错案、假案。在“文化大革命”中被伤害者则高达数百万之众。一个《关于三届人大

---

① 中共江西省委党史研究室：《中央革命根据地史料选编》，江西人民出版社，1982年。

② 中共中央党史研究室：《党史通讯》，1981年。

③ 蒋伯英：《闽西革命根据地史》，福建人民出版社，1988年。

④ 中共中央党史研究室编：《中共党史资料》。

常委会委员政治审查报告》(1968年)就把115名全国人大常委会委员中的60人定为“特务”“叛徒”“走资派”“三反分子”和“有严重问题的人”，约占52%；一个《关于四届全国政协常务委员会政治情况的报告》(1968年)就把159名全国政协常委中的74人定为“反革命”和“有严重问题的人”，约占49%。据估计，仅仅因为触犯了《公安六条》被关押和处决的人就有几十万人。

这种由阶级斗争理论而导致的政治伤害不单独发生在中国。凡信奉阶级斗争理论的政党和国家几乎无一幸免。早的如斯大林时期的苏联，晚一点儿的如波尔布特时期的柬埔寨，都有这种残酷斗争的惨剧。我们不能以所谓“阶级斗争扩大化”来宽恕阶级斗争理论本身的错误。

(3)阶级斗争理论最深重的伤害是价值观的伤害。这个造成了对立思维、反叛文化和权谋文化的泛滥，严重冲击着普适价值，引导人们视权力高于一切，把自己绝对正义化，唯我独尊，排斥异己，远离宽容。在阶级斗争理论的影响下，我国的国内政策长期偏左，限制和管制过多、过滥，保护和加剧了政治体制和经济体制的国家主义倾向，国际关系中奉行热心于对立思维和阵线思维。在2006年，某个部门居然在“社会主义国家马克思主义政党执政经验”的研究报告中把那个家族治国的党引为我们中共的同类，岂不荒唐？

(4)警惕阶级斗争理论的雷暴效应。雷暴，是一部分带有电离子的云层与另一部分带有异种电荷的云层接触，或者是带有电离子的云层对大地迅猛放电，形成伴有雷击和闪电的局地对流性天气，其破坏性极为强大。阶级斗争理论作为一种政治性电荷，一旦与其他性质的社会问题接触，就会把诸多不同质的社会问题聚集成为爆炸性的问题。

大家都知道，阶级斗争理论是“文化大革命”的核心基因。由此误导出来的“十年浩劫”，把国家搞得破败不堪，国民经济濒临崩溃。在这条旧路走到尽头的时刻，进行改革开放，是大势所趋。但“老左派”却对此进行顽强阻击，先是以“两个凡是”为武器对抗

“真理标准讨论”，继而以“姓社姓资”质疑改革开放的正当性，甚至要发动“第二次文化大革命”，以“打倒现代修正主义集团”和“走资本主义道路的当权派”，铲除城市“暴发户”。改革开放之路，不是已经铺就的红地毯。过程中的坎坷、矛盾都是难以避免的，也是可以解决的。然而，“老左派”何以作如此激烈反应？显然是阶级斗争理论让他们无比珍爱和眷恋着“文化大革命”，让他们不能接受私营经济发展等改革现象，同时，也是阶级斗争理论把他们对于改革开放中发生的严重作假、腐败、分配不公等都上升到“资本主义复辟”的高度。所以，“老左派思潮”像一片带有强大电荷的乌云，随时可能引发政治“雷暴”。到今天，“老左派”的领军人物更新了，但他们的阶级斗争理论思维依旧，对我国改革中发生的诸多社会问题和矛盾的认识依旧，解决这些问题和矛盾的思路依旧，因而发生政治雷暴的危险依旧。在阶级斗争理论的笼罩之下，简单的问题正在变成复杂的问题，孤立的问题正在变成社会性问题，甚至政权问题，分散的问题正在向一个方向聚集。这些年因为一个偶然问题而发生的那些围攻公安等政府机关或领导干部的群体性事件，正是其典型表现。“老左派”关于“回到毛主席时代”、继续坚持“无产阶级专政下继续革命理论”的呼声，正在得到越来越多的呼应。

近一个时期，阶级斗争理论的直接论述开始增多，以阶级斗争理论为武器的思想活动和攻击也开始增多。从前几年攻击“构建和谐社会”，到今天攻击“依法治国”，阶级斗争理论已经呈现出走向前台的趋势，“雷暴气象”正在积聚。

（5）构建科学的阶级关系理论。面对阶级斗争理论形成的挑战，我们党作为执政党显然不能无动于衷。其应对之道，就是扬弃阶级斗争理论，并建立科学的阶级关系理论，以正确处理社会主义社会中仍然存在的阶级矛盾问题，这是消除“类文革”灾难的基础性工作。

对阶级斗争理论之所以要进行扬弃而不是抛弃，是因为阶级斗争是一个不以人的意志为转移的长期存在。当今中国与毛泽东时代的中国相比业已发生深刻变化。如果说，在毛泽东时期，资产阶级和资本主义都是臆造出来的，那么，在今天，这些都是现实的存在。劳资之间的矛盾在发展，资源配置方式的资本主义特征也在运行，整个社会的发展的确存在着路径选择。摆在党面前的问题就是如何认识和处理改革开放过程中的阶级矛盾，把这个矛盾控制在权利平等的政治框架内和“构建和谐社会”的方向上。

作为执政党，我们只能作不同阶级的包容者和阶级关系的调节者、阶级平等的主导者。执政党不可能像革命党一样，重视和依靠一个阶级，而同时反对甚至敌视另外一个阶级，不能组织和鼓动一个阶级起来打倒另外一个阶级。执政党固然要从先进阶级那里汲取先进的思想营养，不断坚持和发展先进的意识形态，从而体现党的先进性，让自己始终具有领导全国全社会的优秀品质，但同时又必须把所有拥护宪法的阶级和政党、公民共同作为党的社会政治基础和服务对象，也可以把各界群众中的优秀分子尽可能多地吸收到党内来，这是每一位懂得生活常理和常识的人都能够理解和赞成的。

当然，持有极端意识的“老左派”对此是不会赞成的。其思想根源，还是根深蒂固的阶级斗争理论。在2001年中共建党80周年之际，中央关于把“社会其他方面的优秀分子吸收到党内来”的讲话曾引起“老左派”人士的强烈反应和抵制。在“老左派”看来，把包括个体和私营业主中的优秀分子吸收到党内来，这无疑是党正从工人阶级政党向“全民党”蜕变。他们的思想逻辑是，党既然是一个先进的工人阶级政党，就必须对工人阶级之外其他阶级在组织上保持封闭，在政治上保持距离。这不仅仅是在继续以革命党的模式束缚执政党，而且是对党的历史缺乏真正了解。中共作为工人阶级政党，一开始就具有“民族先锋队”的特征。在依靠和代表工人阶级的同时，党还代表着农民和其他劳动大众、革命同盟者的利益。这就是说，即使在革命战争时期，党作为工人阶级政党在政治实践中也执行着民族先锋队即全民党的职能。从革命党转变为领导整个国家的执政党之后，党的这种特征不仅不会削弱，而且必定会继续增强。党不能作为民族的先锋队就不能执政，不反映全体人民的权利和利益，就不配执政。因此，党不能再对阶级斗争理论心存留恋，迁就错误的理论，就会自束手脚、自设路障、自毁前程。

阶级关系理论应当在承认阶级斗争的客观存在的基础上正确认识社会主义社会阶级关系的特征，为建立和谐、平衡的阶级关系提供价值准则。其中之要义，应以不同阶级之间权利平等、关系和谐为价值指向，以法律和阶级协商为基本调节手段，以党和政府的监督为底线保障。随着第三次工业革命的发展，工人阶级知识化和技术化的趋势已经十分明朗，白领与蓝领的分野将不复存在。一个知识化和技术化的工人阶级在与资产阶级的博弈中正在形成历史上工人阶级不可能具有的能力和地位。劳资和谐是完全可期的。党同时把他们作为自己的政治基础是可能的。

2. 建立国家转型和管理价值理论

与阶级斗争理论改革相联系，国家理论也是一个亟待改革的领域。这个改革与执政党关系更为直接。

（1）国家的双重职能及其关系。以往的国家理论是阶级斗争理论体系的一个重要组成部分，深刻地反映着阶级斗争理论的观点和方法。所以，历史上的国家都被理解为统治阶级对非统治阶级实施统治的“暴力机器”。这种把国家完全阶级斗争化即政治化的观点，当然有效地支持了暴力革命。但这个理论显然是片面的。坚持这种国家观对于今天的政权建设有害无益。

我在前面说过，马克思、恩格斯曾经提示了国家在社会分化为阶级对立时候成为人类社会组织形式的图景：由于“社会成员不是在合作生产财富的劳动中而是在为了维持社会对内对外的共同利益（不论是想象的利益还是实在的利益）而进行的劳动合作中绵延下去的”[①]，“社会的共同利益即社会的共同目的在于维持社会的生存”[②]，

① 中共中央马列著作编译局：《马恩列斯论资本主义前社会诸形态》。

② 中共中央马列著作编译局：《马恩列斯论资本主义前社会诸形态》。

所以，当社会的分化和阶级的对立使原来的氏族组织再也无法维持社会继续存在的时候，奴隶主阶级确立统治地位的特殊意志与整个社会对“共同利益”的关切便取得了一致，从而导致了国家的产生。这样，马克思主义经典作家一方面认为国家是阶级统治的暴力机构，另一方面又认为国家“是社会在一个有形组织中的集中表现”，具有公共管理职能。把马克思主义这个关于国家具有双重职能论述作为研究基础，我们可以知道：

第一，在人类进入无阶级社会之前，国家的职能及其属性始终是一个双重结构。国家的基本性质和功能，就是这种双重结构在一定历史条件下的系统效应。所谓“国家消亡”是指其统治职能的消亡，作为一个历史过程，就是其两种职能之间的换位，即统治职能把自己的主导地位转给公共管理职能，直到公共管理职能成为唯一职能为止。

第二，国家作为行使公共权力的权威机关，不仅可以作性质上的分类（如奴隶制国家、封建制国家、资产阶级国家、无产阶级专政国家和工人阶级国家），也可以从逻辑上作形体上分类。历史上一切把阶级属性和统治职能放在二重结构主导地位上的国家都是阶级主导型国家，而把社会属性和公共管理职能放在二重结构主导地位的国家都是社会主导型国家。

第三，对于一个国家来说，究竟应该把阶级统治职能放在二重结构的主导地位，还是把公共管理职能放在二重结构的主导地位，取决于阶级矛盾在国家政治生活中的影响。如果阶级矛盾是主要矛盾，被统治阶级想要翻身并在实际上动摇着国家已经建立的阶级秩序，那么，这个国家一定要把阶级统治职能放在主导地位；如果阶级秩序已经稳定，国家则应当把公共管理职能放在主导地位，促进国家和社会的正常运行和发展。

第四，在阶级主导型国家系列中，旧国家的灭亡和新国家的产生是公共权力主体的变换。权力主体的阶级性和时代面貌决定了国家属性和职能的差异。但无论国家怎样更迭，国家的公共管理职能总是一个由简单到复杂、由低级到高级连续发展和演进的过程。新国家总是要继承旧国家的管理遗产，才能有效地开始公共管理进程。

（2）国家转型实践的理论呼唤。60多年来，我们的国家经历了艰难而曲折的转型过程。今日之国家已经是一个以公共管理为主导职能的社会型国家。但由于缺乏相应理论的支持，国家转型经历了严重曲折、遭遇了顽强的思想抵抗，工作上亦存在不小的盲目性。

新中国成立之初，曾经统治中国的国民党集团的残余势力，社会上的土匪、恶霸势力以及国际帝国主义势力严重地挑战着新生的人民共和国。当此之际，中共把自己领导的新国家定性为“人民民主专政”国家是正确的。这个定位显示了新国家应有的阶级属性和政治属性。但这个“正确性”也只能局限于马克思所说的“过渡时期”。跨越了过渡时期，国家稳定了，国家政治生活进入常态了，阶级斗争即不再是主要矛盾，国家即不再是阶级主导型国家，而是社会型国家。这时，“无产阶级专政”也好，“人民民主专政”也好，都不能正确而恰当地反映国家的以公共管理为主导的本质特征。但由于在理论上缺乏这种自觉，国家一直沿着阶级统治的“暴力机器”的轨道滑行，或者说执政党在实践上一直按着“人民民主专政”即阶级主导型的国家模式行使国家职能，直到发生对所谓资产阶级“实行全面专政”的“文化大革命”。这个错误至为重大和沉重，但道理却非常浅显：一个国家、一个领导集团怎么能以这样的方式对待自己的公民？

自改革开放开始，党和国家把工作重心转移到现代化建设上来，我们的国家在事实上实现了转型，成为真实的社会主导型国家。但这样一个完全合乎社会发展规律也符合国家演进规律的变化以及国家的若干公共管理政策，如“构建和谐社会”、打破限制鼓励民营经济加快发展等都遭到过强烈的批评和反对。这说明，许多人对于国家的观念依旧停留在阶级主导型的模式上，继续把国家看作无产阶级对资产阶级“斗争”“专政”的工具。一旦国家离开了这个固定模式，就会被视为政治“背叛”。同时，今天的国家作为社会主导型国家，当然具有专政职能（虽然已不是主要职能），这是任何人都无法否认的。但就我国政治现实而言，对国家的挑战和威胁却不是什么资产阶级，而是境内外敌对势力、民族分裂势力和恐怖势力。其利益根源是国际社会中的战略利益冲突和文化冲突，具有超阶级性质。也就是说，国家的政治管理和安全管理在本质上已不是阶级关系的管理。这样一个客观存在的政治形势和安全形势是否完全反映在国家的安全管理上了呢？以我个人的观察，这方面至少可以说是不够的。我们在意识形态管理对所谓“资产阶级自由化”高度戒备而对民族宗教问题疏于研究、对生产资料所有制性质高度关注、决不放弃公有制主导而对国际经济和文化交流滥施优惠可见一斑。其思想理论根源，当然就是国家转型滞后、阶级斗争理论和传统的国家理论继续发挥支配作用所致。

这就需要在已经取得的研究成果的基础上，建立国家转型理论。国家转型是上层建筑的系统改革，涉及公共权力与公民权利之间的关系、公共权力的构成及其运作方式等一系列问题。我国今日以公共管理为主要职能的社会主导型国家与以阶级统治为主要职能的阶级主导型国家，在上述这些问题上有着很不同的要求。同时，作为国家的次要职能，对敌对势力、分裂势力和恐怖势力的“专政”与阶级对阶级的“专政”也有很大的不同。这都需要通过理论的建构加以明晰化。还有，国家转型理论属于政治理论，应很好地体现中共的领导和统筹责任。

（3）国家公共管理价值的选择。我国作为共产党执政的国家，公共管理必须以人民的根本利益为价值标准，必须做对人民有利的事，并让人民满意。这无疑是一个必须坚持的价值选择。然而，在管理实践中，这个问题并不简单。由人的自利性所决定，任何一个政治集团在取得政权之后，都有利用国家权力扩大自身利益（包括权力）的倾向。不论是中国，还是在其他国家，从古至今，一批又一批的王族和官僚集团相继掌握国家公器，其中固然有一身正气、心系百姓的清廉者，但庸碌者甚至贪腐者亦不在少数。同时，权力来自上面，是上面给的，所以，权力行为者都倾向于看上面的脸色、为上面负责。这样一个根深蒂固的“为上”和“唯上”思维在我国、在今天也是司空见惯的。名义上是为社会、为民众做事，但优先做哪些事、不做哪些事、要做的怎么做、做到什么程度，归根结底都要从是否有利于国家政权本身及领导机关的利益和形象来考量。虽然这样做不一定与人民利益相矛盾，总体上看甚至是有利于人民利益的，但这作为根本性的价值观被长期实践，一定会酿出严重的官僚主义和腐败的苦酒。

特别值得注意的是，曾经对改革开放持激烈批判态度的“新左派”在近年来开始鼓吹和推销国家主义[①]。这种思潮以挑战西方民主制度为指归，以爱国主义为号召，主张以国家为核心，国家至上。他们一方面通过讴歌中国模式、曲解中国崛起的经验、把中华文明神魅化，推崇国家主义，特别强调加强国家实现自己意志的能力，另一方面则引进希特勒的桂冠、德国法学家施密特的思想，主张政治无对错，只有服从与非服从，强调绝对服从政治权威，“到处传播国家主义的种子”。这种膜拜国家和国家意志的思潮具有相当大的危险性。许纪霖教授评论说：“德国、日本现代崛起的历史经验表明，倘若国家缺乏宗教、人文和启蒙价值的制约，任凭其内在的权势扩张蔓延，国家理性便会从霍布斯氏的功利主义走向保守的浪漫主义，蜕变为缺乏道德取向的价值虚无主义，而最后催生出反人文、反人性的国家主义怪胎，国家能力愈是强大，国家理性便愈自以为是，其堕落悬崖的危险性也就越大。”[②]

我国公共管理中的国家主义积习和传统观念源自古代的皇权专制主义体制。如果再引进施密特的国家主义，并与中国传统的国家主义合流，势必极大地加强国家公共管理行为的国家主义倾向，让中国政治体制的痼疾更深，让官僚主义和腐败的问题更难以从根本上医治，国家行为中的非理性化趋向将更难以预料。

---

① 马立诚：《当代中国八种社会思潮》，社会科学文献出版社，2012 年。

② 许纪霖：《近十年来中国国家主义思潮之批判》，共识网，2011 年 7 月 6 日。

因此，建立国家转型理论，让国家更加自觉地完成转型固然重要，但国家公共管理价值的选择和建设更重要。

3. 完善区隔于民粹主义的民本主义理论

从孙中山的民权主义到毛泽东的全心全意为人民服务，再到胡锦涛的执政为民，三者共同合成中国现代民本主义的主线。中共主政后，民本主义得到了最努力的贯彻。但总体而言，民本主义尚未形成严谨的思想理论体系。其重要表现之一，就是它时而被民粹主义所侵袭、所冒充。所以，建立严格区隔于民粹主义的民本主义理论的任务已经客观地摆在党的面前。

就当代中国思想界的实际而言，我们似可把民本主义与民粹主义之间的界线归纳为五点：

（1）国家发展道路选择的界线。民本主义和民粹主义都把人民利益最大化作为政治诉求。但围绕人民幸福目标，两者对国家发展道路却有完全不同的选择。民本主义是科学和理性主义的，承认社会的发展和变革首先是一个“自然历史过程”，主张遵循社会经济发展的规律，同时承认发展和变革的代价。民粹主义则不承认更不想遵循经济发展的必然规律，在思想方法上是唯意志论，在实践上表现为“大干快上”和“穷过渡”，是一种非理性的盲动主义。列宁说，孙中山的“主观社会主义”是民粹主义。新中国前30年社会主义建设的曲折徘徊就表现了很浓重的民粹主义意味。改革开放则是从民粹主义向民本主义的跨越和回归。“老左派”和“新左派”对改革开放的抵制和反对，也是民粹主义的重要表现。

（2）“人民主体”及其价值观的界线。民本主义和民粹主义都以人民为主体，以人民的是非为是非。其中，民本主义的“人民”既是集体的，也是个体的，是集体与个体的统一。英雄、精英也是“人民”，是人民的重要组成部分。人民的价值与精英或英雄的价值不是对立的。人民在创造历史中需要英雄和精英的统领和组织。民本主义要求精英永远不要脱离人民。但民粹主义的“人民”则是平民。其价值观是平民主义和反精英主义。正如英国学者保罗·塔格特所说：民粹主义的语言中充满了对头脑敏锐知识分子、官员和富人的诋毁[①]。民粹主义认为"卑贱者最聪明，高贵者最愚蠢"，以穷人的是非为是非，敌视精英，仇富、仇官。2006年—2007年，年近80岁的经济学家茅于轼先生先后发表了《只有富人得到保护，穷人才可能致富》等文章，提出了"替富人说话，为穷人办事"等观点，在网上引起了洪水般的恶毒咒骂[②]。看看那些咒骂言论即可知道，茅先生被咒骂还不是因他的观点，而是因为他是著名经济学家（精英），又为富人说了话。咒骂者所用语言之不堪，与市井下三烂无异。著名法学家江平针对重庆"最牛钉子户"的问题主张"法院裁决"，也在网上遭到谩骂。这说明，民粹主义对精英、对富人的仇视已高度情绪化。

（3）利益诉求和行为合理性的界线。民粹主义认为群众利益诉求天然合理，无边无界。民众为实现自己的利益、表达自己的诉求所采取的方式也可以是任性的，既可以是浪漫的，也可以是暴力和血腥的。底层大众的呼唤就是正义，底层大众的标准就是道德，底层大众的行动就是革命，底层大众的裁决就是正义审判。"五四"运动中火烧赵家楼，以及傅斯年、罗家伦、陈独秀等学者对这些行为的辩护，都是民粹主义的表达。至于"文革"中置法律于不顾，随意抓人批斗，滥施私刑和打砸抢更是民粹主义的极端表现。在近年农村征地、城市拆迁中，个别人胡搅蛮缠，漫天要价，以及知识界对这种行为的同情和声援也是民粹主义。民本主义的利益诉求则以集体主义为规范，主张个人利益服从集体利益，局部利益服从全局利益，利益的表达首先诉诸和平方式；和平方式走不通才诉诸武装革命的方式。在和平建设时期，利益表达必须在法律的秩序内进行。

（4）利益关系及其公平性的界线。民粹主义何以如此仇官、仇富，是因为他们对社会利益关系的基本观念就是绝对平均主义。他

---

① ［英］塔格特：《民粹主义》，吉林人民出版社，2005年。

② 马立诚：《当代中国八种社会思潮》，社会科学文献出版社，2012年。

们说，“同样是人，有人富甲天下，有人一贫如洗，这太不公平了”。而这种观念的来源则是中国历史上的小农业思想。大凡奉行民粹主义的人，一般都生活在社会下层，并且没有经过现代文化的洗礼，因而头脑中只有利益概念和利益均等概念而没有权利概念和权利平等概念，从而也不懂得权利就是起点，权利公平就是起点公平。他们只看结果，结果不公平就是社会不公平。与此相联系，他们当然也很惧怕和讨厌市场竞争以及其他形式的生存竞争。所以，民粹主义者总是不平和愤怒的，也总是把公平的希望寄托于暴力和强权。民本主义的利益观则与现代竞争体制和法制相联系，把人首先理解为创造主体和竞争主体，把社会公平首先理解为权利平等即起点平等，认为权利平等具有最基本的社会合理性。在这个基础上，民本主义才要求国家保护弱者，保障社会的生存公平。在民本主义者那里，这一切的实现都在于制度和体制的创新。

（5）民主观和社会革新观念的界线。民本主义与民粹主义都追求社会革新和政治民主。但民粹主义反对改革更拒绝激进的改良而痴迷于狂风暴雨式的革命和“砸烂了再重来”的变革模式。他们崇尚直接民主和直接的政治参与，他们的民主大致就是街头政治、暴民政治。在这方面，民本主义具有前者无法企及的理性，把社会革新理解为对社会生产力发展的适应过程，把民主理解为适应人民主体性成长的建设过程。

两相比较，作为革命党的中共可以不反对民粹主义，甚至可以利用民粹主义。但对于作为执政党的中共来说，民粹主义是可怕的。它对法制秩序、对国家的有效治理、对提升社会整体素质都有很大的阻碍和破坏作用。正如学者吴稼祥所指出，越是制度化程度低、转型不彻底的社会，其负面作用越大[①]。中国的历史反复告诉我们，如果不能通过政治体制改革，压缩民粹主义的影响，发生民粹主义大动荡是不可避免的。所以，必须切实加强民本主义理论建设，这是中共从革命党向执政党跨越的不可或缺的一个理论支点。

---

① 马立诚：《当代中国八种社会思潮》，社会科学文献出版社，2012 年。

就中国历史的演变而言，民粹主义比民本主义悠久得多、厚重得多。清理民粹主义文化及其影响，建立民本主义理论体系，其难度不言而喻。民粹主义具有双重的社会政治效应。在革命时代，民粹主义它曾经有力地支持了革命，这使许多人对其心存爱恋；在发展时代，它可以促进平民阶层的政治参与和强化对精英阶层监督的积极作用依然被许多人看好。境内外某些势力更是看中了它的工具价值，从而不遗余力地加以鼓动。越是这样，我们越需警惕它的破坏性，抓紧理论创新。

4. 建立和发展中国自己的人权理论

在革命时代，人权的确不是一个时髦和给力的概念。革命就是要否定一部分人的特权，向剥削阶级要我们的基本生存权。承认普遍人权，就等于放弃革命。半个世纪以来，西方国家一些组织和人士总是向我们挥舞人权旗帜，甚至把人权理论作为与我们进行斗争的工具，这凸显着我们人权理论的薄弱和被动。

人权即人的权利，是除了因犯罪活动被剥夺公民权利的人之外都具有的权利。即使是那些被剥夺了行动自由权的人，只要没被判处死刑并执行死刑，还是具有生命权和生存权的。什么是权利呢？一些法学家们从法的角度已对权利的内涵及其产生做出许多有意义的论述。但权利早在法律发生之前就出现了。比如说，一伙原始山民呼啸山林，他们盘踞的那一带就是他们的领地或势力范围。如果有外部势力要进入或通过这块领地，或者被拒绝、被驱逐，或者被收取“买路钱”，或者双方达成交易。所以，他们对这一带地方拥有事实上的权利。一个个部落、一个个族群、一个个王国，就是这样建立和积累着自己的权利。在这个过程中，它们之间权利关系的调节者是暴力、形形色色的习俗和契约。当人们把习俗和契约上升为法，权利才成为法律意义上的权利即法权[①]。

---

① 郎毅怀：《社会主义社会的人权实践与国际人权斗争》，《求是》杂志，1992 年第 1 期。

（1）对于执政党的领导和国家管理来说，权利问题至为重要。

第一，国家对自己人民的保护和保障就是确认和保障他们权利。权利是国家通过法律制度等方式予以确认、使自然人得以享受社会待遇和参与社会交往的资格。生命权、生存权、学习权、成长权、发展权、就业权、劳动权、收入权、名誉权、尊严权等，这些权利都是国家给予国民的权利。法国启蒙主义思想家卢梭说“人权是天赋的”，是与生俱来的。就人权的不可剥夺来说，卢梭的观点没有问题。但国家不提供保护或没有能力提供保护，人可以滥杀，那么“天赋”的人权还靠得住吗？我国的胡义成先生这么多年一直鼓吹“商赋人权”，认为只有到了商品经济时代出现了等价交换才有了人权。同样，没有国家的强制力起作用，平等的交换和权利靠得住吗？我这里无意否定人有不容剥夺的“天赋权利”和“商赋权利”，主要的意图在于强调国家对于人权的确立极其重要。国民权利多寡、内涵丰枯、外延宽窄，权利关系是否平等，皆在于国家的观念及其制度和法律体系建设。

第二，国家要管好市场，向国民合理地分配利益首先必须管好国民权利。在计划经济体制下，国家实行统一工资制度和对生产物资和居民消费品的统一管理（统购统销、统一调拨、统一配给），这是国家直接向国民分配利益。而在市场经济体制下，国家把资源配置的调节“权”交给了市场，也把经济利益的分配“权”交给了市场，即国民主要在市场那里分割利益。国民进入市场并从中分割利益的资格就是权利。或者说国民（企业和经济人）无不以权利人的身份参加市场中的利益博弈和分配。这就是说，市场是权利合纵连横的大舞台，也是彼此竞争的博弈场。国家要有效地管理市场、理顺社会的利益关系，促进社会公平，首先必须做好权利的有效供给，该放即放，保证国民对市场的充分参与，同时通过制度建设规范权利边界和市场运行，促进权利平等。

第三，国家管理国民就是管理国民权利。我国目前的国家管理尚有不少值得讨论之处。比如，国家要求于国民的，往往偏高，如意识形态上强调忠诚爱国和无私奉献，而在底线方面则偏弱偏软，刚性不足。这与我们国家管理思想中权利意识淡薄有很大关系。从理论上说，国家对国民的管理就正当性和必要性而言，不在于国民的自然方面，而在于国民的社会性方面。人的体力和智力都属于人的天赋的范畴，对此，国家只能给予尊重和鼓励；而国民的权利则是国家赋予和认可的资格，也是国民的社会能量，它与国家职能的行使联系在一起，因而是国家管理所必须全覆盖的领域。国家管理国民，就是管理国民的权利。国家把国民纳入法治轨道，也就是把国民权利纳入法治轨道。

这就是说，如果不建立权利理论并把权利范畴充分纳入国家管理思想和管理体系，国家管理就难有作为。

（2）人权又是一个价值观问题。只有建立起人权主义的价值观，建立功利主义与人权主义之间的相互制衡，形成比较完备的价值体系，党和政府才能引领国家和社会的健康发展。

我们知道，“到目前为止，中国的改革可以说是功利主义的改革”[①]。按照功利主义的价值观，经济发展是最大的善。衡量一切政策的标准，就是是否有利于经济发展。在功利主义价值观之下，为了经济发展以及增强综合国力、提高人民生活水平，可以暂时牺牲人的某些权利和尊严，甚至可以依照后果主义的逻辑，不问过程、不问手段，只要结果的正当性和有益性。在这种价值观之下，市场机制、民主、法制、社会稳定都只是工具而已。在功利主义价值观的导向下，公民和法人的权利和尊严被忽视，致使市场机制常常被阉割、民主制度被形式化、法制的治理功能膨胀而对公民的保护功能被弱化、社会稳定变成了官民对立。功利主义的价值观还是道德沦丧的精神源泉。为了经济增长和维护稳定，“限制言论自由，必然导致媒体人缺乏职业道德，导致媒体腐败，导致学术腐败”；为了同样的目的，不遵守法制的基本原则，“法官就不会有职业道德，也必然导致司法腐败”。也就是说，在功利主义价值观“一统江湖”的情况

① 张维迎：《功利主义导致整个社会的堕落》，影响力中国网，2016 年 3 月 17 日。

下，整个社会的腐败是不可避免的。

因此，为了建设一个健康、和谐、文明的社会主义社会，我们必须从泛功利主义向人权主义调整，建立一个以利益导向为基础、以人的权利和尊严为基准的新的价值体系。

（3）我国人权理论的严重欠缺，是长期的历史造成的。中国的传统政治体制和文化都是没有权利（权利不同于权力）概念的，更遑论人权主义的价值观，倒是"富国强兵"的功利主义一直持久不衰。从戊戌变法开始，救亡图存成为时代的主题，于是，以科学救国、文化救国等为诉求的功利主义，进而以革命救国为追求的功利主义开始流行；到了改革开放时期，发展成为"硬道理"，以发展为最高价值的功利主义大行其道。可以说中国从古到今，都是一个人权概念、思想和理论的荒原。

在这个基础上，建立中国自己的人权理论，必须借鉴西方的人权理论，从康德的自由理论到罗尔斯的自由平等理论、诺齐克的自我所有权理论、罗斯巴德的自然权利理论和哈耶克的自由演化主义都可以成为我们可以利用的资源。但这种借鉴必须把握我国作为一个发展中国家的现实，不可从功利主义这个极端滑向自由主义的另一个极端，绝不可放弃发展的价值。西方权利观过度强调权利的天赋性即自由性，因而它内在地否定了权利的平等性，也否定了国家对于权利体系建构的必要支撑意义以及建立合理权利秩序的必要性，这是西方社会解脱不了的一个矛盾。中国的人权概念要走出"天赋论"和"商赋论"，把它统一于现代生产方式与国家管理创新相统一的历史节点上，同时赋予国民以充分的自由空间和国家管理以必要的作为空间。

大众文化：走出江湖

基本理论创新滞后，必定会造成大众文化也严重滞后于改革和发展实践。

在大众文化建设上，我国一直没有把我们从哪里来、要到哪里去的问题搞清楚，因而缺少清晰的思路。我们一再表彰和树立雷锋式的英模人物来引导大众文化发展，高则高矣，但不能与社会结构的转型与发展紧密契合，因而难以收获扎实而普及性的效果。因此，要建立体现时代特点并与中国崛起相适应的大众文化，固然要大力倡导先进的思想和价值观，但基本的问题还是弄清我国现行大众文化的类型，并以此为基点推进文化转型。

今日中国从历史的中国走来，今日中国的大众文化，也从文化的历史中走来。而文化的历史首先是文化的形成史，它体现为生产方式和政治体制在文化上的积淀。在迄今为止的数千年历史中，中国长期停留于宗法社会和小农经济阶段。这个历史为古代中国打造和长期保存了一个以皇权为核心的国家主义政治体制[①]。在国家（政权）与社会的关系上，这种体制的基本特征是以国家（政权）为本位，即国家（政权）为本、为尊、为上，国家以专制方式统治着非常松散的同质性小农社会。在这里，国家政权独占权力，就把自己变成了一个与社会缺乏互动的封闭体系。它只统治社会，却不受社会制约。这样一个畸形化的权力结构必然造成国家政权中官僚主义的疯狂生长。由于中国是个大国，政权体系行政层级多，权力中心更是高高在上，远离民众，更使官僚主义强大至极。国家主义政权体系的“唯上”原则也让社会和民众的意愿难达上听，国家政权和官僚体系更容易自以为是、刚愎自用，脱离社会和民众。官僚主义一旦成为国家政权和官僚体系的思维定式，它对社会和民众的代表和保护作用也必然更多地被统治行为所代替，“父爱主义”淡化，专制主义盛行，“阳光”和“雨水”越来越少，而“枷锁”和“镣铐”却越来越多。在这种体制下，民众少有体制性的享受和福利，却要支撑皇室和庞大国家机器的巨额耗费，纳粮纳税，承担徭役和劳役都是必不可少的。这样，传统政治体制就把整个社会分裂为两个相

① 郎毅怀：《从国家主义到民本主义：中国政治的体制与价值观》，中国发展出版社，2014 年。

互对立的部分：一个部分是庙堂社会，另一个部分则是江湖社会，同时，也把文化分裂为对立的两种形态，即庙堂文化和江湖文化。

如果说在形成之初，这种体制是可以依靠民众对国家政权的高度依附和国家政权对民众的“父爱”有效运行的，那么，随着中国从农业社会向工商业社会的演进，这种体制越来越不能适应社会进步的需要，两个社会和文化的对立以无可挽回的趋势持续加剧。王朝政权和世族豪强压制着江湖，也让更多的民众更加江湖化，大量农民流离失所，许多人落草为寇，山寨版武装泛滥，农民滋事、造反，农民战争的频率越来越高，规模越来越大。对王朝政权来说，民众的载舟之效越来越差，而覆舟之能却越来越强。从元末农民战争中走出来的明太祖朱元璋可能清楚地看到了这个趋势。所以，他以前所未有的专制力度极其严格地对社会实行管制，严防民众失控。但他和他的继任者都没有能扼制住这个趋势，江湖社会和江湖文化依旧与国家政权渐行渐远，江湖的反叛性持续升高，让一个个王朝轰然倒塌。这就是从秦至清，社会、民众与国家政权之间关系的整幅图景。

何谓“庙堂文化”，又何谓“江湖文化”？被汉武帝之后历代王朝政权尊为国教并成为国家意识形态的儒学，是典型的庙堂文化。它流行于上层社会和知识界，其影响也基本止于上层社会和知识界。与此相对应，江湖文化就是平民文化。它生发于小农、工匠、乞丐、匪盗、兵痞、江湖郎中、艺人、武士阶层中间，并通过比较通俗的文学和艺术作品如白话小说、戏曲、杂剧、评书等形式表达和口口相传，成为浩荡于底层社会的流行文化。这其中，《三国演义》和《水浒传》等文学作品的出现是中国古代社会江湖文化成型的标志，它们的广泛传播，则是中国江湖文化野火春风般燃烧和蔓延的实际过程。自《三国演义》和《水浒传》成书至今的400多年时间里，书中故事和人物几乎家喻户晓，妇孺皆知。其影响之大，不言而喻。这其中的逻辑，不是《三国演义》和《水浒传》创造了江湖文化，而是江湖文化创造了《三国演义》和《水浒传》。正如鲁迅先生所指出，两书之所以能够“盛行”，是因为中国社会“有三国气和水浒气的缘故”[①]。所谓“三国气”“水浒气”，就是江湖气，也就是江湖文化。有“三国气”“水浒气”作为原初形态的“江湖文化”存在，作为系统形态的江湖文化，《三国演义》和《水浒传》才有了产生和更加广泛传播的基础。把庙堂文化和江湖文化加在一起，就是我们过去所说的传统文化。仅仅把传统文化界定为儒学等以经典文献为载体并流行于上层社会和知识界的庙堂文化是很不全面的。江湖文化也是传统文化，而且是影响更大的传统文化。它以平民为主要受众，影响所及甚至包括了皇室在内的庙堂社会和精英群体。

从现代的意义上说，江湖社会是现代公民社会的对立物，江湖文化是现代公民文化的对立物。中国的平民正在从历史上的江湖社会走向现代的公民社会，江湖文化也行将被公民文化所代替。但由于传统政治体制的残余还在，以及文化变革本身的滞后性，江湖文化仍然是当今的流行文化。听听社会上十分普遍的“大哥”“哥们”称谓，我们就该知道江湖文化在今天仍旧是一个极为普遍的现象。有人可能不知道唐太宗等帝王、岳飞和戚继光等爱国将领，以及范仲淹、苏轼、祖冲之等知识精英，却无人不知关羽和武松；许多人对岳飞只是尊敬而不亲近，而对关羽则又敬又亲。比起关圣，岳武穆是孤独的。因为江湖文化泛滥，我们的社会是低质化的，我们的行政水平和司法水平也是不高的。

所以，大众文化转型首先不是去批判和超越儒道释等经典学说，而是要首先批判和超越江湖文化。在江湖文化中固然含有经典文化的元素，但它在本质上属于江湖，是一种在本质上不同于经典文化的文化。

大众文化从江湖文化来，但向哪里去？我以为，有三个维度，也是三个方向：第一个是民本主义。我国的社会政治发展在路径上是社会主义的。大众文化要与整个国家和社会的发展相适应、相协调，就必须以社会主义为价值指向，坚持民本、尊重人权，发展权利平

---

① 刘再复：《双典批判》，生活·读书·新知三联书店，2010年。

等。第二个是社会正义。对平民文化及其现代性，不能有过高的要求，不能将之与精英文化同样对待，但基本价值必须守住，这就是社会正义。第三个是民族和谐。同基本理论一样，大众文化也有一个从革命文化向发展文化的转型问题。如果说过去的大众文化崇尚阶级革命，那么今天的大众文化应崇尚民族和谐团结，走出对立思维和斗争哲学。

1. 从反叛主义到民本主义

健康的平民文化应该是民本的。所谓文化民本，就是民众把自己理解为国家和社会的主人，对国家和社会的兴衰具有高度的责任感和使命感，能够主动地与国家和社会同荣辱、共进退。从江湖文化到民本文化，要走一段很远的路。

我们先从《水浒传》说起吧。

《水浒传》从高俅父子迫害禁军教头林冲展现官逼民反开始，叙述了江湖社会与庙堂社会、与官府的对立，展现着造反有理即造反主义的主题。但是所谓"有理"的"理"究竟是什么呢？有高俅父子的残酷迫害在先，林冲的造反肯定在理，这是受压迫者之理。但其他呢？晁盖组织的"智取生辰纲"则是强盗之理、绿林之理；张青、孙二娘开人肉店则是野人、兽人或"忍人"之理；武松杀潘金莲、西门庆是男权主义之理（男人可三妻四妾，女人只能从一而终）和无政府主义之理（滥用私刑）；武松"血溅鸳鸯楼"则是暴力主义和嗜杀主义之理；还有攻城略地时的屠城，以及为拉朝廷命官和社会名士上山入伙而使用的各种"手段"，都只能算是造反有理下的"无理"。但这一切都在"替天行道"的旗号下成为"有理"，从而把包括暴力对抗在内的所有与官府和社会对着干的反叛主义行为泛化为江湖文化规则和惯常的行为逻辑。到了当代，阶级斗争理论的流行，则把江湖文化的反叛性提升到了正统高度，几乎与"以阶级斗争为纲"的意识形态合流。我把这种文化称作反叛主义。我不能确定当今仇官、仇富的社会心理是否与此有联系，但两者在思维形式上却是一致的。

当然，江湖文化的这种反叛主义虽然很血腥，在思想上但却是一种半吊子主义。从《水浒传》《三国演义》中我们看到，在那个时代，整个政治体制已经把价值高地锁定于庙堂，让帝王及其权威占据价值最高点。这是一个全覆盖的价值观，连江湖社会亦不能游离其外。所以，江湖人士身在江湖，并非他们热爱江湖，而是命运安排，或为势所逼，情非所已。他们当中的知识精英甚至有着浓重的庙堂情结，因而身处江湖，而心在庙堂。回归皇权主义秩序，是许多人的政治理想。《水浒传》作为一部讴歌造反者的文学作品，把造反限制在“只反贪官不反皇帝”的范围内，最终让造反英雄接受皇帝招安，表达的就是这样一种带着皇权主义枷锁的反叛主义价值观。

与《水浒传》不同，《三国演义》等江湖文化作品没有直接讴歌造反和造反有理，但它所呈现的思想文化逻辑与《水浒传》是殊途同归的。它大力褒扬具有皇族血统并矢志“恢复汉室”的刘备，贬毁挟天子以自重的权相曹操，鲜明地表达了皇权主义的价值观。持有这种价值观的江湖文化作品不少。如《西游记》，也是以皇权主义为价值观的。猴性十足的孙悟空接受“紧箍咒”进而保护师父唐僧西天取经，最终修成正果，昭示着宗教神权和世俗皇权的无所不在，天地间万事万物莫不臣服于强权。但是，这类作品中的皇权，或者是疲软的，或者是不管用的。汉桓帝、汉灵帝和汉献帝先后受控于“十常侍”和权臣董卓、曹操，最狼狈时竟流离失所、食不果腹，人主之威荡然无存。在三国诸强中，维护汉统的刘备政权最先灭亡，而挟汉自重的曹操集团则威风八面。与《水浒传》比，《三国演义》只给皇权留下一点点可怜的尊严。《水浒传》中，后宫嫔妃如云的宋徽宗竟放下堂堂天子之至尊通过地道与妓女李师师私通，让皇权颜面扫地；矢志接受皇帝招安的宋江最后落得一个十分悲惨的下场，让皇权表现得极其龌龊且虚伪。《西游记》中的玉皇大帝和佛祖如来，一个悬在天上，一个远在天涯，世俗的江湖世界是指望不上他们的。在这里，皇权虽被视为至尊，却是不可信赖和不可靠的。

显然，《三国演义》等所表达的皇权主义乃是一种半吊子的皇权主义。这与《水浒传》的半吊子造反主义恰好彼此呼应，相辅相成，共同书写了江湖文化的反叛主义意蕴。

古代中国长久地动乱而长久地不变，与这种反叛性的江湖文化恐怕不无关系。

人们都知道，要实现社会和国家的有效治理，很需要一个被共同尊崇的政治权威。正是基于这样一个谁都明白的道理，直到近代，康有为等人犹在为皇权及其价值辩护，认为有君主在，“一国可长治久安”，“不陷于无政府之祸”[①]。所以，江湖文化一方面以贪官之恶和种种或根本就不成立的“道理”支撑着“造反有理”，另一方面又把皇权看得软弱不堪，甚至非常龌龊和虚伪，因而极不可靠，这不能不在历史上造成十分严重的后果。梁启超先生曾经说过，“吾国民之患，在于不知国家为何物”。这个说法可能言过其实。古时，人们并非不知道国家为何物，只是在理解上仅仅把皇权和整个官僚体系作为国家。于是问题就来了：皇权不可靠，官员们又那样面目可憎，人们为什么要爱这个国家呀？这样，江湖文化就把国家权威置于尴尬的处境，进而破坏了国家建立稳定秩序的政治基础。因此，从古而今，中国大众文化的一个最大问题就是对国家缺乏必要的认同和责任心，让国家犹如散沙。虽然在历史上不乏范仲淹那样“先天下之忧而忧，后天下之乐而乐”的贤达人士，但不论是官员还是平民，总体表现是缺少责任担当。在和平时期，许多人置国家利益于不顾，为一己之私内斗不息；国家有难之时，或空发议论，或掣肘拆台，或避风逃亡，或临阵变节。与国家共进退的忠勇者如岳飞、文天祥等，少而又少。特别是在江湖社会，和平时期总是有无穷的祸乱；在外患侵扰的危机状态下，国家则是雪上加霜，江湖不仅不为国家效力，反而趁火打劫，让国家两面作战。

江湖文化的半吊子反叛主义虽然缺乏科学理性，但它毕竟是历史的一种反映。从深层次原因上说，其之所以为半吊子，是因为在

① 康有为：《共和政体论》。

江湖社会一直没有产生出新的社会生产力。直到大清倒台，中国的生产力和社会结构也未能发生质的变化，依旧在工业化的门外徘徊。所以，江湖文化就是农民文化。这种文化无论如何倡言反叛，也永远超不出以皇权为中心的专制主义政治结构。江湖文化下的国家和社会只有乱与治的交替、小乱与大乱的反复，却没有真正意义的“变”。乱到极处，无非是改朝换代，开始新一轮历史循环。所以，江湖文化及其勾连出来的大大小小的江湖动乱和战争只是国家和社会的破坏力。它们可能引发王朝政权的反思和政策改进，但本身绝不是历史前进的动力。

当前，我国正处在高度全球化时代和通向全球大国的崛起过程中。这是一个世界性发展和结构调整时代，也是一个国际战略利益集团深度博弈的时代。中国作为崛起中的大国处于“大争”的风口浪尖，正在经受着巨大而复杂的考验。各种不甘于中国崛起和世界政治结构改革的力量正或明或暗地云集于美国周围，并形成对中国力量的挑战，中国崛起的风险和外部压力正在积累。面对全球化时代的激烈竞争和挑战，特别是国际强权集团的围堵，中国要在对外斗争中走出历史，就必须切实增强全民族和整个国家的内在凝聚力，以形成铁拳力量。而增强凝聚力，必须认真扫荡和清除江湖文化的反叛主义。文化之重要，我们可以通过之前的美国对伊拉克的战争，看得清楚。在美军地面部队尚未展开攻击之前，大量伊拉克军官就被策反，萨达姆的共和国卫队已作鸟兽散。这已经说明，文化、人心是最重要的战争力。缺乏强大凝聚力的国家和军队是不堪一击的。

扫荡江湖文化的造反有理即反叛主义，就是要顺应民本主义体制在中国不断创立和发展的大趋势，积极发展民本主义文化。

自辛亥革命以来，以皇权为核心的国家主义政治体制受了颠覆性的破坏，但民本主义体制和民本型文化并没有因此完整地建立起来。其中的一个重要原因，就是对旧体制和旧文化的批判远远没有到位。在大清皇帝退位 4 年之后，袁世凯即企图重建皇权，这就说明，在相当部分的国民中间，国家主义体制和皇权主义文化依旧根深蒂固。到了民国时期，政治体制和政治文化表面上贯彻了孙中山先生的主权在民思想，但统治国家的不过是一个以蒋介石为领袖的权贵官僚集团，民众仍然身在江湖、心在江湖。这就从体制上分裂了社会，让国家成了少数人的国家，也使国家没有能力广泛和有效地组织民众投身救亡运动。显然，当时的中国非常需要政治体制的变革，也特别需要民本主义文化的跟进。只有民本主义深入人心，中国才会有真实而巩固的民本主义体制。

新中国在本质上是一个由人民当家做主的国家政权。作为整个国家的领导核心，中共一开始即坚持为民执政。在中共的领导下，各级国家政权组织的施政活动都以人民利益为中心，从而实现了政治体制从以国家为本到以人民为本的转变。但在具体制度上，国家与社会之间的权力分配还没有达到合理的平衡，政府权力设置过多过滥；人民代表大会作为人民当家做主的核心制度还存在形式化的倾向，民众意愿还没有畅通的表达机制；人民的主体性还远未落实，人民的意见在被倾听，人民利益在被代表，人民意愿在被表达，人民大众还没有切实感到自己是国家的主人。消除这种体制上的缺欠，固然需要深化政治体制改革，推进服务型国家和政府建设，为民众参与国家政治发展和政治运行让出空间、打开通道，但民众本身的政治和文化成长同样是重要的。只有大力弘扬民本主义文化，并以其取代反叛主义的江湖文化，让民众克服“身处江湖之远”的疏离感，从仇富、仇官，习惯于与干部对着干等逆反心理中走出来，以国家和社会的主人的素质和姿态出现，中国才能真正产生作为国家主人和政治生活主体的“人民”，以民为本的政治体制才会完整地建立起来。民本的概念不只是主权在民，而且更重要的是责任在民。许多人士批评中国不民主，或民主形式化，也许只对了一半。人民的政治和文化成长特别是政治参与能力，可能是一个更需要加以关注的问题。

用民本文化取代江湖文化的核心，就是从思想上认同国家、回归社会，以主人的身份感和责任感去争取和落实人民的政治主体地位。对国家改革和发展，要积极参与而不是消极疏离；要与国家和社会渐行渐近而不是渐行渐远；要以建设性而不是反叛性对待改革发展中的诸多矛盾，以沟通和协商的方式解决问题。同时，“居庙堂之高”的官员们也有一个从江湖文化中走出来的问题。不论是基于庙堂文化，还是江湖文化，官员们对平民的传统心理认知都是草莽和刁蛮的，是需要刻意防范的，防民几如防盗。这种认知，让体制上的官场与民间分裂愈拉愈大，也让历史上的庙堂文化和江湖文化相悖而行，对立性越来越大。因此，改变政府官员对平民的认知，可能是这种文化转型的一个关键。党的领导机关、国家权力机构和广大官员都要切实尊重民众的历史性进步，逐步扩大国家政治生活的开放程度，给民众学习政治参与的机会。

2. 从哥们之义到社会正义

江湖文化的另一重要特征是，社会组织和社会秩序的维系主要是靠哥们关系和哥们义气。由此，哥们之义成了江湖文化的重要伦理原则。

《水浒传》作为江湖文化的经典作品，在表达“哥们关系和哥们义气”方面也是很经典的。梁山一百单八将虽有座次即等级秩序，但都是哥们。他们之间的关系主要靠哥们义气维系。在《三国演义》中，曹操贵为丞相，并“挟天子令诸侯”，其统领的曹魏集团当然具有“庙堂社会”特点，但遭逢乱世，“庙堂社会”也在很大程度上江湖化，染上浓重的江湖气。所以，曹魏集团是以曹氏及夏侯氏两宗族为核心建立起来的，也就再正常不过了。夏侯惇、夏侯渊、曹仁、曹洪等皆曹操之兄弟。在这个集团的上层结构里，被信任、被重用的程度取决于与曹操亲缘关系之远近。随着夏侯家族的边缘化，后期的曹魏政权几乎完全被曹氏宗族所把持。孙权继承父兄之基业，资望浅薄，本不足以驾驭属下能臣悍将，但他成功地把孙吴政权搞成了他的“兄弟会”“朋友会”。孙坚、孙策旧部被孙权以兄弟相待，这些人引荐来的朋友，亦被孙权以兄弟相待。整个孙吴政权就在这种兄弟情义的凝聚下守护着“江东八十一州”。刘备形只影单，没有宗族兄弟可依，便通过“桃园结义”建立异姓兄弟同盟，并逐渐发展成为江湖上一支重要力量，进而在西川组建自己的“庙堂社会”。没有了哥们关系和哥们义气，也就没有了这样一些组织 。

凡是存在的，就是合理的，或者具有一定合理性。在社会远远没有组织化和法制化的历史条件下，人要在江湖上生存和闯荡，除依靠血亲和朋友外，再也无从依靠。中国又没有西方那样的上帝，人间事只能由人自己，于是哥们和哥们之义，就是最重要的社会资源。从理论上说，江湖上的哥们之义与社会正义也可以是不矛盾的，甚至是可以统一起来的。但我们从《三国演义》和《水浒传》中看到，江湖社会中的“义”即哥们之义与现代的社会正义是严重对立和矛盾的。这种“义”在本质上是一种“私义”，它不仅距离民族大义很远，更是一种很强大的离心力和耗散力。

（1）产生和适用于哥们关系这种小圈子的哥们义气永远达不到社会公义的层次。江湖社会有如丛林，到处都潜伏着危险，随时都会有性命和财产之忧。所以，走出家庭和家族的人要信任别人和被人信任，都是一件很困难的事情。只有熟识后并彼此认可了的哥们，才是唯一可以依赖的。豪强和各种恶势力的横行，也让弱者们努力发展哥们关系以抱团自保。由此形成的惯常的思维定式和行为定律，就是只认哥们，而对非哥们者则一概不予信任，甚至一概加以排斥。这就很自然地发展出了一个个独立的小圈子、小帮会、小山头，使社会形态陷入团伙化、圈子化和碎片化。在《水浒传》中，小的如市井中一群群狐朋狗友，都是一个小团伙；从大的方面说，水泊梁山是个帮会和山头，洞庭杨幺是个帮会和山头，浙南方腊又是一个帮会和山头……再加上庙堂上帮派化，大宋社会已被撕裂成无数碎片，国家的统一与社会和谐已无从指望。东汉末年和江湖化的三国时期，也是一个碎片化的时期。而维系这些大大小小帮伙存在和运行的重要伦理，就是哥们之义。这种义，永远只在帮伙中间，只在哥们关系里。西方人翻译《水浒传》时，曾将书名译为《皆兄弟也》。但后来才发现这根本就不是那么回事。所谓兄弟，只是一百单八将而已。所以，哥们之义虽然被美化和追捧，但它永远存在于哥们关系内，也止于哥们关系内，与普遍社会的正义和普世价值是没有交集的。

（2）哥们之义是小义、狭义和不义。在江湖社会，既然哥们重要，哥们之义自然被发展、被珍重，结义、聚义成为风气，重义守义者被尊重甚至被崇拜。但从现代角度去评判，哥们之义只适用于朋友，因而是一种小义，远远不具有普遍性。如果哥们之义发展到可以舍命存义的程度，就会形成人身依附关系，“义”就会变成剥夺哥们间人格上相互独立的枷锁，如李逵之于宋江。对非哥们来说，哥们之义就是歧视、不平等和不义。在菜园子张青和母夜叉孙二娘夫妇开设的人肉黑店里，未被认作朋友的武松几为俎上之肉；但被认作了朋友之后，则成了座上宾。几乎被“吃掉”的武松与活下来的武松，反差之巨大无以复加！武松认施恩为朋友并受其小恩小惠，就为其从蒋门神手中夺得快活林，进而“血溅鸳鸯楼”，不仅杀了蒋门神及其幕后支持者张都监、张团练，而且杀了蒋门神的两个随从，一个马夫，两个丫环，张都监的妻子、儿女、养娘及家中的几个女子，直杀得刀缺口、尸满楼、血满地，“心满意足”。可见，江湖文化中的哥们之义，对哥们是毫无原则地支持，什么事都可以帮忙，而对非哥们非但是冷漠和不义，对朋友的仇人和仇人周围的无辜者，就是残酷的暴力，就是血腥的屠杀。此外，哥们之义也是狭隘之义、舍大取小之义。关羽华容放曹操，成就的是他个人的义名，却严重损害了孙刘联盟的战略利益；刘备在关羽遇害后兴兵伐吴，成就的是兄弟之义，损害的是国家之大义，正如三国名将赵云所言，魏仇公也，吴仇私也，置魏仇于不顾而伐吴，是废公而济私也。

（3）哥们关系和哥们之义是靠不住的道义。江湖社会或者远离政治权力，或处于权力社会即庙堂社会的边缘，所以，哥们关系和哥们之义尚有存在空间并发挥作用。但江湖结义、聚义都不是为了永远身处江湖。义并不是超然的道德，其背后都有一个或大或小的共同利益。可谓无利不结义。被千年传诵的刘关张“桃园三结义”

即为了“共举大事”。然而，利既是义的动力，当然也就是义的坟墓。为共同谋财而聚义者，可能因为分赃不均而反目成仇；为改变身份而聚义者，可能因为权力分配而发生问题；为夺取江山而聚义者，更不会有圆满归宿。明太祖朱元璋穷和尚出身，是从江湖走出来的皇帝。同其他成大事者一样，起事时他有一批患难与共的好哥们。但坐江山之后，这些哥们一个个都被他杀掉了。最后，还剩下一个汤和。但汤和还是老朱的兄弟吗？老朱与老汤还有兄弟之义吗？这个问题在当时不仅不可能有人问，恐怕连想都没人敢想。这个当然也不是朱明王朝的独有现象。凡从江湖走来而掌政者，无不重复这个规律，只有程度不同而已。即使是被奉为“忠义之神”、让哥们主义者追捧了几百年甚至上千年的关羽，在权位问题上也并不怎么“哥们”。刘备自立汉中王之后派费诗去荆州封赏守将关羽。关问费：汉中王封我何职？费答：五虎上将之首。关即弗然不悦。他独独挑出黄忠，表示不满，耻“与老卒为伍”。对黄忠来说，“老”不是问题，而是资格。以黄忠之“老”作为不满的理由，是说不通的。依关羽刚愎自用之性，他的真实想法是，自己应该位居张（飞）赵（云）马（超）黄（忠）之上。但“熟读春秋”的关羽不能公然向兄长要官，不能明着把自己摆在兄弟张飞等人之上。想表达不满，他也只有“黄忠是个老卒”这个不通的理由。这是“刘关张”三位结义兄弟进入庙堂社会之后第一个公开出来的矛盾。如果刘备统一了中原，这哥仨的关系是怎样一个归宿还说不定呢！蜀汉政权早亡，断送了刘备的理想，但成全了刘关张三兄弟之“义”。

今天，中国的民众已经走出江湖社会，并正在进入法制和公民社会，但江湖文化的哥们传统和哥们义气，却没有完全失去其赖以存在的社会土壤。体制上对资源和机会的高度垄断，以及管理体制的封闭和半封闭，“凡事得找人”“没人办不了事”的潜规则，都让熟人和朋友具有特别重要的价值。即使在管理体制已经得到突破性改革的今天，不论是公事还是私事，没有朋友的疏通，想痛痛快快地办结也是很难的。所以，人们总是热衷于编织关系网，发展哥们关系，维护哥们之义即所谓“讲究”。在这里，同学、同乡、族人、官场故旧都曾被用来作为建立哥们关系网的平台。在这些哥们网里，人们口头上赞颂着哥们之义，手底下互通有无，办理着那些台面上可办之事、难办之事，甚至压根不能办的事。这也是江湖社会，这里通行的也是江湖之义、哥们之义。在这里，宋江式的“厚义”、关羽式的“忠义”、秦琼式的“好义”虽然已不多见，却是非常有市场的。而岳飞和戚继光之大义则被寥寥寡和，像海瑞那样的人是要被嘲笑的。

从这个意义上说，引导大众文化从江湖之义向社会正义跨越，必须从体制和观念两个方面提升国家和社会对民众的价值并同时弱化哥们对民众的价值。国家和社会真正向民众开放，每个公民和法人都可以依法从国家和社会（市场）中获得自己应该得到的、实现自己应该实现的，或者说国家和社会对每位公民和法人不再有法外关卡、法外门槛、法外障碍，哥们及其价值就会从国家和社会权力网络中淡出，因为拥有不同量级关系而在权利上很不平等的社会也会逐渐趋向平等，法律也将成为调节社会关系的唯一尺度。所以，国家直接管理越多越死，社会体系越封闭，江湖式的哥们关系越会得到保留和发展，大众文化的江湖气越重。要把大众文化从江湖气中解脱出来，走向社会正义，只能反其道而行之，坚持以法治国，尽最大努力减少行政审批。

同时，要切实改革对好人好事的宣传。以好人精神对应和解决体制矛盾，虽说不是坏事，却无异于鼓吹人治、泯灭法治精神。其后果，还会为江湖哥们义气留下社会文化空间。

3. 从宗派主义到民族大义

江湖是宗派的，宗派主义是江湖的天性，也是江湖文化的重要特征。金庸先生把江湖社会武侠化，也把江湖生活典型化了，使得江湖的宗派主义特征更鲜明、更生动。在宗派林立的江湖上，你争我斗鲜有宁日，刀剑横飞少有静处。

随着儒家文化正统地位的建立，正邪不两立、非君子即小人的对立思维开始影响江湖文化，江湖文化的宗派主义也趋于两极对立化，从而让江湖社会不再存在“第三空间”，非白即黑，非正即邪，非善即恶。《笑傲江湖》的主人公令狐冲天性率真，心地良善，不拘俗礼，是一位典型的特立独行人士。他冒着生命危险帮助恒山派女弟子仪琳摆脱色魔——万里独行田伯光的纠缠，重伤后为被“正教”指责为“魔教”的日月神教曲长老所救，开始被正教人士所不齿，被指责为“与魔教勾结”；他与“魔教”大小姐任盈盈坠入爱河，接受“魔教”人士治伤和其他种种好处，并率众赴少林寺解救因为要救自己而被关押的任盈盈，更被“正教”视为公敌并逐出师门；他帮助被正邪两派共同追捕的“魔教”左使向问天脱困，更为“正教”人士所不容，必欲杀之而后快。他走出西湖地牢开始介入日月神教内部权力斗争，但他并不想介入日月神教与“正教”之间的争斗，拒绝帮助复位了的任我行教主剿灭“正教”，从而陷入与日月神教的对立，血腥冲突一触即发。他的精神痛苦是，在这个正邪对立的江湖世界上，他无处安身。他想超脱对立、想逃避仇杀，却不断地卷入对立和仇杀。最后，金庸先生给他安排了一个远离正邪冲突的世外“桃源”，与任盈盈合奏“笑傲江湖”曲，让他得到解脱。但江湖文化的宗派主义能让他和任盈盈安静下去吗？金庸先生没有往下写，他大概不想让令狐冲和读者想超脱宗派纠缠而不得继续痛苦了。

阶级斗争理论进入中国，江湖文化的宗派主义有了现代意涵，其两极对立思维更趋强烈。在这种文化的笼罩下，要么站在左边，要么站在右边，要么红色，要么白色，是非之间、正邪之间独处独行的灰色空间越来越小。一个村，依宗族分派，一个市场也因来历分派，一伙来自偏远省份的人到京城做官也要因师承或地缘等因素分派，如此等等。到“文革”时，红卫兵组织泛滥如毛，并以“造反”与“保皇”划分出轮廓清晰的两大阵营，彼此“文攻武卫”，把江湖文化的宗派主义表达到了极致。

这就是说，从古而今，江湖文化一直在以非此即彼的对立性思维逻辑引导人们开展派系斗争，让虽然存在恩怨情仇但并非一定要尖锐对立的江湖社会陷入尖锐对立，让并非一定要通过血腥仇杀解决矛盾的江湖社会非要以血腥仇杀的方式为自己开辟生存之路。这个江湖文化及其宗派主义让我们中华民族发生了许许多多不该发生的内耗，付出了许许多多不应付出的代价，也让我们把大量的本该造福于国家富强和社会进步的智慧资源浪费于无穷的内耗之中。江湖文化及其宗派主义可谓罪孽深重。

为走出江湖文化的宗派主义，批判之门已经开启。金庸先生以武侠方式展现江湖社会，也以武侠方式批评江湖文化。他在《天龙八部》中，以主人公萧峰的悲剧人生强烈地鞭挞了极端狭隘、自私的民族主义。萧峰接受的是汉文化教育，有着优秀的汉人风格和侠士风采。但当他领导的丐帮和其他帮会知道他是契丹血统之后，立即将他视为公敌。他北归后，契丹政权又驱使他为害养他育他的大宋。他走投无路，最后只有一死。他是狭隘民族主义和各种形式的宗派主义的牺牲品。

当今中国的社会结构呈现出比历史上任何时期都更加多元的利益格局。这既可能成为中国走向开明政治的基础，也可能成为宗派主义文化泛滥的起因。同时，利益格局多元化，也正在使中国改革发展的路径选择更加艰难、决策效果也可能更加多面。由此，中国必然会表现出政见纷呈的文化景观。这当然有助于党和国家集思广益，把宏观决策做得更科学、更严谨、更周密。但如果驾驭不好，不能有效地把多元的政见转化为决策优势，纷呈的政见就可能形成林立的理论文化派系。在这种背景下，必须特别警惕江湖文化的宗派主义传统的严重危害性和危险性。为此，政治体制改革必须推进，民主的政治机制必须发展，利益诉求必须释放，政治发展的进程必须有效管理。要开放、要讨论、要和谐，不要派系、不要政争，要以人民的共同利益、根本利益和国家的最高利益反对局部利益和宗派利益的过度张扬。

第七章 通透乾坤路更宽

崛起中的民族自骄再次把我国置于要不要继续主动对外开放和怎样对外开放的十字路口。继续主动积极地对外开放，对作为全球第二大经济体的中国来说，仍然是一个战略必需。只有继续主动积极地对外开放，才能继续清楚地知道自己仍然是一个发展中国家，还有比航空母舰、战略轰炸机更深度的落后性，从而维系强劲的发展动力；也只有这样，才能继续正确选择发展路向、构建健康的发展机制。基于中国本身和国际环境的巨大变化，中国的对外开放亟待提升和深化，即从以增长为中心向以创新为中心跃升，从单向维度向立体维度扩展，从资源导向向战略导向递进，实施深度开放，从而走出单纯跟着资源走、围着市场转的老套路。为支持深度开放，同时也为了把对外开放的积极效应在国内有效地传递和扩散，必须加快大陆与港澳台的通融，加快内地区域一体化和城乡一体化进程，彻底改革现行的国有企业制度，以消除历史上遗留下来的体制壁垒，构建通透化体制，实现中国社会的全面通融，建设通透、融和的大中国社会。鉴于台湾问题已成为我国深度开放的战略性梗阻，对我国走向世界大国的战略性拖累越来越大，必须从快解决。但从“太阳花运动”反对两岸服务贸易协定，到具有“台独”倾向的民进党掌权，这说明，以输送利益为手段争取民众共同孤立“台独”进而实现两岸统一的政策并不十分成功。这就需要转变政策和策略。我的建议是，以主权覆盖催化两岸统一。经过1972年中国在联合国代表权的易位，国际社会已在事实上承认，只有中华人民共和国才是拥有中国主权的唯一合法政府，台湾当局只是一个管理台湾地区的地方政治组织。这样一个明晰的权利关系是两岸统一的政治起点。以此为起点，要把国家主权覆盖于台湾，并在国际上代表和表达台湾民众的权利，让台湾民众分享国家主权利益。要把台湾作为一个行政区与其他省区实施无差别的对待，实行完全自由的出入境政策。在此基础上实施促统式管理，如开展海空军战略巡航、依据《反分裂国家法》进行管理。如果台湾当局公开宣布“独立”，那么，以武力方式实现统一，当是不二选择。在一个主权之下，要以民间组织为主渠道、以政党交流为核心发展两岸社会融合。社会融合是千年中国统一的基本经验，也是两岸间迟早都必须完成的功课。

中国正在进入一个以创新为核心特征、以提高经济和社会品质为主题的新的发展阶段。在这个新的阶段上，民族自骄正诱导我们漠视开放的战略意义、放松对开放的战略投入。但实际上，在发展和崛起的新阶段上，对外开放不仅仍然是一个战略必需，而且亟待提升和深化，即实施深度开放。穿越了这个迷惘，我们也就站到了现时代人类文明的高点上。

开放的战略必要性没有衰减

中国成为全球第二大经济体之后重新闭关锁国固然是不可能的。但这里存在一个是主动开放、进一步开放，还是被动开放、收缩开放的问题。首先是民族骄傲。在许多国人看来，以中国今日之国力，我们已没有必要像以往那样重视和发展国际合作。其依据就是，中国的发展已不再“差钱”，我国甚至成了世界第一经济强国——美国的大债主；我国已经有了强大的研发体系和创新体系，可以自己生产先进技术；我国还是世界最大的国内消费市场。只要政策对头，能够有效地启动消费内需，我国经济增长的长期市场支持，是没有问题的。基于这些理由，他们认为，支持我国最初对外开放的“需要”已不复存在，因此开放不再是“必需的”。“你美国总找我们麻烦，我们不和你玩还不行吗？”同时，大民族主义者则以中国必须“当头”的心态思考对外开放，把开放首先作为一场世界领导权的“争夺战”。这两种思潮的共同特点是无视中国对世界的新需求，因而正在把中国置于一个要不要继续主动地扩大对外开放，以及怎样对外开放的十字路口。

显然，这又是一个“崛起中的迷惘”。只要认真分析一下中国的历史和现实，我们不难看出，对外开放的战略必要性并没有因为中国的初步强大而衰减。

1. 发展动力的维系

任何一个民族国家的任何发展阶段，都需要发展动力。强大的美国为了提振美国精神、增强内在凝聚力，继续保持强大，总是要设置一个强大的“假想敌”，并尽可能夸大其力量，然后战而胜之。美国这一治国策略的矛头，过去曾先后对着德国、苏联、日本，现在已开始对着中国。美国各界的领袖人物，《如世界是平的：“凌志汽车”与“橄榄树”的视角》的作者托马斯·弗里德曼经常在各种场合说，中国太厉害了，没有石油，没有丰富的矿产资源，就凭着双手成了这么强大的国家。美国再不努力，将来美国的孩子就要学中文了。美国政要和学界领袖们这样张扬地夸大中国力量，目的就是警示美国人。他们的如意算盘是，像搞垮苏联一样搞垮中国。如能如愿，可以再度让美国士气大振。

中国是一个小农经济传统至为深厚和久远的国家，这使得我们整个民族在很长时间内都缺乏强烈的发展理想和发展抱负。历史上曾经出现的所谓“理想”，也不过是小农业式的理想。由此形成的“小富即安”，甚至“无富也安”，便成为根深蒂固的国民心态。所以，当我国经济开始崛起，并成为全球第二大经济体之后，许多国人的头脑即开始发热。一个“美轮美奂”的“中国模式论”集中代表了国人的自负和自封，以及由此而来的开放心志和努力的弱化。至于那个曾经浩荡上下的奢靡之风，就更是“小富即安”的大佐证。在这样一个“国情”下，发展的精神动力一直是，至今仍是我国一个可堪忧虑的大问题。

中国文明发育和起步较早，但自秦始皇灭掉六国、实现统一开始，中国即在农业文明时代长久地徘徊，漫漫两千多年几乎没有前进、没有发展，有的只是农业的丰歉、手工业和商业的荣枯。所谓“世界经济总量的三分之一”，主要源自于发达的农业基础上的人口倍增。因为长久地不变化、不发展，并且周边又是所谓“蛮夷之地”的落后地区，古代中国人很是洋洋自得，以为自己便是地球的中心、世界的中心、人类文明的中心。在这样一个民族心态和高度专制的政治体制的笼罩下，“中华文明”成为一个具有强大惰性和内循环、内平衡能力的高度封闭系统。农民起义和农民战争再激烈，总是跳不出皇权专制体制；知识精英再激进，也总是脱不出读经、解经的老套路。直到西方列强用洋枪、洋炮把中国的大门撬开一道缝隙，中国这潭古老的止水才起了波澜，才开始了变化。因为有了这道缝隙，中国人特别是那些的“明审之士”才知道西方“船坚炮利”，才知道西方有远远超越中华的物质文明，并进而知道“西洋立国，自有本末，诚得其道，相辅以致富强”[①]。正是从这种被动开放开始，中国始知自己落后，始知“天外有天”，始知“落后就得挨打”的道理，才开始了救亡、改良和发展的进程。从洋务运动到戊戌变法，由大清新政到辛亥革命，以及后来的所有变革和发展都始于这个开放。当代的改革和现代化建设作为这一大历史进程的继续，更是在外在启蒙和“落后”的压力下开始的。所不同的是，当代中国变历史上那种被动、有限的开放为主动和比较全面的开放，因而从外部获得的压力和动力更强、更大。

这样一部发展史雄辩地证明，开放是中国社会变化和发展的第一推动力，也是一个持久的推动力。只有对外开放，与外界交换信息、物质和能量，才能让中国摆脱周而复始的内循环、内平衡，走上一条具有实质性的变革和发展道路。正如康有为所言“若使地球未辟，泰西不来，虽后此千年率由不变可也”。

---

① 郭嵩焘:《使西纪程》，辽宁人民出版社，1994 年。

就当前而言，随着中国的快速崛起，国人逐渐走出因落后而自卑和“落后就得挨打”的心理阴影，是必然的。但助推改革和发展的心理压力的逐渐弱化，忧患意识逐渐消失，无疑会损伤中国崛起的精神动力。安全感增强了，发展意识就必定会随之淡化。对于我们这样一个发展中国家来说，这不啻为一个精神陷阱。跌入这个陷阱，中华民族将会再度故步自封，徘徊和停滞于低水平的发展状态。

那么，如何使我国的发展动力继续强劲化，使之不衰不减呢？我们可不可以像美国一样设置假想敌，并以此来提振士气、增强发展动力呢？我认为，应该是可以的，但效果不会很大。在今天，可以作为能够严重威胁中国安全的“假想敌”的，大概只有美国。而美国在中国人的心目中总体印象不算太坏。特别是在港澳台地区，还有强大的亲美倾向。所以，最管用的办法，还是进一步扩大开放，实施深度开放，把世界更“清楚”、更逼真地“摆”到全体国民面前，让世界以事实告诉我们：中国还必须努力发展。

经过30多年的改革发展，中国与世界先进水平的差距固然已经大大缩小，但品质上、核心竞争力上的差距依旧很大。当今中国之不发达或者说比较落后，主要不是人均GDP等数量上的落后，而是经济品质、社会品质和竞争力的落后；中国继续发展和崛起的焦点已不再是经济规模等外延因素，而是人的素质和创新能力；“落后就要挨打”主要不是基于枪炮、导弹、轰炸机、舰船等战争力量的弱势，而主要是基于没有硝烟的资本力量和文化、金融、政治等“软战争”能力的弱势。战争力量的比较在非战争情况下只是一种威慑，而“软战争”能力的较量和对决以及由此发生的利益转移时刻都在发生，这就是新形式的“落后挨打”。了解和认识这种落后和新形式的“落后挨打”，是国人对世界的再学习过程以及发展观念、理想的升华过程。只有经过这样的过程，国人才可能不再骄傲，不再懈怠，我们整个民族才可能继续保持一种积极进取的心态。

所以，发展和崛起中的中国不仅必须坚持对外开放，还必须实施更有深度的开放，让国人更深入地了解世界，让开放真实地告诉国人，我们前路尚远，我们还比较落后，“落后就得挨打”的危机还没有过去。

2. 发展路径的选择

中国的发展和崛起，就是中国对世界发展前沿的追赶过程。从一定意义上说，中国现代发展的路径，其实就在发达国家现代化的经验里。只要我国的现代化尚未完成，对外开放的核心意义就在于可以直接地学习和借鉴发达国家的发展经验，前瞻性地建立自己的发展目标，从而避免孤立发展模式所带来的迷茫。开放的发展模式让后发国家和经济体节约了探索过程和成本，因而也就有了先发国家不可能享有的发展捷径。所以，“后发优势”也好，“跨越式发展”也罢，其实都是对外开放所赐。

近代以来，西方国家在全球现代化的浪潮中一直起领先和主导作用，这绝非偶然，这是人类几个世纪的历史所造成的。“从文明发展中可以清楚地看出一条从中古进入近现代的线路：与中世纪决裂的思想革命——人性和理性的解放、商业革命、工业革命、科学思维与发明及贯穿其间的从贵族自由主义到理性的、遍及民众的自由主义和19世纪出现的马克思主义等近代思潮。这些改变人类社会面貌的革命性变化，无一不是在西欧发生，并向世界各地辐射。”当这些革命性的变化在近代的西欧接踵或交叠发生的时候，东方，包括中国还没有走出中古社会。这就决定了西方与亚洲在后来的发展中必然是一种“领跑者”与“跟跑者”、“老师”与“学生”的关系，后者不可能主导全球化和工业化进程。如果把19世纪40年代开始的中西文明“迎头碰撞”作为中西“交流”的起点，那么，在这个“起点”上，中国与西方的差距有如天壤，两者分别处在两个不同的发展地位即“起跑线”上。姑且不论中国在这以后所走的道路何等崎岖，仅就这个发展的“起点”而言，中国就将长期处于落后的态势，"以至至少 20 世纪当中，'一步赶不上，步步赶不上'"。[①]

100 多年来，尽管"领跑者"同时也是掠夺者，"老师"没少欺侮"学生"，但中国还是沿着西方工业化和现代化的足迹发展着，逐步消除了因缺席第一次工业革命和第二次工业革命所造成的劣势，并大体跟上了信息技术革命，把自己的发展推进到传统工业化的中期阶段和后工业化的早期阶段。在崎岖的道路上，我们能够用这么短的时间完成西方发达国家一般几百年才能走完的路，显然首先得益于对外开放。没有开放，中国就不会有工业化、产业化、信息化、城市化、高新技术和效率等发展概念，中国的发展目标在哪里以及怎么发展，可能至今还是一个非常迷茫的待解问题。

现在，我国的一些优秀企业已迈进第三次工业革命的门槛；就整个国家而言，也站到了第三次工业革命的"云岭"之前。虽然大方向和目标已经明朗，但怎样跨越"云岭"依然是一场艰巨的考验，我们仍然需要从世界和先行国家那里学习和借鉴经验。杰里米·里夫金的《第三次工业革命：新经济模式如何改变世界》，与其说是一个"未来发展模式的构想"，不如说是对整个世界特别是西方国家发展困境的剖析及新经济经验的总结。书中所分析的矛盾，中国已经和正在遭遇；书中介绍的新经济经验，在很大程度上也将是中国即将去实践的。从书中可以清楚地看出，处于第三次工业革命起始时期的西方社会，储存并继续生产着对中国跨越"云岭"而言都是巨大而宝贵的信息资源和财富。中国究竟能以怎样的速度和效率实现第三次工业革命，在很大程度上取决于我们将以怎样的效率通过扩大开放来开发这个资源宝库。

事实上，为应对第三次工业革命，一些国家已开始了积极行动。美国、日本、英国和德国等发达国家都把科技创新作为走出危机的根本力量，努力培育新的竞争优势和经济基础。其中，美国计划将 GDP 的 3% 用于研究和开发，投入强度将超过 20 世纪 60 年代"太

---

① 陈乐民：《面对世界还是背对世界，处于十字路口的中国应该如何选择》，微信公众号"智谷趋势"，2016 年 2 月 15 日。

空竞赛”时的水平，并出台一系列配套政策促进清洁能源、医学和保健体系、环境科学、科学教育、国际合作等领域的创新和发展，力图保持领先优势和全球经济的领导地位；日本提出了ICT新政，旨在3年内创造100万亿日元规模的市场新需求，推动相关领域的产业结构改革，提升国际竞争力。[①] 中国只有加入到这个时代的新洪流中去，借助国际社会创新的大势，才能正确和有效地把握自己创新发展的方向，实现高效率的创新发展。

3. 发展机制的构建

从改革开放开始，中国一直努力保持着自己的发展“特色”。但在民族国家现代化共同规律的作用下，中国在发展路径上实际上追随着先进工业化国家的足迹，让全球的发展景观展现出愈来愈同化的趋势。能够体现“中国特色”的，是发展机制的建构。然而，恰恰在这一点上，中国是很需要通过深度开放加以改革和完善的。

在中国的经济观和政治观里，一直存在一个强大的功利主义传统。所谓功利主义，就是一切以“直接效用”为标准，对思想和行为主体来说，凡有用即是好的，凡无用即是不好的。古往今来，中国所有规划、体制、制度和政策、法度，都是按照功利主义标准来构建和设计的。在功利主义哲学的强大统治之下，人本身的价值、权利和尊严长期被忽视。即使像唐太宗李世民这样的开明君主，也没超脱功利主义哲学。他说，民众如水，水可载舟亦可覆舟。在他的这个论述里，民众是有价值的。但这个价值是什么呢？就是“载舟”的价值，也就是工具主义的价值，民众的权利、尊严依旧被漠视。在这种功利主义的影响下，当国者一直奉行着高压专制这种很“有用”的统治方式，民众权利一直得不到应有的尊重，社会发展的活力当然也就长期地被压制。

从孙中山先生领导的民主革命到中共领导的社会主义建设，人

① 杜跃进:《迎接新一轮技术和产业革命》,《第三次工业革命》中译本推荐序，中信出版社，2012年。

民的主体地位得到广泛认可，但实用主义哲学却未受到触动。在“人民幸福”的价值取向下，功利主义甚至获得了更大的思想和行为空间。“发展是硬道理”就是“人民幸福”的价值取向与功利主义哲学相结合的政治和发展思想。在这样一个具有深厚功利主义色彩的理论指导下，中国的经济体制改革和建构在一定程度上畸形化。由于被功利主义所导向，一切为了经济发展，所以，我们中国人虽然接受了市场经济概念，但大多数人在思想上对市场经济体制及其功能并没有全面、完整的理解和把握。在人们看来，市场机制只不过是“一只手”，有时管用，有时并不管用，甚至比较靠不住。这个认识为大政府主义大开方便之门，从而形成了“大政府—小市场”的经济体制。作为一种发展机制，这种体制造就了中国经济的高速增长，也造就了严重的结构性矛盾和大面积的腐败、腐烂。对于这些，我们在前面已经有了集中讨论。在这里，我要说，仅就经济高速增长这一点而言，也是需要从体制上认真反思的。经济学家华生先生认为：“历史地看，强大的权力可以做它想做的一切，但它有一件事情解决不了，就是经济。”[①]依靠政治权力支持和拉动起来的经济增长，结构是不协调的，基础是不牢靠的，增长也是难以持久的。

怎样才能把这种以功利主义为哲学基础、过度充盈着政治权力因而必然带来结构性矛盾和腐败的发展机制改造成一种健康、高效和清洁的发展机制？除了前面的论述和建议外，一个必经的改革过程，就是深化开放。

马克思在论述市场经济时指出，市场是一个“天赋人权的真正乐园”，“在那里占统治地位的只有自由、平等、所有权和边沁”[②]。这是马克思依据西方经验对市场的理解。在这样一个理解中，市场经济不仅内在地充斥着人的功利心，体现着边沁主义即功利主义的价值观，而且包含着对经济人自由、平等权利的承认和尊重，在一定

① 华生：《中国经济社会面临的三个根本性挑战》，微信公众号“智谷趋势”，2016年3月19日。

② 中共中央马克思恩格斯列宁斯大林著作编译局编：《马克思恩格斯选集》，人民出版社，2013年。

程度上体现着人权主义的价值观。但当我们在改革中创建市场经济体制的时候，却只是把市场作为资源配置的一种手段或方式来理解，即仅仅从功利主义和工具主义的角度去理解。于是，市场作为经济人自由、权利平等和人的解放的平台一概没有得到重视和开发。这样，在我们的功利主义理解之下，我国的市场只是一个可以随意剪裁的工具。政治权力正是借助于功利主义，以及人们对市场功能的功利主义和工具主义的理解，随意干预甚至取代市场。当政府与市场逆势而动实施过度干预和操控时，这种市场实际上已被阉割，只有有限的经济意义，而没有或少有文化和政治意义。这对于人文和政治发展、对于人民主体地位的落实、对于整个发展机制的建设、对于提升社会生活的品质都是严重的损伤。因此，改革和健全发展机制，须从完善市场开始，从深化与发达国家的"市场文化"交流开始。

中共中央关于"全面深化改革"的决定提出"让市场对资源配置发挥决定作用"，其意义之重大是不言而喻的。这标志着我国将会产生一个完善和健全的市场，经济和政治、社会、文化都将出现新的气象，但实现这个转变必须通过深化开放来完成。

以路径转变带动开放深化

中国已进入新的发展阶段。同时，中国发展的国际环境也已经发生重要变化。这两方面因素同时对中国的对外开放提出了提升和深化的要求。为此，开放的路径必须转变。

1. 从以增长为中心向以创新为中心跃升

我国的对外开放从围绕经济增长开始。在消费品严重短缺，民众的消费和就业需求亟待满足的情况下，启动生产和经济增长即为经济工作的重中之重。由于资金、技术都至为紧缺，所以，当时的中国亟待对外开放招商引资，以扩大生产，实现经济增长。于是，我国就走上了以经济增长为中心的开放道路。到20世纪90年代中期，随着国内市场的基本充盈，我国的对外开放开始从以“引进来”为主向，向“引进来”与“走出去”并重转变，国家在政策上开始鼓励出口和境外投资，对外开放格局发生明显变化。但开放仍然是以经济增长为中心。可以说，经济增长这个中心贯穿于我国对外开放的前30年。这种开放路径之所以能够获得巨大成功，是因为中国具有廉价劳动力的成本优势。

2008年开始的世界经济危机首先引爆了中国以经济增长为中心的对外开放模式的危机。国际市场的收缩把中国出口和对外投资的增长率从两位数压缩为一位数。从这种增长的下降中，人们越来越清楚地发现，中国经济外向化增长下降的根本原因是中国出口商品和资本竞争力的变化。20世纪70年代，劳动密集型产业从日本向“亚洲四小龙”（新加坡、中国香港、中国台湾和韩国）转移。随着“四小龙”生产成本的上升，劳动密集型产业再度从“四小龙”向中国大陆转移。今天，中国大陆正面临着当年日本和“亚洲四小龙”所先后遭遇的困难和挑战。制造业劳动成本的大幅度上升和科技创新的不足，让中国制造的市场空间大幅度收窄，中国已难以继续作为世界制造业中心，也难以继续以劳动密集型经济在世界上崛起。中国必须像当年日本和“亚洲四小龙”一样把劳动密集型产业向外转移，并进行经济结构转型和升级。

所以，依靠劳动力成本优势的、以经济增长为中心的开放路径在中国已难以为继，走以创新为中心的开放路径已势在必行，这就是当前中国正在发生的开放转型。

以创新为中心的对外开放，就是着眼于创新发展开展国际交流与合作，重在吸收创新发展所需要的人才、文化思想、技术和其他资源。过去，我们的开放重在把企业家请进来，并通过企业家把资本、技术和管理经验带进来，现在我们则要重在把科学家和创新型才俊请进来，并通过他们把创新精神、创新能力、创新成果带进来；过去，我们重在吸引战略投资者，并通过他们把生产工艺、融资能力、市场网络带进来，现在我们则应与发达国家的中小型创新公司合作，建立跨国型的创新研发和开发体系；过去，我们重在提高出口规模，扩大国际市场份额，走的是薄利多销路线，现在我们则必须重在提高出口商品的科技含量和附加值，提高出口业务的经济效益和战略效益。

围绕这样一个路径转变，我国必须在教育、人员交流、进出口管理等方面进行制度和政策改革。例如，我国每年都有大批青少年到发达国家去读书和进修。这是一项很好的制度，可以借助外部的教育力量培养我们所需要的人才。但在吸收他们回国创业方面，还缺乏足够的力度。

2. 从单向维度向立体维度扩展

中国以往的对外开放，基本是经济的开放，其价值维度主要是取得经济增长所需的资源和要素。其他领域的开放及价值需求也是有的，但比较弱。从单向维度向立体维度深化，就是把开放的领域从经济层面向文化和政治领域延伸，亦即从基础和表面层次向社会的核心层次推进，实现更多维度、更有深度的开放。

外部世界对中国的改革和发展的意义是多层面的。第一个层次是物质性、技术性和空间性的，如资源、能源、技术和市场；第二个层次即比较深的层次，是体制性的，如高度市场化的经济体制、民主的政治制度；第三个层次，也是最深的层次，是文化和意识形态的。我国已经在第一层次上与外部世界进行了卓有成效的交流和互动；在第二个层次上，我国也已经接受了首先发生在西方的市场经济和民主概念，在体制建设上也有所借鉴，但交流和互动不多；在第三层次上，中国虽有所借鉴和接受，但基本上是拒绝的，很少有主动的交流和互动。这种比较集中于表层的开放也是一种单向度的开放。这既是中国发展特定历史阶段的反映，也是中国功利主义文化见诸对外开放的表现。随着中国崛起进入以品质提升为特征的新阶段，扩大开放领域，把开放的价值维度指向更深的层次，已经提到日程上来。

西方之所以能够产生领先于世界的物质文明和技术文明，在于它有一个大体说来是比较优越的体制；而之所以能够产生这样的体制，则在于它的文化。这就是说，要理解和批判西方的体制，并从中汲取对中国有益的成分，摒弃对中国有害的东西，首先在于了解和把握它的文化。不了解西方文化，就不能正确了解它的体制，因而也就不能实现理性和科学的借鉴。因此，在中国经济进入以创新为核心特征、以品质提升为主题的发展时期，在中国亟待进一步改革和完善自己经济、政治和社会管理体制的今天，把开放的价值指向文化层面，已经非常现实而迫切了。

世界文化是一个万花筒。西方文化作为其中的一个断面，自从明显地领先于整个世界以来，便开始了畸形化的发展，显现出严重的异化。例如，由过度自负而变得独尊，进而形成文化霸权主义，由过度自负而变得自闭，进而形成文化保守主义，都是西方文化的畸形和异化。但剔除这些异化的东西，西方文化还是一个非常丰富和宝贵的矿藏。它的人本主义、宽容精神和竞争精神无疑在支撑着西方社会的繁荣，引领着人类社会的文明和进步。在这个层面上与西方进行交流和互动，对于中国文化和体制的改革、发展，是非常必要和有益的。

3. 从资源导向向战略导向递进

在以促进增长为中心的开放阶段，我们的开放是跟着资源走的，哪里有需要的资源，开放就走到哪里。当我们急需投资和扩大生产能力时，开放重点基本上集中于日本等资本相对富足的太平洋国家和地区；当国内需求相对不足时，开放重点便转向美国等消费大国；当我国的发展出现严重资源和能源制约后，我们则把开放的重点移向中亚、中东和非洲等若干资源富足的地区和国家。这是一个以资源为导向的开放路径。

随着中国力量的快速崛起，整个世界既有的战略平衡被打破。

由此引起的国际战略力量的结构调整正在朝着平衡和抑制中国崛起的方向演变。这种演变突出表现在以美国集团对中国发展的平衡和牵制上。在亚太地区，由新加坡等国倡议发起并由美国主导的“环太平洋经济战略伙伴关系协定”即TPP，就是一个旨在对冲中国倡导的亚太自贸区即FTAAP，与中国争夺贸易规则制定权、市场主导权和影响力的国际战略同盟。由此开始，以资源为导向的中国对外开放之路已不可能再随心所欲地持续下去。在这种新的形势下，中国为了更有效地对外开放，也为了确保开放安全和发展安全，就必须有一个通盘的国际大战略，以引导我国对外开放规避风险。建立通盘的国际大战略，也就是把我国对外开放的资源导向转变和上升为战略导向。

我国已经规划和开始实施的“一带一路”，正在把我国的对外开放引导到战略导向的路径上来。以“一带一路”为载体，我国有望把欧亚大陆60多个国家和地区联结成一个经济上紧密联系的“命运共同体”，由此我国在太平洋上的国际博弈中，将获得一个比较可靠的战略大后方。

本人在《跨越太平洋：中国走向世界强国的核心战略》一书中也对我国如何应对太平洋上的国际竞争提出战略建议，主张中国应以发展安全为核心目标，坚定地走“蓝色太平洋”路线，以和平为上上之策，守御为先，经贸结阵，以陆制海，压力外移，并以平和美国、冷对日本、携手俄罗斯为战略结点，逐步改革国际经济和政治秩序。我希望自己的建议可以成为一个有益的参考。

以通融化体制支持开放的深化

深化开放，不仅要见诸开放的领域和层次，而且要见诸开放的国内效应。扩大开放的国内效应，让我国更多的民众、企业和社会组织进入对外开放的实际进程，享受开放成果，是整个对外开放战略必须认真关注和努力做好的。对于我国这样一个大国来说，这一点非常重要，也非常不易。

目前的中国社会是板块状的。港澳台各是一个板块，大陆是一个大板块；在大陆，城市相对于周边农村，又是一个个板块。它们之所以是板块，是因为彼此间存在着体制壁垒。由于国有国营的企业制度还在，资源和市场垄断制度还没有消除，每一个大的国字号企业又都是一个板块。壁垒既在，市场不能统一，资源配置效率一定会大打折扣；壁垒既在，社会不能充分融合，政治发展一定会大受限制；壁垒既在，管理成本当然居高不下，发展成果的巨大浪费在所难免。同时，壁垒既在，对外开放的积极效应难以顺畅和有效扩散，整个国家经济和文化素质的提升难免会迟滞。

因此，消除壁垒和板块化乃是我国扩大和深化开放的重要一环。建设一个包括大陆和港澳台在内的通透化、通融化的大中国社会，是一个前所未有的挑战，也是一个非常重大的选择。愚以为，中国开放的前途、改革的前途、大陆与港澳台融合的前途，整个中国现代化和崛起的前途，在很大程度上都在于发展板块间的通融和通透。

1. 加快大陆与港澳台的通融

面对太平洋，中国对外开放的大格局以台湾、香港、澳门为最前沿即第一梯队，以东南沿海为第二梯队，以中西部地区为第三梯队。在这三个梯队之间，以第一、第二梯队之间的不通透最为遗憾。

对于大陆与台湾的融合，我们将在下面单列一节进行讨论。这里重点讨论港澳与大陆即沿海地区特别是城市的融通和融合。

港澳地区的特殊地位是历史造成的。当香港和澳门分别回归祖国的时候，为了维护它们的稳定和保护民众的利益，实行了特殊政策，从而形成了它们与内地的半隔绝关系。经过近20年的沧桑变化，继续维系这种与内地的半封闭、半隔绝状态，已经不现实了。大陆民众对港澳的神往和迷信已经消退，人们不会因为开放港澳而涌入港澳观光、就读、就业，从而给那里造成不堪忍受的社会压力。开放港澳只会让大陆民众进一步解除神往和迷信，更加理性地认识和看待港澳。从体制上说，经过30多年的改革，内地已形成市场经济体制，在与港澳比邻的东南地区，市场化程度要比内地其他地区更高一些，彼此对接已无问题。港澳比内地的物价水平可能尚高一些，这在国内已经司空见惯。相互开放之后，港澳民众可以享受更低的物价和更丰裕的生活。所以，对港澳这两个特别行政区除了继续坚持“港人治港”“澳人治澳”，由那里的民众自己决定他们的政治体制和实行独立的财政外，已不需要再“特殊”下去。在港澳与内地之间相互开放，对港澳地区的繁荣和民众福祉有利，对提升开放水平有利，对整合中国力量有利。

2014年，中央政府试点“沪港通”。这说明，港澳地区与内地的通融已势在必行，中央政府早已意识到这个必然的趋势。从“沪港通”开始，进而“深港通”“穗港通”等，由点及面，这个大思路也是可取的。但我以为，没有必要把事情搞得那么复杂，把港澳与内地的通融进程拉得那么长。“两德”统一时，东西地区发展水平差距之大，远远高于港澳地区与东南沿海等内地之间的差距。但拆除了“柏林墙”，东西地区的人自由来往，并未出现什么问题。借鉴这个经验，港澳与内地的通融步伐可以再大一些、再快一些。

这里的主要问题不是体制，而是观念。曾经在经济繁荣上领亚洲之先的香港不可自骄。任何经济繁荣都是区域性的。以往的繁荣受惠于区域，今后的繁荣亦复如此。拒绝区域一体化，我行我素，任何经济体都不会有远大的前途。

2. 加快内地城乡一体化进程

“区域一体化”，就是在那些历史形成的区域内，如“京津冀”“长三角”“长江经济带”“珠三角”、东北经济区、西南经济区、西北经济区等等，消除壁垒，发展合作，紧密经济和社会联系，提升区域的一体化水平。实践证明，区域一体化的基础是市场机制，一体化的动力是企业间的市场联系。经济一体化水平高的地区无一不是市场经济发达的地区。推进区域一体化，首先必须弱化行政壁垒，提高体制的市场化程度，培育市场力量。在此基础上，要改善产业总局，克服结构雷同化，提高产业互补性。目前，“京津冀”“长三角”“珠三角”一体化已走在前面，并提供了宝贵经验。落在后面的地区也不是没有可能把一体化做好。最说明问题的是东北地区。这里区域性很强，但区域合作最差。之所以如此，首先是观念滞后。许多干部都是小农心态，以邻为壑，相互提防、彼此攀比，老死不相往来。“振兴东北”喊了多年效果不彰，这是一个重要原因。建议国家能够对东北给予区域化政策，以区域化政策带动体制性矛盾和结构性矛盾的破解。

“城乡一体化”，就是管理体制的一体化，城乡间没有体制壁垒和体制隔绝，人们生活在同一个体制空间里。在一体化的体制下，生活在农村的人与生活在城市的人，只有职业差异，没有身份和权利差异。在吉林省，有位很出名的郦氏学者在省委召开的座谈会上议论说：“我们长春出去就是大苞米地，哪里有什么城乡一体化？”他大概把城乡一体化理解为社会面貌无差异化了。这个认识在吉林、在全国有一定的代表性。如果是这样，城乡之间是永远不会有一体化的。

作为体制改革的城乡一体化，既是促进社会整体公平的需要，也是实现社会整体发展的需要。通过城乡一体化，赋予社会足够的流动性和通透性，全体国民才能共同参与到改革和开放过程中，也才能共享改革和开放的成果，特别是让全体国民一同接受国际合作的利好，也共同感受国际竞争的压力，使开放成为整个国家和全体国民的开放。

我国内地已经走上了城乡一体化之路，目前正处在“最后一公里”的决战期。居住在农村的人到城里读大学、就业，都没有限制。这最后“一公里路”，就是户籍制度改革。对于农村人口进城落户，国家有关部门设计出来了一个“积分制度”作为户籍制度改革的具体办法。它虽然得到一些人民代表和专家的力挺，但我不认为这是一个好办法。为什么一定要把这个并不复杂的问题搞得那么复杂？

这不知要给那些入城农民及其子女平添多少麻烦，并给他们造成多大的心理伤害？这反映了我们的管理思维还是习惯于“管”、热心于“治”，不设“路障”就心里不舒服。不就是给已经实际生活在城里的农村人口上个户口吗？何必如防洪一样地“加堤筑坝”？一方面，农村人入城有利于消化城市库存，对城市发展有利，另一方面对于推动农村土地集约化、规模化经营有利。至于会增加城市压力，让城市功能不堪其重，这个担心是没有根据的。目前，除北京、上海、深圳等少数城市外，大多数城市的中小学校都面临生源不足的问题，中小医院医疗资源大量闲置。此外，城里人对农村人进城至少是不反对的。为什么非要搞一个过渡办法？

我认为，只要在城里拥有自己的住宅，同时放弃在农村的土地承包经营权，就可以在城市落户。农村人不傻，他们知道在城市生活的成本，也知道进城后会面临竞争压力，他们在选择进城落户时都会权衡利弊。如果能实行这样的城市户籍制度和政策，我相信只有在城市有比较稳定的收入的人才会申请在城市落户。所以，放开“积分管制”后，申请在城市落户的农村人口不会太多，由此增加的城市负荷不会太大。至于如何因应农民进城搞好农村土地资源整合，重庆的“地票制度”是一个可参考的好办法。

户籍制度只是一个并不复杂的问题。这里的关键是国家有关部门、地方和城市政府一定要从封闭、隔绝的老旧化的“治民”管理思维中走出来，形成开放的管理方式，积极地开放社会，发展社会的通透性和通融性，逐步把我们的社会改造成更开放、更阳光和更有活力的社会。

3. 努力消除垄断性的体制壁垒

国有企业已经以自己的低效率和高腐败完全摧毁了国人对它尚有的感情和希望，以致让人们认为“国企衰败是中国经济之福”（蔡慎坤），“应该把国有企业消灭掉，完成它的历史使命”（任志强）。我这里要说的是，只要有国有企业及其代表的体制性垄断在，中国的对外开放就不会有高质量、高效益。深化和提升中国的对外开放，必须彻底改革现行的国有企业制度。

人们曾记得，在改革开放之初，大量国营外贸公司肩负着国人“走出国门”的希望涉足海外市场，但结果却是基本上全军覆没，大量的国有资产化为乌有。这里的原因无非是体制僵化、效率低下和严重的内部腐败。经过20世纪90年代的“战略重组”，保留下来的国有企业被组合成若干“巨无霸”式的大集团。其中变化的是资本实力增大了，对资源和市场的垄断增加了，没变的是体制机制依旧。没变的体制和机制，让国有企业继续着低效率和严重腐败。所谓“能赚钱”“能赚大钱”“亚洲最赚钱的公司”“全球市值最大的公司”只是表面现象。与国家对它们的巨大投入相比，与它们向大众提供的高价产品相比，它们的业绩最多也就是平平而已，甚至可以用“不怎么样”来概括。在那些耀眼的光环背后，它们的海外项目不知还有多少“跑冒滴漏”，就如当年那些破产、倒闭的外贸公司一样。已经变化的因素，即强大了的资本实力和垄断性，则高筑体制壁垒，把民营化的中小企业隔绝于诸多由它们控制的领域之外，因而不能形成联动的对外开放机制。许多技术、文化、产品和管理创新的压力和机会都在这种体制壁垒下流失了。同时，这种体制让对外开放的好处不能在国内市场正常传递和扩散，而由这个利益集团所独享。例如，目前国际油价已跌至历史低位，但国内油价仍然比美国油价高出一半以上。在与俄罗斯等国家接壤的边疆地区，那些从事国际客货运的商务人员利用我国的高油价每天从境外满箱油归来再空箱出去（留下少许）赚取差价。再如电信业，对外开放不仅没有让我们的服务价格与国际接轨，反而在国际通信领域多年维持着比美国等高收入发达国家高出10倍左右的价格。中国对外开放的好处在很大程度上被国有大企业集团吞噬了。

国有大企业集团背靠国家的强大支持和保护，消费着国家大量资源和信誉，却罔顾人民大众的切身利益和意愿，已经严重地把国家和政府置于不义的境地，也几乎把对外开放变成了国企利益集团和某些腐败分子独享的盛宴。这种情况，无论如何也不能再继续下去了。

实践一再证明，寄希望于加强管理和监督来消除国有企业的种种弊端，不切实际。彻底改革国有企业制度已是一个不二选择。

对于国有企业如何改革的问题，前面已经讨论过，这里无须重复。但从深化和提升对外开放的角度说，与政府没有直接关系的民营企业更便于与国际市场接轨，也可能以其灵活的机制把国际市场的运行及其变化传递给国内社会，让国内充分享受开放的洗礼和其他好处。所以，“国有”必须与企业脱钩，脱钩后的企业必须民营化。

以主权覆盖催化台海两岸统一

海峡两岸的分裂，台湾问题的存在是我国深化对外开放的巨大战略性梗阻，也是我国在开放中参与国际战略博弈的巨大战略性拖累。连我国自己的台湾海峡都跨不过去，怎么能跨越太平洋？只有从快解决台湾问题，我国的对外开放才可能有真正的深化，我国的崛起也才可能是完整的。探索加快解决台湾问题的路径，已经刻不容缓。

1. 解决台湾问题必须从快并有新思路

长期以来，国人高度重视台湾问题，主要是基于国家主权和国家力量的聚集和伸张。统一了台湾，中国才能有效地保卫和管理自己的领海——东海和南海，甚至可以把台湾海峡建设成自己的内海，全面实现自己的海权，进而突破美国自冷战时期即开始精心打造的“第一岛链”封锁，纵深开发和经营西太平洋；同时，只有实现两岸统一，台湾才能作为中国大陆东南沿海黄金经济带的前锋性保护屏障和具有广阔战略及市场纵深的宝地，进而跨海形成足以引领亚洲和世界的双壁式大黄金经济区；也只有实现了两岸统一，中国才能真正放下彼此掣肘形成的政治包袱，在国际政治大格局中驾轻就熟，立于战略主动地位。但现实的迹象正向我们表明，中国越是发展，台湾对于中国崛起的战略价值越高，台湾问题的复杂性和解决它的难度也就越大。

就国内发展的资源支持而论，我国国土开发的战略重心正从陆地向海洋转移。历史上的中国以农业立国，发展的中心资源是耕地，对海洋资源的依赖不大。但到了改革开放之后，随着工业化和城市化的加速推进，发展的资源需求趋于多样化和巨量化，不仅陆地资源不足以支撑国家建设，而且资源的长期支撑正在越来越多地依靠海洋。同时，海路作为比较经济的运输方式，正在使我国把对外开放的主要通道置于海洋之上。太平洋已经成为我国走向世界大国的养命之源、活命之域和续命之门，亦即中国战略崛起的生命之洋[①]。台湾作为我国在西太平洋上的第一大岛，把我国资源支撑空间和发展空间伸向辽阔海域，也把我国经济的生命空间和安全空间扩展到广大的海域。中国越是发展，体量越大，资源需求越大，对台湾岛所引拉出来的生命空间和安全空间的倚重越大。两岸分裂把这样一个空间撕裂，使之碎片化，相当于把中国发展空间高度压缩了。从这个意义上说，台湾问题，就是中国发展的空间问题、可持续问题；两岸统一的时间问题，就是中国开拓发展战略空间的速度问题。

就当今国际政治的大格局而论，中国越是发展，它对亚太地区乃至整个世界经济和政治秩序的冲击和影响越大，对世界资源、影响力和主导权分割的压力越大，从而基于世界霸权和民族自私形成的对中国崛起的抵制，就越是强烈，阻挠两岸统一的国际势力就越猖獗。

日本作为对中国改革开放曾经比较给力的国家，随着中国崛起步伐加快，变脸也最快。其右翼势力之制造“购岛”闹剧以及其他一些动作的重要图谋之一，就是力图平衡和消弭大陆崛起对台湾不断增强的影响力，牵制两岸关系的发展。日本拉拢台湾的战略意图，主要是通过李登辉势力支持台湾分裂势力来实施的。日本之所以如

① 郎毅怀：《跨越太平洋：中国走向世界强国的核心战略》，东方出版社，2015年9月。

此，是因为它把台湾作为重大战略利益与中国进行争夺。当年日本称雄亚洲，就是从夺取台湾开始的。从台湾大量汲取资源，使日本开始有能力征服朝鲜半岛，进而染指中国大陆。目前，日本的“国家正常化”，进而再度称雄亚洲的图谋，是把台湾规划在内的。第二次世界大战结束时，日本的战略空间被打回到甲午海战之前。如果中国实现了两岸统一，那么，日本再度称霸亚洲的雄心就彻底失去了希望。没有台湾的支撑，它西进中国大陆，北上俄罗斯，东图美洲，都是不可能的。所以，日本需要一个从中国分裂出来并依附日本的台湾。我们虽然没有十分充分和确凿的证据证明日本在支持“台独”，但“台独”后面站着日本，是确定无疑的。

美国自1870年成为“世界第一”后，一直在处心积虑地防范“世界第二”超过自己。它先后领头打垮德国、压散苏联、整蔫日本，固然有维护正义的因素，但保卫自己的全球霸权则是其中的重要政治考虑之一。现在，中国成为“世界第二”，美国防范和打压的矛盾自然要转向中国。其重要手段之一，即是把海峡两岸分裂长期化。它一方面着力管束以陈水扁为代表的台独势力，反对他们制造麻烦，不给大陆提供动武口实，另一方面一直在扶植“保持现状”派势力，同时继续对台军售，增强台湾反统一战争能力。随着中国日渐强大，美国以维护台海和平为幌子的把两岸分裂长期化、进而为中国崛起设限的战略企图日益清晰和露骨。近一个时期，美国把几种战略武器放在韩国，既有应对朝鲜“挑衅”的考虑，也有把战略武器常驻中国门口，以阻止两岸统一的目的。

至于周边其他一些国家，地缘政治利益因素让它们不喜欢中国崛起，当然也不喜欢中国统一。它们在搭乘中国“便车”加快本国经济发展的同时，对美日遏华、制华战略还是相当认可和配合的。

可见，台湾问题正在作为一个战略因素被“围堵力量”所利用。如果国际战略角逐再度升级，台湾问题可能给我们造成更大的战略被动。所以，台湾问题不能再拖下去了。越拖越复杂，越拖解决难度越大。我们必须选择适合的时机以适合的方式尽快实现两岸统一。

即使不能统一，也必须对两岸关系进行改革。

从台湾岛内民众特别是年轻一代的情绪看，台湾民心与大陆、与统一的国家认同都表现出渐行渐远的倾向。从“太阳花运动”反对两岸服务贸易协定，到具有“台独”倾向的蔡英文当选台湾地区行政领导人，固然是国民党在岛内执政的失败，但其深层次的原因显然已显示出不容乐观的两岸关系动向。这一动向表明，尽管我们为促进两岸统一做了大量工作，在经济上为台湾民众输送了大量利益，但政策并不十分成功。

所以，以利益输送优惠岛民扩大统一的民心基础，同时伴以实力威慑，让台湾当局认清大局顺势归降的两岸统一思路已经难有作为。这就需要有新思路。我的建议是：以主权覆盖催化统一。

2. 实施主权全覆盖

两岸问题首先是国家主权的争执。在这个问题上，大陆已取得国际认知优势，问题是怎么做。

（1）把主权问题再度明晰化。大家都知道，在第二次世界大战结束之际，《雅尔塔协定》和《开罗宣言》明确规定，日本必须把它侵占的中国领土全部归还中国。随着日本正式承认战败和投降，台湾及其附属岛屿于1945年即从日本殖民统治下解放出来，回归祖国，并由中华民国政府行使主权进行管理。这就是说，随着台湾回归中国，雅尔塔体系在远东已经实现。由此开始，台湾问题已经不再是一个国际问题，而是中国的内政。以内政方式思考和处理台湾问题，是坚持和维护雅尔塔体系的一个重要方面。

经过国共内战，国民党在大陆统治失败退守台湾，中华人民共和国政府在大陆成立并行使主权，开始了台海两岸对峙时期。但整个中国在联合国的代表权只有一个，国际社会中的中国主权并没有分裂和分拆。1972年，联合国大会通过2578号决议，将曾经由“中华民国政府”承担和行使的中国代表权和在联合国的席位转移给中华人民共和国政府。经过这个转移，中国在国际社会的代表权还是一个，中国主权在国际社会中依旧没有分裂和分拆。

中国在国际社会代表权的转移，作为一个具有重大影响的国际事件，导致了中国国内政治关系的重大变化。当时，台海两岸都坚决拒绝“双重代表”或“一中一台”方案，坚持中国在联合国代表权的唯一性，坚持“一个中国”的政策。因此，“中华民国政府”退出联合国，不再坚持曾经拥有的中国代表权，说明它已被动接受国际社会把中华人民共和国作为全中国唯一合法政府和主权代表这样一个安排，从而也就等于承认自己不仅在事实上而且在国际社会的共同认知和国际法上都失去了对全中国的主权，自己只是一个管理台湾地区的地方政权。或者说，它已被迫放弃作为主权国家的资格和权利，同时被迫承认中华人民共和国作为全中国唯一代表的资格和权利。所以，从“中华民国政府”的代表从联合国退出和中华人民共和国的代表进入联合国之时起，联合国和国际社会已承认中华人民共和国对包括台湾地区在内的整个中国拥有主权，同时曾经代表中国的中华民国政府已不再是拥有主权的政府，而只是中国中央政府治下的一个地方政府。

这是国际社会在雅尔塔秩序的基础上对中国政权更迭的确认，也是被台湾当局在国际法平台上所接受的确认。在这个确认之下，全世界都清楚的事实是：中华人民共和国已成为国际社会中具有完整主权的国家，其主权范围是包括台湾在内的整个中国；台湾当局只是管理台湾地区的一个地方政权。

当然，这样的政治格局在现代中国历史上并不是第一次。20 世纪 30 年代，中共领导的工农革命武装在中华民国治下的江西省建立一块革命根据地，并成立了中华苏维埃共和国政府。作为革命政权，它当然不承认中华民国政府。但在国际社会、在依据有关国际法的认知中，它绝不是一个主权国家。如果一定要承认它，那么，它仅仅是一个活动在江西省的地方政权。在当时的国际上，在国际法的平台上，谁来代表中国？世界只认中华民国。到第二次世界大战全面进行时，反法西斯同盟开会，当然是中华民国政府代表受邀出席。

中共力量虽然很重要，但那时她还代表不了整个国家，只能通过中华民国政府在国际政治平台上发声并行使人民的国家权利。

时移势易。经过联合国中国代表权的转移，中国两大政治力量的权利关系已经非常清晰、明白了。但非常遗憾的是，我们并没有完全把这个非常清晰的权利关系作为继续前行的基础。台湾问题越来越复杂化，也从这里开始了。首先是台湾当局在被迫失去中国在联合国中的席位和主权代表资格、与中华人民共和国发生权利关系转换之后，拒绝按照国际确认调整自己，仍然在台湾地区继续主权行为。在大陆方面，也可能是基于对当时台湾当局对“一个中国”政策的坚持、坚决反对分裂中国的感念，在以中华人民共和国表述“一个中国”的同时，对于对岸以“中华民国”表述“一个中国”给予了默认。这种各自的表述显然造成了主权概念的混乱和倒退。“一个中国就是中华民国”，已经成为历史。在现实中，这种表述是虚幻的、不真实的，也是非法的，与国际认知相对抗的。这种表述的严重后果是，给了“台独”势力以可乘之隙。从“中华民国是主权国家”，到“作为主权国家的中华民国在台湾”就是它们的论述路线。

默认台湾当局的主权，哪怕是非常模糊的默认，都可能使“台独”势力可以以“中华民国在台湾”搞“事实台独”。

因此，对中国主权的表述，必须在1972年的基础上再明晰化：世界上只有一个中国，海峡两岸同属一个中国，中华人民共和国是中国主权的唯一代表。对其他一切模糊的说法和错误说法都予以否定。

（2）与台湾民众共享主权利益。既然中华人民共和国代表和行使着中国人民共同的国家主权，那么，在国家政策上必须坚持和实施这个主权对中国领土的全覆盖。如同我们坚持“一个中国”和国家主权的唯一性，主权全覆盖也是必须的，这是“一个中国”的直接体现。

这应当是两岸统一的政治、法律和逻辑起点，是全部统一工作的依凭和支撑。

在两岸尚未统一的情势下，所谓“全覆盖”当然不能完全体现在行政管理和社会治理上，所以，不可能具有完整性。但是，在主权利益的分配上，我们有可能实施“全覆盖”，也必须实施全覆盖。中国的主权为全体中国人民所共有，主权利益就必须由全体国民来共享。台湾民众是中国主权主体的重要组成部分，也是主体利益分配的重要客体，他们有权享受中国的主权利益。我们应在宣称自己是中国主权的唯一代表的前提下，把台湾真正置于中国主权之下，把台海两岸发展成为一个真实的政治共同体、一个名副其实的统一国家，首先就是要让两岸民众共享国家主权利益。这是坚持中国主权的唯一性并争取台湾民众国家认同的一个合乎逻辑的设计。

给台湾民众与大陆民众相同的主权利益，并不困难。简单地说，就是把台湾真正和实际地作为我国的一个省区就行了。在台湾与大陆之间取消类似国际间的证照管理和通关管理。只要是台湾岛上的合法居民（持岛内证照），一律可以像其他省区的人一样自由来大陆学习、探亲、旅游、度假、经商。在管理上，对其他省的人怎么管，对台湾人就怎么管，不设额外检查、审查制度。对台湾企业，也要同大陆企业一样一视同仁，不设特别制度。也就是说，大陆方面对于两岸经济和社会交流可以实行完全自由的政策。

如果大陆能把对台湾的开放做到这个程度，签署那个服务贸易协定还有必要吗？“台独”势力还有机会教唆青年学生上街抵制吗？从国民经济的整体安全方面考虑，这种完全自由的政策也不会引起大的问题。20世纪70—80年代，台湾经济起飞，成为亚洲“四小龙”之一；从20世纪70年代末80年代初开始，大陆经济开始崛起，海峡两岸已经共同地成为全球经济增长最快的经济体。经过21世纪头10年以来世界经济结构的变化，由于俄罗斯和巴西都已深陷经济衰退的泥沼，“金砖四国”阵营已经名存实亡，而台海两岸的中国经济则表现不俗，所以，一个包括中国大陆、中国台湾地区、韩国和印度在内的“金钩市场”正在形成。这表明，两岸经济品质正在接近，发展距离正在缩小，成为经济共同体的条件完全具备。在一个国家主权下，我们没有必要再去搞两个经济体之间的协定。对于大陆经济来说，完全对台湾开放，给对岸完全的经济自由，最多也就是关税缺失。为实现两岸统一，这样的代价是值得我们付出的。

台湾作为一个经济体，是需要国际空间的。但台湾及其管理当局没有国家主权，台湾民众的国际空间当然也是受限的。中华人民共和国中央政府作为中国主权唯一合法代表，有责任、有义务帮助台湾民众和台湾管理机构获得必要的国际活动空间。建议中国驻外使领馆都应设置台湾事务处或台湾事务专员，保护台湾出国人员的领事利益，帮助他们排忧解难。

（3）承认台湾地方自治权。在一个主权之下，台湾已在事实上和法理上成为中华人民共和国的一个特别行政区。只要不违反“一个中国”原则、不挑战国家主权、不危害国家最高利益，中央政府和各省区政府都应承认并尊重台湾的地方自治权，承认其选举制度，承认并尊重台湾民众依照台湾的选举法产生的管理机构和领导人，给予其适当的合法地位。在对台湾发生经济困难和社会危机提供帮助时，既可以走民间渠道，也可以走官方渠道。只要对方愿意以地方政府身份接洽与合作，官方渠道可能更便捷、更有效率，因而宜更多采用。

3. 依托主权覆盖实施促统管理

主权覆盖的基础上，再把主权延伸到管理上，实施促统式管理。

（1）虚化有“独”的台湾当局。目前这个由台湾民选产生并有浓厚“台独”倾向的蔡英文当局已经难以回头。她们正在把台湾经济和民生带到一个越来越困难的危途上去。为支持和关爱台湾民众，同时防止被台独借势，中央政府的对台工作机构和大陆的所有对台工作都要撇开蔡当局直接与台湾的县市管理机构联系，帮助其开拓市场，解脱经济和民生困境。所谓“撇开”，就是虚化其职能。

（2）公开开展有威慑力的海空巡航。台湾是中国的一部分，中华人民共和国的武装力量有义务有责任有资格对台湾空域和海域，特别是外海进行例行战略巡航。这样，一可以宣示主权，二可以威慑台独势力。在这个过程中，可以创造条件访问台湾的军港和空港。如果台湾方面敢于干扰和破坏正常巡航，那么，国家和解放军就应当把这种事件作为以武力彻底解决台湾问题的机会，争取一鼓而下。

（3）按照《反分裂国家法》实施“维一”管理。

（4）做好因应台湾回归的法律和政策准备。从对台湾实施主权覆盖开始，到两岸在名义和实质上统一，将是台湾的一个不稳定期，人心慌恐、资本外逃是很可能出现的情况。为最大限度地维护稳定、争取一切可以争取的力量支持和拥护统一，应制定适应台湾从分离态向回归态过渡的法律和政策。其内容至少应当包括：切实保护台湾人民的生命财产安全，不管发生什么情况，都要努力降低台湾民众的损失；所有全部攻击性行动的目标，都是台独分裂势力，不以军政机构为目标；只要支持两岸统一，台湾的军政机构都可以成建制地转为统一后国家的职能机构；只要不持台独立场，台湾所有政、军、警都可以被统一后的国家机构所录用，继续担任公职；一切有邦交关系的国家在台机构和在台利益都将得到切实保护。

（5）管理中心前移。为拉近两岸心理距离，并强化对台工作和设置必要的政治压力，中央政府的对台管理中心必须前移，距离台湾越近越好。建议在福建厦门或浙江宁波或舟山设立国家副都，专司对台事务管理。中共中央和国务院台湾事务办公室、海协会、国家海洋局、东部战区司令部等所有涉台或以台海为工作重心的机构和单位一律进入副都办公。

4. 发展两岸社会融合

实施主权覆盖，把台湾置于中华人民共和国的主权之下，并让台湾民众和管理机构分享主权利益，工作重点在经济领域，其成果收获却主要是政治的。要很好地实现它的效果，还需要大量的基础工作来跟进和配合。这个基础工作，就是两岸社会之间的走近和对接。而这种走近和对接，必须走社会融合路线。

社会融合是千年中国维护和发展统一的基本经验。在历史上，中原汉族人聚集的地区与周边少数民族地区差异是很大的。各个民族地区逐步走到一起，成为一个统一的多民族国家，靠的是社会融合。在统一中，当然有征战，如聚集于东北的女真政权对中原和其他地区的征服。但作为一个统一的民族国家形成和维系，归根到底是通过社会融合实现的。不论海峡两岸统一是否需要武力解决，社会融合都是必要的。如果没有社会融合，即使两岸统一了，也可能再分裂。而社会融合之魅力在于文化和生活方式的同化力。只要有社会接触，就有文化和生活方式的彼此靠拢和融合。所以，尽管有海峡阻隔，两岸社会融合也是可期的。

（1）把民间融合作为主渠道。过去，两岸谈论统一时，有一个共同的心结和思路，即“我统一你，你被我统一”。马英九先生就说过，“用三民主义统一中国”。其意思就是，把大陆统一于台湾的政治体制和意识形态之下。大陆方面虽然比较宽容，主张用“一国两制”统一中国，但明显刻意于让台湾社会回归自己。实践证明，按照“统一与被统一”的思路讨论“两岸统一”是困难的。和平统一与以战争方式实现统一完全不同，它需要双方彼此尊重、平等相待。这是双方展开对话讨论的前提。一方居高临下，让另一方服从自己，势必造成强烈的对立感，让已经疏远的关系再度拉远。这是台湾民众对大陆心存反感和对立的重要原因之一。因此，在不动武不能解决问题之前，促进两岸和平统一，必须走平等的社会融合路线，不能再重复“我统一你”的“统一与被统一”这条已经被证明走不通的老路。

所谓“社会融合”就是让社会力量站到促进统一的前沿，担当彼此融合的主角。官方身份、官方角色或官方的“白手套”都带有明显的意识形态性，因而都是有棱角的和特别刚性的，都会本能地把自己的想法强加给对方，难以展现必要的妥协和折中。在中国传统文化的浸润下，海峡两岸的官员们都有很强烈的国家主义思维，要他们真正彼此尊重是不容易的。相对而言，民间和社会力量的优势是没有意识形态包袱，可以自由地平等讨论问题，可以展现柔软的身段和手腕。所以，两岸之间任何实质性的彼此走近，直到两岸真正地融为一体，归根到底，只能由社会力量来完成。也就是说，促进统一的工作必须坚持社会本位，重在民间社会之间的融合。

一些党政官员担心这样做，将会使一些大陆民众的思想被对岸同化。我们不是常讲文化自信吗？担心被同化是没有自信的表现。当今时代，人类的思想文明正在跨越各种限制，浩浩荡荡，无远弗届。人为设限是毫无意义的。能同化对方，那是文化的优势；被对方同化，那是文化的进步。中国几千年周边少数民族被汉文化同化的历史证明，同化是文化的扩散和发展。凡抵制文化的同化，最后都是注定要失败的。

为发展海峡两岸的社会融合，国家应全面开放两岸关系，取消过严过死的管制。要支持和鼓励江苏、上海、浙江、福建、广东和港澳等东南沿海地区的企业和社团组织与对岸的企业和组织建立跨海的非政治类组织，开展经常的交流活动。

（2）建立多样性载体推动融合。无论是基于亲情，还是基于经济利益，抑或基于文化和学术上的沟通，只要不与国家主权和国家利益矛盾，各种形式跨越海峡的组织都可以鼓励。但无论如何，这些社会性跨越海峡的组织无非就是三类。

第一，跨海企业联盟。它们是围绕经济发展建立的企业联合体，甚至可以是企业集团。一般地说，企业为了从对岸获得经济资源和市场，做大生意，做强企业，都乐于与对岸企业组建这样的企业联盟。通过这种企业联盟，两岸可以把彼此隔绝的产业经济联成一体，逐步发展成紧密型的跨海产业结构。对每一方来说，这种企业联盟都可以发挥降低产业和经济风险、推动地区经济技术升级和提升可持续发展水平的作用。

第二，跨海社团同盟。经过两岸这些年的和平发展，两岸社会已开始融合，初步形成了你中有我、我中有你的格局。但还没有或少有社会组织把这种格局进一步组织化和社会化。这种情况，限制了许多企业和经济人的社会和市场空间，也限制了两岸间社会融合的发展。顺应这种需要，建立跨海社团同盟，可以有效地帮助跨海活动的企业和人士开拓社会空间。例如，已经存在的两岸劳动关系协会，可以为两岸完善劳动制度、改善劳动保障，发挥促进和协调作用。再如，建立跨海股权投资人协会，可以帮助股权投资人更系统地掌握两岸股权投资市场的信息，提高投资经营水平，发展行业自律；建立跨海同乡协会，可以开展同乡人之间的社会连接、发展社会救助，促进社会和谐。也就是说，通过建立跨海社团同盟，可以更紧密地把两岸社会联结起来，逐渐形成一体化发展态势。

第三，跨海文化团体。两岸间共同的文化研究课题很多，如中国传统文化的认知、国学与现代化等，都是两岸共同关心的。但由于彼此隔绝多年，两岸间虽各有成果，却互不了解，更是缺乏互相碰撞和借鉴。建立跨海文化团体可以把两岸的文化研究活动、研究成果连通起来，形成更大的文化研究平台。通过这个平台，可以在两岸间建立紧密型的文化社会和学术社会。两岸政党和管理机构都可以从跨海文化和学术组织的研究活动中汲取营养，提高两岸关系工作的科学理性。

（3）以政党接近带动民间融合。两岸社会融合的核心是政党间的接近。或者说，两岸社会的融合在实质性的层面上应体现在政党间的思想接近和政治合作上。因此，应以促进两岸社会融合和统一为目标，积极开展政党间的思想交流与政治合作。中共和各民主党派都应与对面的中国国民党和其他恪守“一个中国”立场的政党开展党际交流与政治合作。对于对岸那种徘徊在“一个中国”立场边缘的政党也有必要进行接触，展开对话和讨论。

两岸间政党接近与政治合作应有三个重点。

第一，守护中国概念。陈水扁时期的“去中国化”已经让台湾岛上的“中国概念”严重淡化，诸如“中国国民党”“中国时报”这样残留下来的“中国概念”，已经越来越成为宝贵的稀缺政治资源。维护这类中国概念的存在，对于在台湾坚持“一个中国”认知是非常必要的。守护这类中国概念，需要真诚的民族担当和广阔的历史视野。

无论是中共还是大陆其他政党，或者是在台各政党，都要放弃绝对的历史优越感和正义感，给其他政党以实事求是的历史尊重和现实尊重。就中国国民党而言，为推翻帝制、创建共和、反对军阀和实现国家统一立下了不可否认的历史功勋，是有功于民族、有功于人民、有功于社稷的。在党内右派势力的驱动下，中国国民党曾血腥反共，甚至在抗日战争那样一个民族危亡时期，亦没有放弃反共、排共，但毕竟坚持了抗战政策，并担负起了正面战场上的重任。它脱离民众，甚至以法西斯手段对付革命力量的行径，已经由历史做出了审判。它撤离大陆、败逃台湾，就是那段历史的结论。到台湾后，它虽然缺少民族担当，但坚持了国家和民族统一的正确立场，也是坚持"一个中国"的重要力量。在今天的形势下，在海峡两岸中国人共同维护国家统一、应对国际颠覆阴谋的努力中，不能没有国民党力量的参与。我们不能放任中国国民党沉沦下去，有必要正确认识和解读中国国民党的历史，支持其在台湾生根、发展。

然而，我们似乎还没有从两党在历史上的斗争中走出来，许多文学影视作品正面评价中国国民党者少，《长沙保卫战》算是一个。多数作品继续把中国国民党表现得十分不堪。它在台湾政绩不佳，遭遇民进党等台独势力的打击，已经非常狼狈；我们再把它在大陆的历史形象写得漆黑一团，这真让它在台湾难以立足了。所以，大陆方面一定要展现胸怀，正面看待中国国民党，支持其重新赢得大陆和台湾民众的尊重。

第二，发展统一的国家认同。在台湾，各党派都把政权利益看得高于一切，围绕选举，彼此恶斗不息；在海峡之间，人们也往往走不出党派利益和区域利益之私。之所以如此，是因为我们似乎都没有看到中华民族正在面临更大的利益挑战。人类进入帝国主义时代以来，世界开始了碎片化的进程，一些曾经辉煌的民族被肢解，陷入碎片化。阿拉伯民族是被碎片化的典型。第一次世界大战前，整个世界只有区区43个国家。到现在，全世界国家数量已达200左右。这个变化让强势国家更安全，也让许多民族饱受更多的苦难。我们中华民族是强势集团肢解的对象之一。鸦片战争之后，我们失去了外兴安岭的广大地区；第二次世界大战期间，我们又失去了外蒙古这一大片领土。现在，我们正在经受着台湾出走的“碎片化”危险。如果让阿拉伯民族碎片化的悲剧在中国上演，等待我们的将是如今阿拉伯世界正在经历的苦难。在这样一个挑战面前，两岸各政党都需要放下私利和彼此恩怨，以民族大利大义为重，建立统一的民族认同和国家认同，为国家的完全统一而努力。要做到这一点，两岸间的党际交流必不可少，讨论共同的危机和关注必不可少。

第三，推进政治互信与合作。为克服共同的民族危难，两岸政党应摒弃前嫌，携手合作。这就需要通过党际交流发展政治互信。就国共两党而言，彼此差异并没有人们所感觉的那么大。由孙中山先生创立的中国国民党，立党思想虽有自己的表述并经历变化，但基本精神与中共是一致的，两党都信奉民本主义；两党在组织制度上都曾师从列宁的布尔什维克，相距不远；两党对国家政治体制的设计也大体相若。国共交恶，始于1927年国民党的右倾化和“四一二政变”；两党对政治体制改革的不同选择始于台湾的民主改革。在民族认同上，两党都坚持“一个中国”。所以，国共之间相同、相近之处多于彼此的差异。只要放弃一党之私，建立政治互信，并发展政治合作，是完全可能的。至于其他爱国党派之间，建立政治互信，更不应该存在不可克服的障碍。

参考文献

习近平:《谈治国理政》，外文出版社，2014 年。

[美] 斯塔夫里 · 阿诺斯:《全球通史：从史前史到 21 世纪》，北京大学出版社，2014 年。

吕薇:《区域创新驱动发展战略：制度与政策》，中国发展出版社，2014 年。

赵晋平、张琦等:《中国发展对世界经济的影响》，中国发展出版社，2014 年。

国务院发展研究中心农村经济研究部:《从城乡二元到城乡一体》，中国发展出版社，2014 年。

冯飞:《第三次工业革命：中国产业的历史性机遇》，中国发展出版社，2014 年。

国务院发展研究中心课题组:《中国新型城镇化：道路、模式、政策》，中国发展出版社，2014 年。

张军扩等:《追赶接力：从数量扩张到质量提升》，中国发展出版社，2014 年。

赵昌文主编:《中国企业国际化及全球竞争力》，中国发展出版社，2014 年。

马立诚:《当代中国八种社会思潮》，社会科学文献出版社，2013 年。

[美] 里夫金:《第三次工业革命》，中信出版社，2012 年。

吴敬琏等:《新常态改变中国》，民主与建设出版社，2014 年。

郎咸平:《“新政” 能否改变中国》，东方出版社，2014 年。

吴晓波:《激荡三十年》，中信出版社，2008 年。

周德文、谢残阳:《谁在做局中国经济》，浙江大学出版社，2015 年。

张维迎:《市场的逻辑》，上海人民出版社，2010 年。

张诗雨:《中国经济技术开发区产业创新研究》，中国发展出版社，2015 年。

陈潭等:《大数据时代的国家治理》，中国社会科学出版社，2015 年。

中央编译局社会主义研究所:《当代国外社会主义：理论与模式》，中央编译出版社，1998 年。

刘梦溪:《论国学》，上海人民出版社，2008 年。

孙越生:《官僚主义的起源和元模式》，福建教育出版社，2012 年。

徐迅:《民族主义》，东方出版社，2015 年。

李强:《自由主义》，东方出版社，2015 年。

同道:《国学大师之死：百年中国的文化断裂》，当代中国出版社，2006 年。

刘再复:《双典批判》，生活 · 读书 · 新知三联书店，2010 年。

［英］安东尼 · 吉登斯:《第三条道路：社会民主主义的复兴》，北京大学出版社，2000 年。

沈立人:《中国弱势群体》，民主与建设出版社，2005 年。

［美］戴维 · E. 阿普特:《现代化的政治》，上海世纪出版集团，2011 年。

［美］加布里埃尔 · A. 阿尔蒙德、小 G. 宾厄姆 · 鲍威尔:《比较政治学：体系、过程和政策》，上海译文出版社，1987 年。

寇延丁、袁天鹏:《可操作的民主》，浙江大学出版社，2012 年。

王亚南:《中国官僚政治研究》，商务印书馆，2013 年。

[美]沈大伟:《中国共产党：收缩与调适》，中央编译出版社，2012年。

高路:《政道》，中国青年出版社，2013年。

吴文程:《政治发展与民主转型：比较政治理论的检视与批判》，吉林出版集团有限责任公司，2008年。

[埃及]阿明:《全球化时代的资本主义：对当代社会的管理》，中国人民大学出版社，2013年。

钱穆:《中国历代政治得失》，九州出版社，2013年。

祖国华:《思想政治教育审美问题研究》，人民出版社，2015年。

高路:《治术》，中国青年出版社，2013年。

后　记

经过大家共同努力，本书终于出版了。值此付梓之际，我要和读者一起铭记那些为拙作出版辛勤努力的人们。他们是吉林省文化产业投资控股（集团）有限公司董事长兼首席执行官张子毅先生、吉林省投资基金业协会秘书长于菲女士、东方出版社高玉梅女士。希望他们的智慧和汗水能够随着本著的发行和被阅读转化为社会的精神财富。他们的奉献和仁善精神将与本书的价值同在。